NOTIONS ÉLÉMENTAIRES

DE

GÉOGRAPHIE GÉNÉRALE

OUVRAGES DE M. MARCEL DUBOIS

Collection reliée toile verte (in-16)

Notions élémentaires de géographie générale. Nouvelle édition publiée avec la collaboration de MM. PARMENTIER et BERNARD............ 2 fr. 25

Géographie de l'Europe. Nouvelle édition, publiée avec la collaboration de M. Paul DURANDIN .... 2 fr. 25

Géographie de la France. Nouv. édit., publiée avec la collaboration de M. BENOÎT.. 2 fr. 25

Précis de géographie économique des cinq parties du monde................ 6 fr.

Cartes d'étude

pour servir à l'enseignement de la Géographie

par MM. Marcel DUBOIS et E. SIEURIN.

La France. 38 cartes et 188 cartons reliés en 1 volume in-4. 1 fr. 80
L'Europe. 29 cartes reliées en 1 volume in-4............. 1 fr. 80
Géographie générale. — *Amérique* — *Afrique* — *Asie* — *Océanie*,
48 cartes reliées en 1 volume in-4................... 2 fr. 50

Collection reliée toile grise (Petit in-8)

Géographie élémentaire des cinq parties du monde, 90 fig., cartes et croquis avec la collaboration de M. THALAMAS. 2 fr.

Géographie élémentaire de la France et de ses Colonies. Cours élémentaire 59 fig., cartes et croquis avec la collaboration de M. THALAMAS........ 2 fr.

Géographie générale du monde. — Géographie du bassin de la Méditerranée, 71 figures, cartes et croquis avec la collaboration de M. A. PARMENTIER.... 2 fr.

Géographie de la France et de ses Colonies. Cours moyen, 112 fig., cartes et croquis. 3 fr.

Géographie générale. Etude du Continent américain, 59 cartes et croquis avec la collaboration de M. Aug. BERNARD, 2e éd. 3 fr.

Afrique — Asie — Océanie, avec 20 cartes et croquis avec la collaboration de MM. C. MARTIN et H. SCHIRMER, 2e éd. entièrement refondue....... 3 fr. 50

Europe (avec la collaboration de MM. DURANDIN et MALET) 2e édit. revue et corrigée....... 5 fr.

Géographie de la France et de ses Colonies. Cours supérieur (avec la collaboration de M. F. BENOÎT), 209 fig., cartes et croquis, 2e éd............ 6 fr.

Précis de Géographie

à l'usage des candidats à l'École de Saint-Cyr

par MM. Marcel DUBOIS et Camille GUY. Un volume in-8 de 1200 pages,
avec 279 cartes, croquis et figures. Broché............ 12 fr. 50
— Relié.. 14 fr.

NOTIONS ÉLÉMENTAIRES

DE

GÉOGRAPHIE GÉNÉRALE

PAR

MARCEL DUBOIS

Professeur de Géographie Coloniale à la Faculté des Lettres de Paris.
Maître de Conférences
à l'École Normale Supérieure de Jeunes Filles de Sèvres.

AVEC LA COLLABORATION DE

Augustin BERNARD
Ancien élève de la Faculté des Lettres
de Paris,
Professeur agrégé d'histoire
et de géographie.

A. PARMENTIER
Ancien élève de la Faculté des Lettres
de Paris,
Professeur agrégé d'histoire
et de géographie au collège Chaptal.

TROISIÈME ÉDITION

Avec croquis dans le texte

PARIS

G. MASSON, ÉDITEUR

120, BOULEVARD SAINT-GERMAIN

1895

NOTIONS ÉLÉMENTAIRES

DE

GÉOGRAPHIE GÉNÉRALE

INTRODUCTION

LE GLOBE TERRESTRE.

Définition de la géographie; objet des études géogra-phiques. — La géographie est la description de la Terre, l'étude des divers phénomènes qui se produisent à la sur-face du Globe. Ces phénomènes étant très nombreux et de nature très variée, le géographe est souvent obligé pour les expliquer d'emprunter le secours d'un grand nombre de sciences. Voyons-nous, par exemple, une source jaillir à nos pieds? Nous nous demanderons d'où viennent ces eaux qui percent la croûte du sol. Les géologues nous expliqueront comment les eaux de pluie absorbées goutte à goutte par le sol, se réunissent d'abord en filets souterrains, se concentrent ensuite en un seul point pour percer l'écorce du Globe, sourdre et donner naissance à un cours d'eau. Mais ces pluies d'où viennent-elles ? Un autre savant, un météorologiste, nous fera comprendre à son tour que le Soleil puise et pompe les nuages dans l'im-mense réservoir de l'Océan, que des courants d'air réguliers transportent ces vapeurs dans l'atmosphère. Le physicien nous dira grâce à quelles modifications ces vapeurs deviennent des pluies, cessent d'être suspendues dans l'air et arrosent nos campagnes. Il a donc fallu pour expliquer un seul fait qui se passe à la surface du Globe, recourir à trois sciences pour en donner l'explication. Donner ces explications est le but que se propose la géographie générale. Cette première étude permet de mieux comprendre la conformation physique de chacune des parties du monde ; — indiquer les principaux traits de leur relief, définir leur climat, expliquer l'influence de ce relief et de ce climat sur les fleuves, étudier la nature des côtes, déterminer autant que possible, pour chaque région, les causes et les lois de ces divers phénomènes, tel est l'objet de la géographie physique. Celle-ci, à son tour, est le fondement de la géographie politique, qui étudie l'action de la Terre sur l'homme et celle de l'homme sur la Terre. Ce sont, en effet, bien souvent les conditions géographiques qui ont déterminé la fondation de telle ville, la constitution de tel État, qui ont permis ou arrêté le développement de tel peuple. Enfin la géographie économique complète la géographie physique et politique, puisqu'elle étudie les productions du sol et fait connaître quels rapports l'industrie et le commerce établissent entre les contrées.

PREMIÈRE PARTIE

NOTIONS DE GÉOGRAPHIE MATHÉMATIQUE

CHAPITRE PREMIER

LES MOUVEMENTS DE LA TERRE DANS L'ESPACE.

Place de la Terre dans le système solaire. — La Terre n'est pas un corps indépendant qui roule dans l'espace. Elle appartient à un groupe de planètes dont le Soleil est le centre. De ces planètes, les unes, Mercure, Vénus, Mars et la Terre, sont de dimensions plus petites, et se meuvent à une moindre distance du Soleil; les autres, Jupiter, Neptune, Saturne et Uranus, plus éloignées de lui, sont aussi de plus fortes dimensions que les premières. Toutes ces planètes sont appelées par les astronomes satellites du Soleil parce qu'elles obéissent à son influence. La Terre elle-même a un satellite, qui est la Lune, cinquante fois plus petite que le globe terrestre et éloignée de nous d'environ 400 000 kilomètres. La Terre est elle-même séparée du Soleil par une distance d'environ 148 000 000 de kilomètres.

Ce sont les révolutions de la Lune autour de la Terre qui règlent la succession des mois. On appelle mois lunaire le temps qu'emploie notre satellite à passer par ses quatre phases : nouvelle lune, premier quartier, pleine lune et dernier quartier. Il s'écoule une durée de vingt-neuf jours et demi environ avant que la Lune se retrouve de nouveau en face du Soleil.

Mouvement de la Terre autour du Soleil. — C'est le mouvement de la Terre autour du Soleil qui explique la succession des saisons, puis des jours et des nuits, dont nous sommes témoins. Lorsque nous regardons avec quelque attention le Soleil et les étoiles, il nous semble que tous ces astres se lèvent à notre droite, se meuvent en montant au-dessus de nos têtes dans la direction de notre gauche, et disparaissent à l'horizon après avoir décrit un arc de cercle. On dit vulgairement, en vertu de cette illusion, que le Soleil se lève, qu'il monte, qu'il est à son apogée, qu'il redescend et qu'il se couche; on emploie les mêmes expressions en parlant des étoiles. Cette erreur s'est longtemps maintenue dans l'esprit des hommes. Ce n'est qu'au xvie siècle qu'un mathématicien polonais, Copernic, démontra clairement que la Terre tourne autour du Soleil en trois cent soixante-cinq jours, et que cet astre est le centre du monde planétaire dont nous faisons partie. Au commencement du xviie siècle, Képler compléta ces découvertes en montrant que les planètes décrivent autour du Soleil, non pas des circonférences, comme on l'avait cru, mais des ellipses.

On peut s'expliquer par une comparaison toute vulgaire l'illusion que nous éprouvons en croyant que la Terre est immobile et les astres en mouvement autour d'elle. Qui de nous n'a été dupe d'une illusion analogue? Pendant un voyage en chemin de fer, par exemple, ne prêtons-nous pas aux arbres, aux maisons, à tous les objets qui s'offrent à nos yeux, le mouvement qui nous emporte nous-mêmes?

C'est ainsi que la Terre, nous entraînant avec elle, nous n'avons pas conscience du déplacement qu'elle subit.

Rotation de la Terre sur elle-même. — Le jour et les heures. — La Terre, accomplissant un mouvement de rotation sur elle-même, mouvement qui dure environ vingt-quatre heures, présente successivement au Soleil tous les points de sa surface. Le Soleil semblant se mouvoir de droite à gauche, le mouvement réel de la Terre est nécessairement l'envers de celui-là, c'est-à-dire de gauche à droite. On donne le nom de *jour* à la durée de cette révolution. Cette durée est divisée elle-même en 24 parties qu'on appelle *heures*.

Puisque le Soleil éclaire l'un après l'autre les divers points de la surface terrestre, on comprend que l'heure varie pour les lieux qui ne sont point placés sous le même méridien. Il y a avance si nous allons vers le levant, retard au contraire si nous allons vers le couchant. Ainsi, lorsqu'il est midi à Paris, les horloges ne marquent encore que sept heures du matin à New-York, et déjà cinq heures quarante-cinq du soir à Calcutta.

Les jours et les nuits; leur inégalité. — La durée du mouvement de rotation de la Terre sur elle-même est appelée jour par les astronomes. Mais dans cette durée de vingt-quatre heures environ, nous distinguons deux périodes, l'une de lumière, l'autre d'obscurité, que nous appelons le *jour* et la *nuit*. Ces deux périodes ne sont d'égale durée pendant le cours d'une année que pour les régions du globe terrestre situées sur la ligne de l'équateur. Au contraire, les pôles et les régions qui en sont voisines ont alternativement six mois de lumière perpétuelle et six mois d'obscurité ininterrompue. Dans les zones comprises entre l'équateur et les pôles, c'est-à-dire

dans les zones que nous appelons tempérées, les jours
sont plus longs et les nuits plus courtes en été, les nuits
plus longues et les jours plus brefs en hiver.

La raison de cette différence est la suivante : la Terre,
dans sa révolution autour du Soleil, ne se présente pas toujours aux rayons de cet astre directement ni dans la même
position. S'il en était ainsi, toutes les régions du Globe

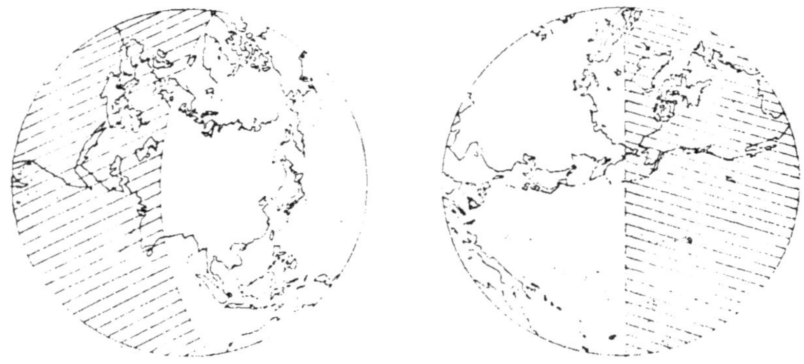

Fig. 1. — Jour et nuit.

auraient des jours et des nuits d'égale durée. Mais l'inclinaison que prend la Terre dans son mouvement fait que
la circonférence marquant la limite entre la moitié ob-
scure et la moitié éclairée ne passe pas par l'axe de notre
planète.

En dehors des régions équatoriales, le jour et la nuit
ne sont partout d'égale durée que le 21 mars et le 23 sep-
tembre. C'est pourquoi on a appelé ces dates *équinoxes*,
c'est-à-dire époques où les nuits sont égales aux jours.
L'une est nommée *équinoxe de printemps*, l'autre *équinoxe
d'automne*.

Nous pouvons, d'une manière toute élémentaire, constater ce mouvement de la Terre en observant les déviations que paraît subir le Soleil à son lever. Si nous regar-

dons, en effet, chaque matin à partir de l'équinoxe de printemps, le point de l'horizon où apparaît cet astre, nous constaterons bientôt que ce point est de plus en plus rapproché du nord jusqu'au 21 juin. Or nous savons que ce n'est point le Soleil qui se déplace, mais la Terre; et nous nous rendons compte ainsi très simplement du mouvement qui cause l'inégalité des jours et des nuits.

Au contraire, à partir du 21 juin, cette déviation apparente du Soleil dans la direction du nord cesse; le Soleil semble s'arrêter, d'où le nom de *solstice* (de deux mots latins qui signifient arrêt du Soleil) donné à cette date; c'est le *solstice d'été*. Les jours diminuent dans notre hémisphère jusqu'au 21 décembre, date que l'on appelle *solstice d'hiver*.

On comprend que la succession des équinoxes et des solstices est différente dans l'hémisphère austral.

Les points auxquels le Soleil paraît s'arrêter au moment des solstices s'appellent *tropiques*. Ils sont éloignés de la ligne de l'équateur de 28° 27'. On a nommé le tropique de l'hémisphère boréal *tropique du Cancer* et celui de l'hémisphère austral *tropique du Capricorne*.

Saisons et zones. — En même temps qu'une quantité inégale de lumière, et pour la même cause, les différentes régions de la Terre reçoivent du Soleil des doses inégales de chaleur. En effet, en vertu du mouvement d'inclinaison de la Terre sur son orbite, d'un solstice à un autre, la chaleur ne lui parvient ni aussi directement ni aussi longtemps. C'est ce qui explique le phénomène des *saisons*. La Terre est comme un réservoir qui emmagasine la chaleur du Soleil pendant le jour et la laisse échapper pendant la nuit. Or, lorsque les heures d'échauffement, c'est-à-dire les jours, sont plus nombreuses que les heures nocturnes de refroidissement, la Terre ajoute chaque jour à sa réserve de chaleur; c'est l'époque que nous appelons *saison chaude*.

Le phénomène contraire se produit quand les jours diminuent et les nuits augmentent : la Terre perd la chaleur accumulée et la laisse échapper par rayonnement; c'est alors la *saison froide*.

Puisque la cause de la différence des saisons est la même que celle de la différence des jours et des nuits, leur durée relative variera selon qu'une région sera plus rapprochée de l'équateur ou des pôles. Aussi a-t-on réparti en plusieurs zones les contrées qui couvrent la surface de la Terre :

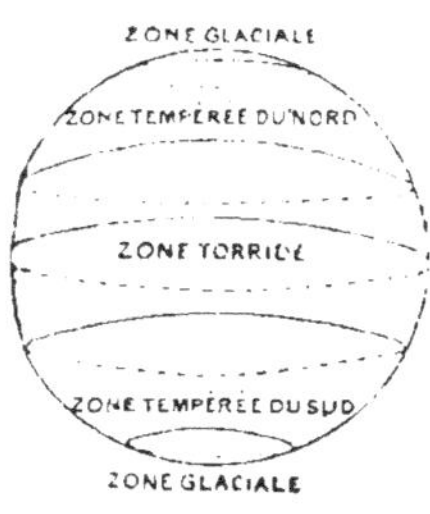

Fig. 2. — Les zones.

1° Deux *zones glaciales*, limitées par les circonférences des cercles polaires, la zone glaciale *arctique* et la zone glaciale *antarctique* s'étendant du 66e degré (66°30′) au 90e dans les deux hémisphères. Ces zones, qui reçoivent très obliquement les rayons solaires, ont à peine quelques semaines d'été : l'hiver y est presque permanent, et même lorsque le Soleil reparaît au-dessus de l'horizon, la glace est accumulée en quantité si énorme, qu'il ne la fond que partiellement.

2° Puis viennent deux *zones tempérées*, comprises entre les circonférences des cercles polaires et les lignes des tropiques. L'année y est nettement divisée en quatre saisons : printemps, été, automne et hiver. En effet, si ces deux portions du Globe ne reçoivent jamais que des rayons obliques de chaleur solaire, pour chaque période de l'année, l'obliquité de ces rayons est très variable.

3° Enfin vient la *zone torride* s'étendant également jusqu'à la ligne des tropiques dans chaque hémisphère. Cette zone reçoit deux fois par an des rayons verticaux, et presque toujours la chaleur lui parvient suivant une ligne voisine de la perpendiculaire. Dans la région équatoriale qui en occupe le centre, la température moyenne atteint jusqu'à 28 degrés centigrades. Dans une pareille zone il ne peut y avoir de saison froide : une saison de pluies rompt seule la monotonie de la chaleur.

La mesure du temps. — Le calendrier. — La division du temps adoptée dans nos pays, en années, mois et jours, a été inspirée par l'étude des révolutions de la Terre et de son satellite, la Lune.

Le mouvement de la Terre autour du Soleil s'accomplit en 365 jours un quart à peu près. Nous avons donné à cet espace de temps le nom d'*année*.

Le *mois* est, d'une manière approximative, le temps qui s'écoule avant que la Lune, exécutant son mouvement autour de la Terre, se retrouve de nouveau en face du Soleil.

Le *jour* est, nous l'avons vu, le temps que met la Terre à tourner sur elle-même.

Le temps se divise aussi en *semaines* de sept jours : sauf le dimanche, qui est le jour du Seigneur ou du Soleil, les jours ont pris des noms empruntés aux planètes : Mars, Mercure, Jupiter, Vénus et Saturne. La Lune a donné son nom au lundi.

CHAPITRE II

Sphéricité de la Terre; principales preuves. — La
Terre a la forme d'une sphère. Si nous regardons, en
effet, du bord de la mer un navire s'éloigner, nous remar-
querons que les parties qui le composent, la coque et les
mâts, ne disparaissent pas pour nous uniformément,
comme un corps qui se déroberait à nos regards sur une
surface plate. La coque disparaît la première et semble
s'enfoncer dans la mer, puis nous perdons de vue les bas
mâts et les grosses vergues ; le sommet de la mâture
s'efface enfin à l'horizon. Si nous montons alors sur une
haute tour, nous apercevons de nouveau les flèches extrêmes des mâts. De même, si nous assistons à l'arrivée
d'un vaisseau, nous distinguons successivement la mâture,
puis la coque ; et un paquebot à vapeur se signale de plus
loin encore par la colonne de fumée qu'il envoie dans
les airs. Or si la surface de la mer était plane, le corps
du navire, beaucoup plus massif que les mâts, resterait
le plus longtemps en vue lorsque le navire s'éloigne, et se
montrerait le premier lorsqu'il vient vers la terre. Nous
sommes donc forcés d'admettre que la surface du Globe,
terre ou mer, est convexe. La Terre est par conséquent
une sphère.

Ce que nous avons constaté pour un navire qui s'éloigne ou se rapproche de nous, nous pouvons l'observer également pour le Soleil à son lever et à son coucher ; il suffit de se rappeler ce qui a été dit plus haut de la différence des heures locales. Les habitants des régions situées à l'est de la France voient le Soleil se lever avant nous ; cet astre a paru au-dessus de leur horizon quand il est encore au-dessous du nôtre. Au contraire, les pays placés plus à l'ouest jouissent encore du Soleil quand nous ne le voyons plus. Si la surface de la Terre était plate, tous les hommes verraient exactement à la même heure le lever et le coucher du Soleil.

Cependant la Terre n'est pas un globe de forme parfaitement régulière : quand on dit familièrement qu'elle ressemble plutôt à une orange qu'à une boule, on entend qu'elle est aplatie aux pôles et renflée à l'équateur.

Dimensions de la Terre. — De nos jours seulement, les savants ont réussi, à force d'observations et de calculs, à connaître les principales dimensions du Globe que nous habitons.

Quand on énonce les chiffres qui représentent les dimensions de la Terre, on ne tient pas compte des irrégularités de sa surface. Ces irrégularités, que nous appelons grandes montagnes, comme les Alpes et les monts Himalayas, sont peu de chose en comparaison de la masse terrestre et doivent être considérées comme des plis insignifiants. Si l'on représentait la Terre par une sphère d'un diamètre de 15 mètres, la saillie des plus grosses masses montagneuses ne dépasserait guère 1 centimètre.

Le *diamètre* de la Terre est d'environ 12500 kilomètres.

La *circonférence* de la Terre est d'environ 40000 kilomètres.

La *superficie* de la Terre est d'environ 500 millions de kilomètres carrés.

Pôles, équateur, points cardinaux et collatéraux. — Si l'on suppose que la Terre exécute son mouvement de rotation sur elle-même autour d'un axe, les deux points où cet axe, purement imaginaire, perce la surface du Globe, seront appelés *pôles*. L'un est le *pôle Nord*, que l'on nomme aussi arctique ou boréal ; l'autre est le *pôle Sud*, antarctique ou austral.

On imagine qu'à égale distance des deux pôles, un cercle partage le Globe en deux parties égales ou hémisphères. Pour cette raison, la circonférence de ce cercle est appelée *équateur*, c'est-à-dire ligne de partage égal. Au nord de cette ligne est situé l'hémisphère boréal, au sud l'hémisphère austral. L'équateur traverse les océans Pacifique, Atlantique et la mer des Indes, les continents d'Afrique et d'Amérique du Sud, les archipels océaniens.

Les *points cardinaux* servent à nous indiquer notre position à la surface de la Terre par rapport aux pôles, et, comme on dit vulgairement, à nous orienter. Quand nous sommes tournés vers le pôle Nord dont l'étoile polaire nous indique à peu près la direction, le point *est* se trouve à notre droite, le point *ouest* à notre gauche, le *sud* derrière nous, à l'opposé du *nord.* Si l'étoile polaire est un point de repère utile qui signale le nord aux marins, nous pouvons aussi reconnaître approximativement la position de l'est en observant le lever du soleil et des étoiles : c'est pourquoi l'*est* est appelé *levant* ou *orient;* les astres disparaissant de notre horizon dans la direction opposée, on a donné au point *ouest* le nom d'*occident* ou de *couchant.*

Les *points collatéraux* désignent des directions intermédiaires entre deux points cardinaux. Par exemple, si nous nous dirigeons à mi-chemin entre le nord et l'est, on dira

que nous marchons vers le *nord-est*, et ainsi de suite...
Les quatre points collatéraux sont donc : le *nord-ouest* et
le *nord-est*, le *sud-ouest* et le *sud-est*.

Enfin, prenons-nous notre orientation en suivant une
ligne qui passe entre un point cardinal et un point
collatéral, nous marquons en ce cas notre direction en
nommant deux fois le point cardinal le plus proche.
Ainsi l'orientation comprise entre le nord et le nord-est
s'appelle *nord-nord-est*, etc.

La *rose des vents* est la figure qui montre la position de
tous les points cardinaux et
collatéraux autour d'un observateur.

Sur terre, il est aisé de déterminer un grand nombre de
points de repère. Mais, sur
mer, on a grand'peine à se
rendre un compte précis de
la direction qu'il faut suivre.
Les marins se guident au moyen

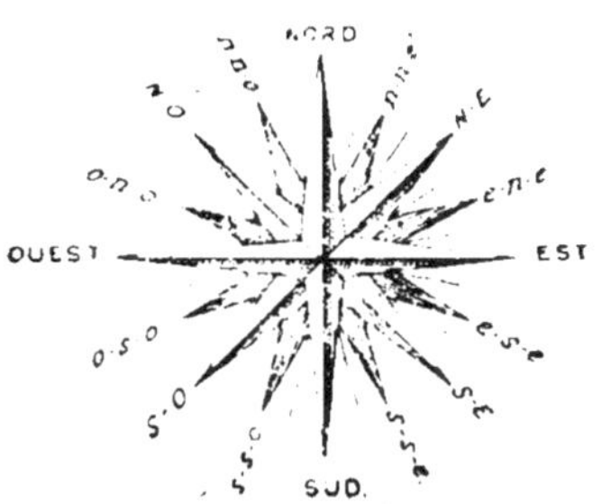

Fig. 3. — La rose des vents.

de la *boussole*. La pièce essentielle de cet instrument est
une aiguille aimantée horizontale, dont la pointe indique le pôle magnétique assez voisin du pôle Nord. Les
Chinois se servaient déjà depuis longtemps de la boussole, lorsque Flavio Gioja en révéla ou en généralisa
l'usage parmi les marins d'Europe.

Longitude et Latitude. — Pour déterminer avec pré-
cision la position d'un pays ou d'une ville sur le Globe
terrestre, il faut en connaître la situation en longitude et
en latitude. La longitude nous indique la position d'un
lieu par rapport au levant ou est, la latitude nous indique
la position par rapport à l'équateur. Si à la surface d'un
ballon enveloppé dans un filet on voulait apprécier la

distance qui sépare deux points, il suffirait de compter le nombre de mailles comprises entre eux en longueur et en largeur. Pour se reconnaître sur la surface du Globe, les savants ont imaginé de représenter la Terre comme enveloppée ainsi d'un réseau de lignes qui marquent la longitude et la latitude [1].

La *longitude* nous indique la position d'un lieu par rapport au levant ou est, c'est-à-dire dans le sens de la marche apparente du Soleil autour de la Terre. Il est la même heure pour tous les lieux de la surface terrestre situés sur un même *méridien :* on appelle méridien une des lignes qui, menées d'un pôle à l'autre, servent à indiquer la longitude.

Une de ces lignes, choisie comme point de départ pour compter les degrés de longitude à l'est et à l'ouest, est nommée pour cette raison *méridien d'origine*. On n'est pas parvenu à se mettre d'accord pour l'adoption d'un même méridien, car aucune raison mathématique ne force à choisir une ligne de préférence à une autre. Ainsi, dans nos cartes françaises, le méridien d'origine correspondant à zéro, est celui qui passe par l'observatoire de Paris ; en Angleterre, c'est celui de Greenwich.

La surface de la sphère terrestre a été divisée par ces

---

1. Le mot *longitude* signifie longueur, et le mot *latitude* largeur. Les géographes de l'antiquité, qui connaissaient une très petite partie du monde, désignaient par le mot *longitude* la partie la plus longue, le sens le plus étendu des régions terrestres représentées sur leurs cartes très imparfaites. Ainsi, comme ils avaient exploré un plus grand nombre de contrées dans le sens de l'est à l'ouest qu'entre le sud et le nord, ils appelaient longitude l'espace compris entre l'extrémité occidentale de l'Espagne et les limites des régions connues de l'Inde ; si au contraire un de leurs voyageurs, partant de l'Afrique, traversait la mer Méditerranée, puis l'Italie, et enfin la Celtique pour aboutir aux extrémités septentrionales des pays alors explorés, on disait que son voyage s'accomplissait dans le sens de la latitude du monde, c'est-à-dire de sa largeur

lignes, menées d'un pôle à l'autre, en 360 parties; on en compte 180 à l'est du méridien d'origine et 180 à l'ouest. La distance comprise entre deux de ces lignes est appelée *degré de longitude*; chaque degré est divisé en 60 parties ou *minutes*, chaque minute en 60 *secondes*. Grâce à ces subdivisions, on peut représenter très exactement par un chiffre la longitude d'un lieu. Ainsi Greenwich est à 2° 20′ 14″ à l'ouest de Paris.

De même, les *degrés de latitude* divisent l'espace qui s'étend entre l'équateur et chacun des pôles. On suppose 90 circonférences parallèles à celle de l'équateur, tracées entre cette ligne et le pôle Nord, et 90 jusqu'au pôle Sud. L'équateur est pour les latitudes ce qu'est le méridien d'origine pour les longitudes, c'est-à-dire que l'on compte les degrés de latitude de 0 à 90 entre l'équateur et les deux pôles. Les degrés de latitude sont subdivisés, comme les degrés de longitude, en minutes et en secondes. Ce sont les latitudes qui limitent les zones dont il est question plus haut.

L'observation des longitudes et des latitudes précise donc rigoureusement les notions générales que fournit l'étude de l'orientation par les points cardinaux et collatéraux. Elle est le fondement de la *géographie mathématique*.

La longitude et la latitude ne nous indiquent pas seulement la position des lieux à la surface du Globe; elles nous rendent également facile l'évaluation de la distance qui sépare deux points. En effet, la circonférence de la Terre étant de 40 millions de mètres environ, la longueur de l'arc d'un degré en sera la 360ᵉ partie, c'est-à-dire à peu près 111 kilomètres. Il suffit donc de multiplier par ce chiffre le nombre des degrés qui séparent deux points pour évaluer en kilomètres la distance de l'un à l'autre.

Les marins se servent d'une évaluation différente. Leur mesure de longueur est le *mille marin* : 1 degré contient 60 milles marins de 1852 mètres. Quand ils disent qu'un navire file 13 nœuds par heure, ils emploient le mot *nœud* comme synonyme de *mille*, et désignent une vitesse de 13 fois 1852 mètres. Les Anglais expriment les vitesses des bâtiments tantôt en milles identiques aux nôtres, tantôt en milles terrestres de 1609 mètres.

Représentations géographiques de la Terre ; globes ; projections ; cartes. — Les géographes emploient divers moyens pour représenter la surface terrestre et faciliter l'étude de ses différentes parties.

La représentation géographique la plus fidèle de la Terre est une sphère à la surface de laquelle on dessine l'image des contrées de notre planète; mais un globe est toujours de dimensions restreintes et ne permet pas la reproduction détaillée des différentes régions de la terre.

Aussi de bonne heure a-t-on essayé de dessiner sur des surfaces planes l'image des régions terrestres. Les colons grecs de Milet connaissaient, quatre cents ans avant notre ère, l'usage des cartes. Mais c'est seulement au XVII⁰ et au XVIII⁰ siècle que l'art de les dresser exactement a été perfectionné, grâce surtout aux deux savants géographes français *Delisle* et d'*Anville*.

Le procédé employé pour dessiner des cartes sur une surface plane, sur une feuille de papier par exemple, est appelé *projection*. Il s'agit en effet de projeter sur une matière à niveau plat des images empruntées à une surface d'un autre genre, à la surface d'une sphère convexe. Cette opération présente de grandes difficultés; car on ne peut réussir exactement à coller une feuille plate de papier sur une sphère sans produire un grand nombre de plis ou sans amener des déchirures ; et réciproquement si l'on développe le papier ou l'étoffe collée sur une table, on ne pourra, en les appliquant par exemple sur une sphère, les réduire en surface plate ; il se produira encore des froissements et des cassures. Cette comparaison montre que les cartes ne sauraient être une représentation parfaitement exacte de la Terre, surface convexe semblable à celle d'un globe.

Les trois principaux procédés de projection sont : 1° La *projection de Mercator* inventée par un géographe allemand de ce nom du XVIe siècle. Les cartes dressées suivant ce système sont exactes dans la région de l'équateur, mais très infidèles à mesure qu'on se rapproche des pôles ; on construit surtout les planisphères d'après le système de Mercator. On reconnaît les cartes tracées d'après le système, à ce fait que les lignes de longitude et les lignes de latitude y sont représentées par des lignes droites qui se coupent à angle droit.

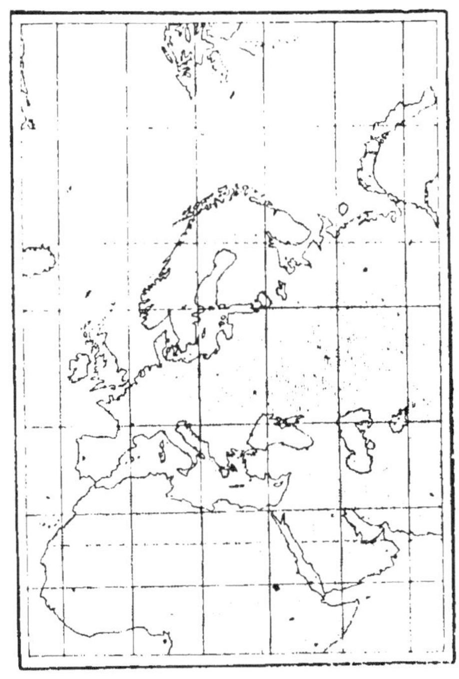

Fig. 4. — Projection de Mercator.

2° La *projection orthographique* est très employée dans le dessin des mappemondes : les parties centrales sont reproduites exactement, mais les parties latérales sont déformées. Les méridiens y sont représentés par des arcs elliptiques, les parallèles par des lignes droites.

3° La *projection stéréographique*, moins défectueuse que les précédentes, a cependant encore l'inconvénient d'agrandir beaucoup les bords. Les méridiens et les parallèles y sont également représentés par des arcs de circonférence.

Mais il y a encore d'autres genres de carte qui permettent de représenter plus exactement des régions restreintes ou des accidents particuliers de la surface terrestre. Ce sont par exemple les cartes de *topographie*, dressées d'après une mesure exacte du terrain et selon un procédé scientifique appelé *triangulation*. Aujourd'hui presque

Fig. 5.
Projection orthographique.

Fig. 6.
Projection stéréographique.

toutes les nations européennes ont confié aux officiers d'état-major de leurs armées le soin de lever des plans détaillés de toutes les parties du territoire d'après cette méthode. Ces œuvres sont appelées *cartes d'état-major*. On distingue encore les cartes *hydrographiques* qui servent à donner des notions exactes et des représentations précises des eaux, mers, rivières ou fleuves ; les cartes *orographiques* qui sont destinées à faciliter l'étude des hauteurs à la surface de la Terre.

Principaux procédés du dessin géographique. — Une carte doit représenter, outre les contours des continents, les différents accidents et les différents aspects du sol. On emploie pour cela des procédés spéciaux. Les saillies des hauteurs sont la plupart du temps représentées par des *hachures.* On appelle ainsi le dessin composé d'une série de petits traits dont l'éloignement ou le rapprochement, la gravure plus légère ou plus foncée, indiquent le degré d'inclinaison des hauteurs. La direction même des traits correspond à la direction des pentes. Les hauteurs doivent occuper sur une carte un espace proportionnel aux dimensions mêmes des montagnes qu'on veut représenter. Dans les cartes orographiques générales, on marque généralement les différences d'altitude par des différences de couleurs; on a ainsi des cartes auxquelles on donne le nom de cartes *hypsométriques.* Dans certaines cartes très détaillées, les altitudes du sol sont exprimées par des courbes de niveau. On appelle *courbe de niveau* une ligne qui passe par tous les points ayant la même altitude. Plus les lignes sont voisines les unes des autres, plus l'inclinaison ainsi représentée est rapide; plus les lignes sont éloignées les unes des autres, plus lentes sont les différences de niveau. Ce procédé est souvent employé pour les cartes d'état-major.

L'étude des *profondeurs des mers* se fait généralement sur des cartes de couleur. Par exemple, on applique une teinte de plus en plus foncée à mesure que la sonde descend plus bas.

Dans les cartes scolaires, qui donnent des images assez petites la plupart du temps, il est impossible de prêter à certaines représentations leur valeur réelle. Ainsi on est forcé, sur les cartes des atlas élémentaires, d'exagérer les lignes des fleuves, des rivières, des canaux, et les points qui signalent l'emplacement des villes, toutes choses qui dans un dessin exactement proportionnel seraient tout à fait invisibles.

Un procédé très utile en géographie est celui des *coupes,* ou *profils.*

On suppose, pour dessiner la coupe d'une région, que

cette région ait été comme tranchée nettement suivant une ligne droite; puis on reporte sur une carte ce que verrait un observateur imaginaire parcourant d'un bout à l'autre cette tranchée, les élévations soudaines ou lentes du sol, les dépressions, etc.

Les cartes peuvent exprimer autre chose que les accidents du sol : à l'aide du dessin et de la couleur, elles peuvent mettre en évidence tel ou tel ordre de phénomènes; des cartes spéciales peuvent être consacrées, par exemple, aux climats d'une contrée: d'autres, à la répartition des races ou à la densité des populations; d'autres encore montrent les limites des cultures, l'intensité du trafic, ou tout autre fait intéressant la géographie.

Échelles. — On dit qu'une carte est à petite ou grande *échelle* selon que les dimensions de ces images s'éloignent plus ou moins des dimensions réelles des pays représentés. Le rapport entre le dessin sur papier et la surface réelle de la région dessinée est exprimé par un chiffre. En voici un exemple : la carte de France dressée par l'état-major s'appelle carte à *un quatre-vingt millième*, c'est-à-dire que sur cette carte une ligne de 1 mètre représente une distance de 80 kilomètres. On prend soin généralement d'indiquer, dans un coin des cartes géographiques, à quelle échelle le dessin a été fait.

Les élèves devont toujours tenir le plus grand compte de cette indication, afin de ne point commettre l'erreur grossière d'attribuer aux régions une importance proportionnelle à la place qu'elles occupent sur un atlas le 20e degré de latitude sud. — sous le 40e degré de latitude sud. — 4. Indiquer les pays et les villes situés sous le méridien de Paris, — sous celui de Constantinople, — sous celui de Singapour, — sous celui de New-York. — 5. Énumérer les régions comprises dans la zone tempérée du nord. — dans la zone tempérée du sud. — 6. Évaluer en kilomètres et en milles marins la distance à vol d'oiseau entre Paris et Québec, — entre Paris et Tombouctou, — entre Rome et le Cap, — entre Zanzibar et Batavia. — 7. Quel est l'antipode des Açores, — celui de Yokohama, — celui de Mexico? — 8. Pourquoi les cartes géographiques sont-elles une représentation imparfaite de la Terre; — quel genre de déformations lui font-elles subir? — 9. Dans un atlas, la carte de France est à l'échelle du 1/1 750 000; elle occupe 4 feuilles. La carte d'Asie, à l'échelle du 1/35 000 000, n'occupe qu'une feuille. Combien faudrait-il consacrer de feuilles à l'Asie pour la représenter à la même échelle que la France?

DEUXIÈME PARTIE

NOTIONS DE GÉOGRAPHIE GÉNÉRALE

LES MERS ET LES TERRES.

CHAPITRE PREMIER

LES MERS.

Étendue des mers à la surface du globe. — Les océans sont les parties déprimées de la surface terrestre dont les continents sont les parties hautes. L'eau s'est amassée dans les dépressions océaniques comme les pluies s'amassent au pied d'un talus. Les eaux marines qui, exception faite de la Caspienne, ne forment à la surface du globe qu'une seule masse, couvrent une étendue trois fois plus grande que les continents. La superficie de la Terre étant évaluée à environ 510 millions de kilomètres carrés, la mer en occupe à peu près 380 millions, les régions continentales à peu près 130.

Bien que l'océan soit subdivisé en un grand nombre de mers qui pénètrent de toutes parts dans les masses continentales, un rapide coup d'œil jeté sur un planisphère ou sur une mappemonde nous montre cependant que la plus grande partie des terres se trouve située dans l'hémisphère nord, tandis que l'hémisphère sud contient une étendue considérable de mers. Pour cette raison, on appelle souvent l'hémisphère nord *hémisphère continental*, et l'hémisphère sud *hémisphère océanique* ou *maritime*. Ce sont les grand voyages du xviiie siècle qui ont mis en lumière cette différence fondamentale, surtout ceux du navigateur anglais le capitaine *Cook*.

L'hémisphère nord contient : l'Europe, l'Asie, les deux tiers de l'Afrique, l'Amérique du Nord et presque un quart de l'Amérique du Sud ; tandis que l'hémisphère sud ne renferme, outre un groupe assez petit de terres polaires, qu'une partie de l'Afrique et de l'Amérique du Sud, l'Australie et un certain nombre d'îles.

On remarquera de plus qu'une énorme étendue de mer couvre à la fois les deux hémisphères entre l'Australie, l'Archipel malais et la côte orientale d'Asie, d'une part, et, de l'autre, les rivages occidentaux des deux Amériques. C'est le Grand Océan ou océan Pacifique. Il occupe à lui seul une étendue égale à la moitié des mers et supérieure à la totalité des terres.

Les cinq océans, leurs limites. — Bien que toutes les eaux marines communiquent entre elles, et ne forment qu'une seule et même masse, on a coutume de diviser cette étendue unique en cinq océans principaux :

1° Le *Grand Océan*, appelé océan Pacifique par Magellan, à cause des vents favorables qu'y rencontra ce navigateur, occupe une immense superficie de 175 millions de kilomètres carrés, plus du tiers de la surface du Globe. Il est borné à l'est par les Amériques, à l'ouest par la ligne plus coupée que forment l'Asie (la Sibérie, la Chine et l'Indo-Chine), puis les îles Philippines, les Moluques, la Nouvelle-Guinée et l'Australie. Au nord, ses limites sont marquées par les terres et les îles qui rejoignent imparfaitement l'Asie à l'Amérique. Au sud, il s'ouvre largement et sans séparation vers le monde polaire antarctique.

Le Grand Océan n'entame point profondément les terres, et ne forme point par conséquent de mers intérieures comme celles que nous connaissons en Europe. Cependant on a donné ce nom de mers à certaines anfractuosités qu'il forme sur les bords de son bassin, ou même à des espaces plus restreints enfermés par des lignes d'archipels et d'îles.

Ces mers sont : la *mer de Bering*, située entre le Kamtchatka, la terre américaine d'Alaska et la chaîne des îles Aléoutiennes ; la *mer d'Okhotzk*, entre la Sibérie, la pointe du Kamtchatka et l'archipel des Kouriles ; la *mer du Japon*, entre le Japon, la Mandchourie et la presqu'île de Corée ; la *mer Jaune* et la *mer de Chine*, qui ne sont guère que des golfes ; enfin presque tous les bras de mer compris entre plusieurs îles malaises sont également appelés mers. Telles sont les mers de *Java*, de *Célèbes*, des *Moluques*, de *Banda*.

2° L'*océan Atlantique* a reçu des Anciens ce nom, dérivé de l'Atlas, montagne qui s'élève en Afrique au point de jonction de la Méditerranée avec cet océan.

Sa superficie est d'à peu près 100 millions de kilomètres carrés, c'est-à-dire un cinquième de la superficie du monde.

Ses limites sont au nord le Groenland et l'Islande, qui ne sont pas du tout des séparations du côté des mers arctiques, à l'est, les côtes occidentales d'Europe et d'Afrique, à l'ouest les deux Amériques dans leurs parties orientales ; au sud, il s'élargit et s'ouvre vers les régions antarctiques. Dans sa partie centrale, son bassin se rétrécit notablement au point où l'Afrique occidentale et l'Amérique du Sud projettent les deux masses qui se terminent par le cap Vert du Sénégal et le cap San-Roque du Brésil.

Les divisions de l'Atlantique, bien différentes en cela
des dépendances du Grand Océan, pénètrent profondément dans l'épaisseur des continents. En Europe, la
Méditerranée, divisée elle-même en plusieurs bassins
plus petits; au nord, le golfe de Gascogne, la Manche,
la mer du Nord et la Baltique; en Amérique, la baie
d'Hudson, le golfe du Mexique et la mer des Antilles,
telles sont les principales échancrures que l'Atlantique
dessine sur les rebords de son bassin.

Outre ces mers intérieures, l'Atlantique offre à la navigation un autre avantage naturel. Les deux rebords de
sa cuvette sont disposés de telle sorte à l'est et à l'ouest
que si, d'une part, les eaux empiètent sur les terres et
forment comme une rentrée, de l'autre, une proéminence
continentale compense cet éloignement. Ainsi, au golfe de
Guinée, très profond enfoncement, correspond la saillie
du Brésil; entre les deux Amériques, l'Atlantique a creusé
vers l'ouest la mer des Antilles et le golfe du Mexique;
mais en face, l'Afrique s'avance aussi vers l'ouest par la
masse que termine le cap Vert. Au nord, enfin, c'est
l'Amérique qui va au-devant de l'Europe par l'éperon du
Labrador. Cette correspondance des deux rivages a grande-
ment favorisé les relations commerciales des peuples
qui les habitent.

3° L'*océan Indien*, très nettement limité dans sa partie
septentrionale par la côte orientale d'Afrique, l'Arabie,
le Beloutchistan, l'Inde, la presqu'île de Malacca, les îles
de la Sonde et l'Australie, n'est séparé par aucune barrière des mers australes, vers lesquelles il s'élargit de
plus en plus. Sa superficie est d'à peu près 70 millions de
kilomètres carrés,

L'océan Indien pénètre l'Asie méridionale par trois
grands golfes : le *golfe du Bengale*, la *mer d'Oman*, con-
tinuée par le *golfe Persique*, entre la Perse et l'Ara-

bie ; la *mer Rouge*, qui fait maintenant communiquer l'océan Indien avec la Méditerranée par le canal de Suez.

4° L'*océan Glacial Arctique*, ou océan Glacial du Nord, s'étend, comme son nom l'indique, dans la région polaire située au nord de l'Europe, de l'Asie et de l'Amérique. Il communique largement avec l'océan Atlantique par les détroits qui s'ouvrent entre la Norvège, le Danemark, le Groenland, la terre de Baffin et le Labrador ; d'une manière plus restreinte avec le Grand Océan par le détroit de Bering entre l'Amérique et l'Asie. Cet océan est assez mal connu, malgré le courage des nombreux explorateurs qui l'ont étudié, surtout pendant notre siècle. On sait seulement que les mers arctiques, embarrassées de glaces qui entravent ou rendent très difficile la navigation, sont parsemées d'archipels et d'îles. On attribue approximativement à l'océan Glacial du Nord une superficie de plus de 10 millions de kilomètres carrés.

Les deux mers les plus importantes qu'il forme sont : la *mer Blanche*, entre la Laponie, la Finlande et la Russie, et la *mer de Kara*, entre la Nouvelle-Zemble, l'île de Waïgatch et la presqu'île des Samoïèdes.

5° Autour du pôle Sud, l'*océan Glacial Antarctique* est moins connu encore. Le navigateur Ross, qui pénétra jusqu'au 78° degré de latitude dans ces régions, fut arrêté par un mur vertical de glace, qui paraît s'étendre de toutes parts autour du pôle sud. L'océan Glacial du Sud communique avec l'océan Atlantique et le Grand Océan ; il mêle aussi ses eaux à celles de l'océan Indien. Ces trois grands bassins d'eaux marines s'ouvrant et s'évasant vers le sud, l'océan Glacial Antarctique aurait donc pour limites des lignes conventionnelles unissant les pointes méridionales de l'Amérique, de l'Afrique, de l'Australie et de la Nouvelle-Zélande.

La surface couverte par ses eaux, encore plus embarrassée de glaces que celle de l'océan du Nord, serait d'environ 20 millions de kilomètres carrés.

Régions polaires. — La présence de ces glaces donne un aspect particulier aux régions qui avoisinent les deux pôles. — Les portions de mer polaires solidifiées depuis de longues années ont reçu le nom de mers « *paléocrystiques* » (mot tiré du grec et qui signifie : gelé depuis longtemps).

Lorsque le navigateur arrive à l'entrée des régions polaires, soit au sud, soit au nord, il rencontre d'abord, flottant à la surface de la mer, des fragments de glace plus ou moins gros, détachés de la masse qui entoure les pôles. On appelle ces fragments *glaces flottantes* : ce sont tantôt des glaçons isolés, tantôt de véritables îlots. Ces débris sont quelquefois emportés par le courant jusqu'à une distance de 40 degrés à peine de l'équateur. On désigne plus particulièrement sous le nom d'*icebergs* les montagnes flottantes détachées des glaciers élevés qui se forment sur les terres polaires.

Si l'on se rapproche davantage des pôles, à la région de glaces flottantes succède la région des *banquises*. Ce sont des murs abrupts de glace, formés par les eaux de la mer ; par endroits, à travers les banquises, s'ouvrent des passages navigables, des chenaux par lesquels les navires des explorateurs pénètrent plus avant vers le nord.

Enfin la navigation s'arrête sur la lisière d'une troisième région que l'on appelle région des *champs de glace*. Les voyageurs qui s'aventurent dans les régions polaires ont alors recours à un autre mode de transport, et s'efforcent de se rapprocher encore davantage du pôle en chargeant leurs provisions sur des traîneaux attelés de chiens. Dans ces contrées de l'extrême nord, une épaisseur permanente de glace s'étend uniformément partout, de sorte qu'il est souvent difficile de juger **si** cette croûte recouvre le sol ou la mer.

Le sous-sol marin. — La nature du lit de l'Océan diffère suivant la profondeur et l'éloignement des côtes. Sauf dans les endroits balayés par les courants, où l'on trouve la roche à nu, le fond des mers est tapissé par des dépôts d'origine diverse. Dans le voisinage des continents et des îles, et jusqu'à une profondeur d'environ 400 mètres, le sous-sol marin est formé de débris arrachés par les vagues et les fleuves au rivage. Au-dessous de 400 mètres, et jusqu'à une profondeur de 4 à 5 000 mètres, la surface du lit des mers est recouverte d'un amas de vases constituées par des débris d'algues ou par les dépouilles d'animaux d'ordre inférieur qui pullulent à la surface des mers. Ces dépouilles se superposent au cours des siècles sur le fond de l'Océan en épaisses couches calcaires ; c'est véritablement de la *craie* en formation. Les grands fonds, les abîmes sont occupés par une *argile* rouge très fine qui paraît être le dernier résidu des matières volcaniques et autres altérées par l'action de l'eau de la mer.

Profondeur des mers. — Le lit de la mer comme la surface des continents est de niveau irrégulier, et présente tantôt des soulèvements, tantôt des dépressions. Le lit sur lequel reposent les eaux océaniques est accidenté **tout** comme le sol sur lequel nous marchons : les grandes profondeurs marquent comme des vallées, les moindres nous indiquent la présence de montagnes sous-marines ; les îlots, les écueils doivent nous rappeler tantôt les pics de nos régions montagneuses, tantôt les cratères de nos volcans. Les limites extrêmes des différences de niveau sont à peu près les mêmes sur terre et sur mer, les cimes de l'Himalaya ont à peine 300 mètres de plus que les abîmes de l'Océan.

On distingue généralement dans les mers la partie peu profonde, jusqu'à 200 mètres environ, qui avoisine les continents et les îles, des véritables grands fonds qui commencent au delà.

Le Pacifique est le plus profond de tous ; dans la fosse des *Kouriles* qui s'étend le long de ces îles, le navire américain *Tuscarora* n'a pas touché le fond à 8500 mètres ; on a trouvé des profondeurs de 8300 mètres auprès des îles Mariannes et de 8200 mètres à l'ouest des îles Tonga. — Les mers intérieures formées par le Pacifique sont d'ordinaire presque aussi profondes que l'Océan lui-même. L'Océan Indien présente ses plus grandes profondeurs (6200 mètres) sur la côte occidentale d'Australie.

L'océan Atlantique est beaucoup mieux connu dans ses profondeurs que les deux autres océans. Il a fallu en effet y pratiquer de nombreux sondages afin d'en connaître exactement la profondeur pour y immerger les câbles télégraphiques qui reposent sur le lit de l'Océan au nombre de sept entre l'Ancien et le Nouveau Monde. On sait aujourd'hui qu'au centre de l'Atlantique s'étend, du nord au sud, un soulèvement du lit de la mer ; dans cette région la profondeur ne dépasse nulle part 4000 mètres. De chaque côté de ce plateau on a constaté l'existence de fosses plus profondes. L'une d'elles, la *dépression du nord-ouest*, située au nord des Antilles, atteint jusqu'à 8341 mètres ; l'autre, la *dépression de l'est*, au large des côtes de France, d'Espagne et d'Afrique, paraît avoir une profondeur moyenne de 5000 mètres.

Les dépendances septentrionales de l'Atlantique qui entament l'Europe sont très peu profondes. Les Iles Britanniques reposent sur un plateau sous-marin de 200 mètres de profondeur qui les réunit à la France et s'étend sous une grande partie de la mer du Nord. La Manche, dont la profondeur moyenne n'est que de 86 mètres, est une simple vallée de ce plateau. La profondeur moyenne de la mer du Nord est de 89 mètres ; celle de la Baltique est plus faible encore.

La Méditerranée contient une épaisseur d'eau relativement plus considérable ; elle est divisée en deux cuvettes, par un seuil sous-marin qui s'étend entre la Sicile et la Tunisie. Le bassin oriental et le bassin occidental sont subdivisés eux-mêmes en plusieurs mers intérieures. La profondeur moyenne est évaluée à 1 300 mètres.

Les Océans polaires ont en général une assez faible profondeur moyenne.

Nature de l'eau de mer. — L'eau des Océans renferme une notable quantité de sels divers; le plus abondant de tous est le *sel de cuisine* ou *chlorure de sodium*.

Les eaux marines sont beaucoup plus salées dans les régions tropicales que dans les contrées polaires, moins quand elles reçoivent un fort contingent de fleuves d'eau douce que lorsqu'elles ne sont pas mélangées. La mer Rouge, fortement échauffée par le soleil, et dans laquelle ne débouche aucun cours d'eau important, est environ neuf fois plus salée que la Baltique, mer plus septentrionale où se jettent des fleuves abondants. La couleur de l'eau de mer est variable dans le voisinage des côtes, parce qu'elle n'y est pas parfaitement pure. Mais, en dehors de certains cas particuliers de coloration, dus à la présence d'êtres organisés ou de matières en dissolution, la couleur propre de la mer est le bleu foncé. Les eaux marines plus salées sont aussi plus bleues; la Méditerranée, par exemple, est plus colorée que la Manche.

Température des eaux marines. — Les eaux des

océans absorbent une plus ou moins grande quantité de la chaleur du soleil, suivant la place qu'elles occupent dans les différentes zones du globe. Mais l'action échauffante des rayons solaires est annulée dans les couches profondes par l'influence des eaux glacées que des courants apportent des régions polaires dans toutes les parties du bassin océanique. Cette cause de refroidissement est si puissante, qu'à 1000 mètres de la surface en moyenne l'eau est à une température de 4 degrés centigrades au-dessus de zéro. Plus bas, le thermomètre marque zéro.

Les vagues et la houle. — Il est rare que la mer soit complètement calme, sauf dans les bras intérieurs de peu d'étendue. Le vent y forme rapidement des *vagues* à la surface ; les marins leur donnent aussi le nom de *lames*, à cause de la forme de leurs crêtes, lorsqu'elles sont longues et se succèdent régulièrement. Le mouvement des vagues s'avançant les unes à la suite des autres, poussées par le vent, s'appelle *houle* : une mer houleuse est donc celle où les creux et les saillies s'espacent à intervalles égaux.

A quelque distance des côtes, lorsque le vent est fort, les lames atteignent aisément une hauteur de 4 à 5 mètres ; dans les bras de mer très encaissés, elles ne paraissent point dépasser 6 mètres. Il est rare qu'on rencontre des vagues de 9 mètres : celle de 12 à 15 mètres sont tout à fait exceptionnelles, et ne s'observent guère que dans l'Atlantique du Sud.

Les marées. — On appelle *marée* le mouvement régulier que subit deux fois la mer, en l'espace d'environ vingt-quatre heures, et qui élève et abaisse successivement son niveau. La cause de ces oscillations de la surface des mers est l'attraction qu'exercent sur notre planète la lune et le soleil. Deux fois par jour, sous cette influence, la mer se soulève graduellement ; ce premier phénomène est ce que l'on nomme *marée montante*, *flux*, ou encore *flot*. Puis, après ce premier mouvement, la surface de la mer reste immobile pendant quelques minutes ; enfin le niveau s'abaisse peu à peu comme il s'était élevé. Ce phénomène d'abaissement s'appelle *marée descendante*, *reflux* ou *jusant*.

Les marées sont d'une hauteur variable suivant qu'elles sont ou non poussées par le vent et suivant la forme différente des rivages contre lesquels le flot parti de la haute mer vient se choquer. Elles sont faibles là où la mer est large et profonde ; elles augmentent surtout dans les mers resserrées ; elles atteignent 10 mètres dans le canal de Bristol, 15 mètres dans la baie du mont Saint-Michel, 21 mètres dans la baie de Fundy, sur la côte du Canada. Ce sont les plus fortes marées observées jusqu'ici.

Si le flot de marée rencontre l'embouchure d'un fleuve, il remonte le cours jusqu'à une certaine distance, en soulevant, à la surface des eaux fluviales, une vague que l'on appelle *barre d'eau* ou *mascaret*. Ce phénomène ne se produit que dans les fleuves qui déposent des alluvions à leur embouchure de manière à exhausser le fond. Les vagues viennent se heurter contre cet obstacle sous-marin et s'y arrêtent jusqu'au moment où elles sont devenues assez hautes pour le franchir.

Quand le flux est arrêté quelque temps dans sa marche ascendante par une proéminence du rivage, comme un cap ou une presqu'île, le courant qu'il forme ensuite en reprenant sa direction première, courant violent en général, est dit *raz de marée*. On donne aussi quelquefois ce nom aux énormes lames qui peuvent se propager très loin à la surface de l'Océan, à la suite d'un tremblement de terre.

Les mers intérieures ont leur mouvement de marée, mais il est beaucoup plus faible que celui de l'Océan.

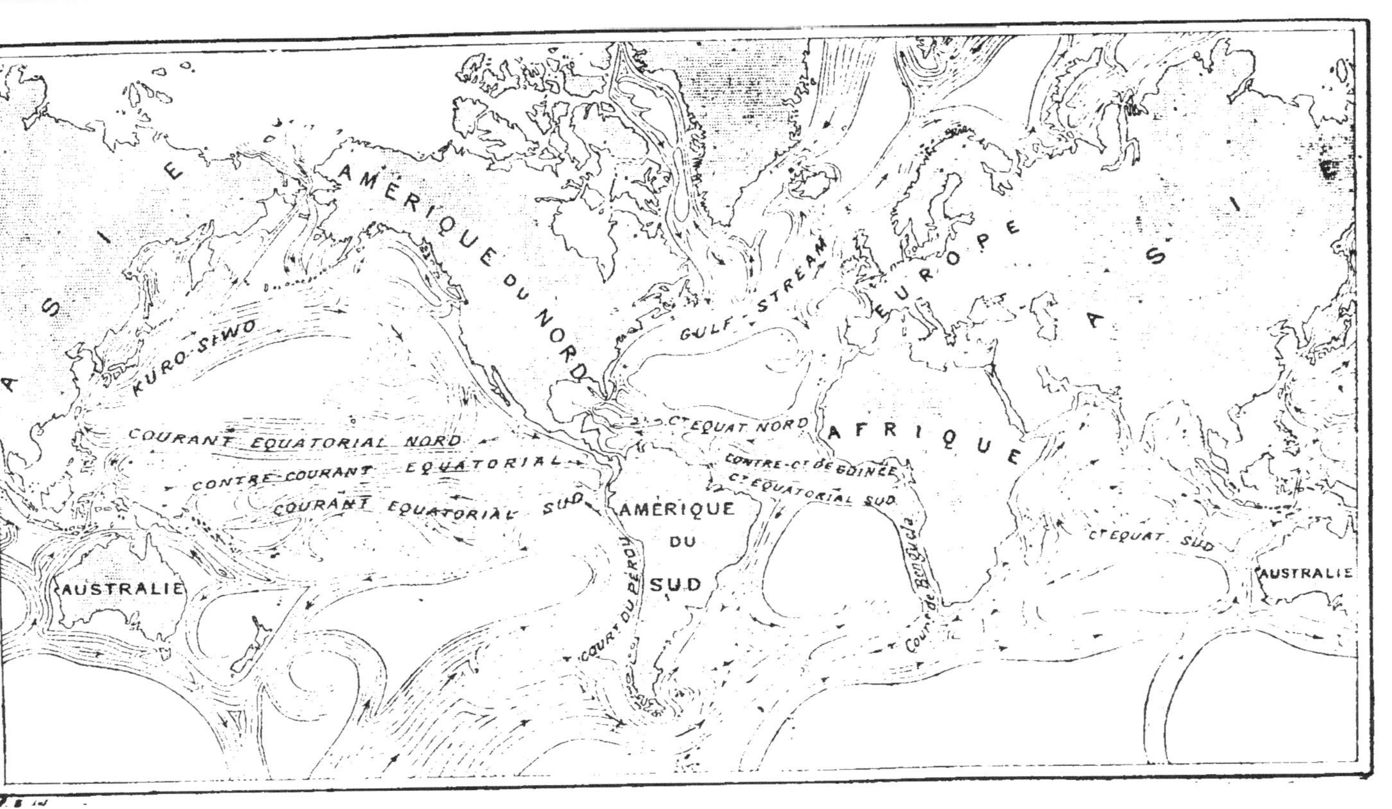

Fig. 7. — Les courants maritimes.

On appelle *courants équatoriaux* les courants qui se forment vers l'équateur à la surface du Grand Océan et de l'océan Atlantique et se dirigent de l'est à l'ouest.

Le courant équatorial de l'Atlantique se forme à la hauteur du cap San-Roque (Brésil). Il se divise : une branche se porte vers les îles Bahama, l'autre pénètre dans la mer des Antilles, gagne le golfe du Mexique et en sort entre la presqu'île de Floride et l'île de Cuba ; elle se rejoint alors à la première branche et prend le nom de *Gulf-Stream* (courant du golfe), à cause du séjour qu'elle a fait dans le golfe du Mexique. Ses eaux s'y sont fortement échauffées, pendant le long trajet qu'elles y ont effectué. Lorsqu'il a dépassé la presqu'île de Floride, ce fleuve, dont la rapidité est d'au moins 8 kilomètres par heure, suit la direction de la côte de l'Amérique du Nord jusqu'au moment où rencontré par des courants froids venus du nord, il est forcé de s'infléchir et de se porter vers l'est. Il détache vers l'Europe du nord divers rameaux dont la disposition n'est pas encore bien connue : un mouvement général, dû sans doute en partie aux vents dominants du sud-ouest, porte les eaux de l'Atlantique vers les régions polaires.

Dans l'océan Pacifique, le *Kouro-Siwo* fait pendant au Gulf-Stream dans l'Atlantique. Ce courant n'est autre chose que la continuation de la branche septentrionale du courant équatorial formé dans le Grand Océan. Les eaux équatoriales portées de l'est à l'ouest, rencontrent le continent asiatique et frappant les côtes de la Chine, sont forcées de changer de direction. Après avoir longé à l'est les côtes du Japon (d'où son nom, *Kouro-Siwo*, signifiant courant noir en japonais), le courant se divise à son tour en deux branches, dont l'une arrive jusqu'au détroit de Bering, et l'autre sur les côtes de l'Amérique du Nord après avoir traversé dans toute sa largeur le Pacifique septentrional.

Ces deux courants, *Gulf-Stream* et *Kouro-Siwo*, sont propres à l'hémisphère septentrional.

Dans les deux Océans, on retrouve un semblable système de circulation des eaux dans l'hémisphère méridional. Le courant équatorial de l'Atlantique va sous le nom de *courant du Brésil* longer la côte de l'Amérique du Sud; qu'il quitte à la hauteur de la Plata; il traverse l'Atlantique, rejoint l'Afrique au cap de Bonne-Espérance, et sous le nom le *courant de Benguela* regagne les régions équatoriales.

Le courant équatorial du Pacifique méridional se dirige vers la Nouvelle-Calédonie et se partage en plusieurs branches dont l'une passe au nord de la Nouvelle-Guinée, la seconde entre cette île et l'Australie, et dont la troisième touche la côte orientale d'Australie.

L'océan Indien étant fortement encaissé au nord, et n'ayant qu'une faible partie de ses eaux dans l'hémisphère boréal, le courant équatorial qui se forme à sa surface se porte tout d'une pièce dans la direction du sud lorsqu'il rencontre la côte orientale d'Afrique. Resserré entre l'île de Madagascar d'un côté, et de l'autre la côte de Mozambique, qui lui donne son nom, il porte très loin ses eaux chaudes et rapides dans l'hémisphère central.

Courants polaires ou courants froids. — En même temps que les courants d'eau chaude, nés sous les latitudes équatoriales, se dirigent vers les zones tempérées et glaciales des deux hémisphères, l'équilibre est rétabli par l'apport des eaux froides qui viennent des deux pôles.

Dans l'océan Pacifique, le *courant de Humboldt*, venu du pôle Sud, longe les côtes du Chili et du Pérou, fait sentir son influence jusque sous une latitude très voisine de l'équateur.

L'Atlantique reçoit dans les deux hémisphères des courants froids issus des pôles ; celui qu'envoie le pôle Sud aboutit à la côte occidentale d'Afrique, vers la colonie anglaise du Cap ; deux autres fleuves glacés venus du pôle Nord se réunissent au sud du Groenland dont ils ont longé les côtes. Le courant composé par la réunion de ces deux branches, suit, en sens contraire du Gulf-Stream et plus près, la côte orientale de l'Amérique du Nord.

Le courant polaire qui pénètre dans l'océan Indien parvient jusqu'aux rivages occidentaux et méridionaux d'Australie.

Disposition générale des courants, leur température, leurs principaux effets. — Tous ces courants, et sans doute bien d'autres encore, qui se produisent, soit à la surface, soit dans les couches plus profondes de l'Océan, amènent un échange perpétuel d'eau chaude et d'eau froide entre les diverses régions. En jetant les yeux sur une carte des courants, on voit que, d'une manière toute générale, *dans l'hémisphère boréal, les côtes occidentales des continents sont baignées par un courant chaud, les côtes orientales par un courant froid.*

Dans l'hémisphère austral le phénomène inverse se produit : *les côtes occidentales des continents sont baignées par un courant froid, les côtes orientales par un courant chaud.* Mais on remarquera que l'échange des eaux ne se fait point exactement de même dans les deux hémisphères, à cause de l'inégale répartition et de la configuration variable des mers et des continents.

Dans l'hémisphère nord, l'océan Indien n'a point accès jusqu'aux latitudes boréales : le Grand Océan ne communique avec les mers glaciales que par le détroit de Bering ; seul l'Atlantique s'ouvre assez largement au nord. Il en résulte que, dans ce dernier Océan seulement, l'échange

de courants chauds et froids, entre zones de températures
différentes, peut avoir une influence réelle. C'est ce qu'a
prouvé l'expérience. En effet, si le courant froid polaire
amène des glaces flottantes jusqu'au 40e degré de latitude,
au sud de Terre-Neuve, dans l'Amérique septentrionale,
en revanche, les eaux chaudes du Gulf-Stream pénétrant
jusque dans les régions polaires vont fondre des glaces
sous des latitudes très boréales : l'explorateur suédois
Nordenskiöld a constaté que ce courant attiédissait les
flots de l'océan Glacial jusque sur les côtes de Sibérie.

Dans l'hémisphère austral, les trois océans Pacifique,
Atlantique, Indien, communiquant librement avec les
régions polaires antarctiques que les continents n'enveloppent point comme le pôle Nord, l'échange des courants
chauds et froids s'accomplit sans obstacle. Rien de plus
régulier que leur disposition dans cet hémisphère :
l'Australie, l'Amérique du Sud, l'Afrique, sont uniformément baignées à l'est par un courant chaud équatorial,
et à l'ouest par un courant froid polaire. Mais la masse
glaciaire du pôle Sud étant beaucoup plus importante
que celle du pôle Nord, il fait plus froid dans l'hémisphère austral que dans l'hémisphère boréal à la même
latitude.

Les courants océaniques se distinguant, par une très
grande différence de température, des autres eaux qui les
environnent ; modifient parfois le climat et la végétation
des terres qu'ils baignent. Le Gulf-Stream, à la sortie du
golfe du Mexique, est une masse d'eau chauffée à 30 degrés centigrades ; le courant de Mozambique, entre Madagascar et la côte d'Afrique, a la même température :
autour de ces fleuves, l'eau du reste de la mer est
plus froide de 10 ou même 15 degrés. Le courant de
Humboldt, qui longe les côtes de la Patagonie, du Chili
et du Pérou, est plus froid de 12 degrés que les eaux qui

l'enveloppent et forment comme son lit. On a pu dire justement que, sans son action rafraîchissante, le Pérou serait un désert.

Les effets des courants marins sur le climat du monde, sur la végétation des terres, sur la civilisation même des hommes, sont considérables. Ces grands mouvements d'eaux marines tempèrent la chaleur des contrées tropicales, comme aussi le froid des régions polaires, et facilitent les rapports des hommes entre eux en rendant la navigation plus régulière et moins pénible.

Végétaux et animaux marins. — La végétation **de** la mer consiste surtout en algues de différentes couleurs, mais d'espèces peu nombreuses. La température basse des eaux océaniques explique la pauvreté de cette végétation comparée à celle des continents. La plus connue des plantes marines est la *sargasse*, ou *vigne* de *mer*, qui recouvre une partie de la surface de l'Atlantique à l'ouest des îles Canaries : cet amas d'algues est si considérable qu'on a donné à l'endroit qu'il occupe le nom de *mer des Sargasses*.

Au contraire, l'Océan renferme une variété infinie d'espèces d'animaux, qui vivent par toutes les températures et à toutes les profondeurs, depuis les énormes cétacés jusqu'aux animalcules imperceptibles que le naturaliste étudie à l'aide du microscope.

Sujets de devoirs. — **1.** L'océan Pacifique : son étendue, sa profondeur, ses courants; contrées qu'il baigne. — **2.** Même question pour l'océan Atlantique. — **3.** Même question pour l'océan Indien; en quoi diffère-t-il de l'Atlantique et du Pacifique? — **4.** Mers intérieures formées par l'Atlantique : insister sur la Méditerranée. — **5.** Les courants équatoriaux. — **6.** Comparer le Kouro-Siwo et le Gulf-Stream. — **7.** Principaux effets des courants.

CHAPITRE II

Composition du sol. — Il est nécessaire de connaître, au moins d'une manière toute générale, la composition du sol terrestre, pour se rendre compte d'une grande partie des phénomènes qui se passent actuellement à la surface du globe. Ce sont les notions empruntées par le géographe à la géologie qui expliquent les différentes formes du relief terrestre, l'âge et la structure des montagnes. A un autre point de vue la fertilité d'une région dépend en grande partie de la composition des terrains.

Le *sol* proprement dit, c'est-à-dire l'amas de matières friables qui forme l'écorce même de la terre et lui permet de se couvrir de végétation, ne compte la plupart du temps qu'une faible épaisseur.

Sous cette sorte d'épiderme, on rencontre bientôt la *roche*, dont les différentes espèces constituent ce qu'on appelle le *sous-sol*. Les géologues distinguent deux catégories générales de roches : les *roches cristallines* et les *roches sédimentaires*.

Les roches sédimentaires ou stratifiées sont celles qui se présentent dans le sous-sol terrestre sous forme de couches successives : à cette formation appartiennent, par exemple, l'*ardoise*, la *houille* et la *craie*.

Les roches cristallines sont ainsi appelées parce qu'elles

se composent d'un amas de petits cristaux, et ne peuvent se casser que par éclats. Le *granit* est une roche cristalline.

La disposition des roches stratifiées en couches régulières, atteste qu'elles se sont formées dans l'eau par dépôts, tandis que les roches cristallines doivent leur origine à l'action du feu.

Les géologues ont pu établir entre les différentes couches sédimentaires des lignes de démarcation applicables à toute l'étendue du globe. Par l'étude des animaux et des plantes dont ces roches contiennent les débris, et qu'on nomme *fossiles*, ils sont parvenus à distinguer trois grandes *ères* auxquelles correspondent les terrains *primaires, secondaires* et *tertiaires*.

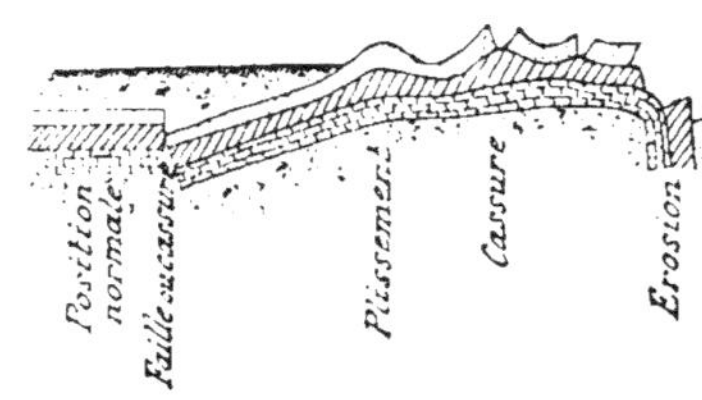

Fig. 8. — Dispositions diverses des couches stratifiées.

Les roches sédimentaires couvrent la plus grande partie de la surface du globe, environ les quatre cinquièmes.

Il ne faut pas se représenter les deux séries de roches comme complètement indépendantes l'une de l'autre. Les couches sédimentaires n'entourent pas le globe entier comme les pellicules successives d'un oignon. Elles sont fréquemment interrompues et présentent de grandes irrégularités.

Les terrains sédimentaires ne conservent pas toujours la disposition horizontale qu'ils avaient à l'origine, lorsqu'ils se sont déposés dans les eaux. Surtout dans les pays montagneux, les couches apparaissent dérangées de leur position normale, parfois même complètement renversées. En beaucoup de points, elles sont redressées dans une position oblique ou même verticale. Parfois on observe des cassures, qu'on nomme *failles*, et qui interrompent la régularité des couches. Les terrains forment des plissements et des ondulations, comme il s'en produit sur une étoffe que l'on froisse. En constatant ces différentes dispositions, on se rend compte que de pareils dérangements ont eu pour cause des mouvements qui ont changé à diverses époques la distribution des terres et des mers. Ils ont porté sur les plus hautes montagnes des terrains formés à l'origine au fond des mers, tandis que des continents s'affaissaient sous les eaux. L'étude de ces modifications des couches géologiques a permis aux savants d'établir que la surface du sol terrestre avait subi bien des changements dans le cours des siècles et que la disposition qu'elle présente aujourd'hui était le résultat de longues transformations.

Les volcans. — On suppose, pour expliquer les révolutions de notre planète, l'existence d'un feu souterrain. Ce n'est qu'une hypothèse, mais elle a un grand caractère de vraisemblance. Ce sont les volcans qui semblent le mieux prouver que le noyau de la planète est une masse en fusion. On appelle *volcans* des montagnes coniques dans lesquelles s'ouvre un cratère, siège des *éruptions*. Trois phénomènes principaux accompagnent les éruptions volcaniques, dans l'ordre suivant : tout d'abord, le cratère vomit des vapeurs mêlées de fumée ; en même temps, des tremblements de terre sont ressentis, quelquefois très loin de la région où s'élève le volcan : puis des cendres et des fragments de lave s'échappent en abondance par l'orifice déchiré du cratère, et s'abattent en pluie sur les contrées voisines ; enfin des flots de lave coulent, soit en débordant du haut du cratère, soit en ouvrant des crevasses sur l'un des flancs de la montagne.

Mais le volcan, tel que nous le voyons à la surface de la terre, sous la forme d'un cône, n'a été à l'origine qu'une fissure du sol par où s'échappèrent d'abord des matières semblables à celles qu'il vomit encore aujourd'hui. Au-dessus et autour de cette fissure, les débris accumulés par des éruptions successives ont formé la montagne que nous désignons sous le nom de volcan. On a pu vérifier le fait et suivre les progrès de cette formation, puisque à des époques très récentes de *nouveaux volcans* sont sortis ainsi de la terre. En 1759, au Mexique, plusieurs volcans, parmi lesquels le Jorullo, s'élevèrent du niveau d'une plaine. Mais il est sans exemple que des volcans aient surgi tout entiers et d'un seul coup; ils construisent eux-mêmes leur cône par l'accumulation progressive des débris et des laves.

Des volcans naissent aussi quelquefois au fond de la mer, et forment des îlots : on les appelle *volcans sous-marins*. Dans la baie de Santorin, l'une des Cyclades grecques, le volcan Georges émergea il y a moins de vingt ans, à côté de deux îlots qui étaient nés au seizième et au dix-huitième siècle de la même manière.

En général, les volcans n'attestent leur activité par des éruptions qu'à intervalles assez éloignés. Il est même rare qu'ils dénoncent par un jet continu de fumée ou de vapeur la permanence de leurs foyers souterrains. Cependant ce dernier cas est celui du *Stromboli*, au nord de la Sicile; sa colonne de fumée lumineuse sert, la nuit, de phare aux marins.

Il existe certains groupes de montagnes volcaniques qui ne donnent plus, depuis de longs siècles, le moindre indice d'activité; par exemple nos monts d'Auvergne; ce sont des *volcans éteints*. On reconnaît leur origine à la nature des matériaux qui les composent; dans leur voisinage, s'échappent des vapeurs ou des sources thermales dont quelques-unes sont à une très haute température. Les plus chaudes que l'on connaisse en France sont celles de *Chaudes-Aigues* dans la Cantal (87° centigrades).

Distribution géographique des volcans. — Les volcans ne paraissent pas distribués au hasard à la surface du globe. Ils se présentent alignés en longues traînées régulières ; en outre ils sont, la plupart du temps, situés près de la mer, sur les côtes abruptes des continents ou des îles.

La plus remarquable de toutes les rangées de volcans est la chaîne qui entoure l'océan Pacifique, et dont l'ensemble est appelé *cercle de feu*.

Les principaux groupes qui en forment comme les anneaux sont :

1° En Asie, ceux du *Kamtchatka*, des îles *Kouriles* et ceux du *Japon*, que domine le célèbre *Fusi-yama*.

2° En Océanie, la remarquable série des *îles de la Sonde*, qui, avec les îles *Moluques* et les *Philippines*, est le centre volcanique le plus important de tout le globe ; dans les îles hollandaises de Java et de Sumatra s'élèvent plus de quarante volcans en activité. L'éruption de l'un d'eux, le *Krakatoa*, a fait, en 1883, plus de 50000 victimes. Les îles **Salomon**, les **Nouvelles-Hébrides** et la **Nouvelle-Zélande** renferment aussi des volcans.

3° En Amérique, la chaîne volcanique est presque ininterrompue sur les côtes occidentales. Les volcans du *Chili* et du *Pérou*, ceux des républiques de l'*Équateur* et de *Colombie*, qui sont parmi les plus actifs du globe, ceux de l'*Amérique centrale* et du *Mexique*, enfin, les volcans de la presqu'île d'Alaska et des *îles Aléoutiennes* ferment le cercle de feu.

Au centre de cet amphithéâtre de volcans, une multitude d'îles sont d'origine volcanique ; dans les *îles Sandwich* se dressent de grands foyers, dont l'activité est considérable.

Sur le pourtour des autres océans, la rangée des volcans est beaucoup moins distincte. L'Atlantique, dont les

côtes sont plus basses en général, est moins régulièrement
pourvu de volcans. On peut citer cependant comme centres
importants l'*Islande*, les *îles Canaries*, où s'élève le *pic
de Ténériffe*, les *îles du Cap-Vert*, et, du côté de l'Amérique, les *Petites Antilles*.

Enfin, le caractère volcanique de la Méditerranée est
attesté par l'*Etna*, le *Stromboli*, le *Vésuve*, et les volcans
de l'*Archipel*.

Les tremblements de terre. — Nous avons vu que des
tremblements de terre accompagnent le plus souvent les
éruptions volcaniques. Selon le voisinage ou l'éloignement du point où se produit cette révolution souterraine,
les secousses transmises jusqu'à la surface sont de nature
et de direction différentes.

Quelquefois, c'est comme un soulèvement du sol sous
nos pieds; on dit alors que la *secousse* est *verticale*; ailleurs, le choc ressemble à ce que nous éprouvons dans
une voiture quand le cheval fait un brusque écart; nous
sommes projetés à droite, à gauche, en avant ou en
arrière. On désigne ces mouvements par le mot d'*ondulations*. Dans les grands tremblements de terre qui
ébranlent une étendue considérable de régions, toutes ces
secousses de différents genres se succèdent. La mer est
aussi agitée violemment, et soulevée par les mouvements
du sol; ainsi, à la suite du grand tremblement de terre
de 1868 dans l'Amérique méridionale, une vague gigantesque parcourut le Grand Océan dans toute sa largeur,
c'est-à-dire se propagea jusqu'à une distance de 14 000 kilomètres. Souvent ce flot envahit des continents et détruit
des villes; c'est ce qui arriva en 1862 dans l'île de la
Jamaïque, où une grosse frégate ainsi transportée à l'intérieur des terres tomba sur les toits de la ville.

Les explosions du feu souterrain ne sont pas la seule

cause de ces brusques mouvements du sol. Aucune région n'en paraît complètement exempte; il y a d'ailleurs beaucoup de degrés dans leur intensité. Sous forme de vibrations légères, ils sont très fréquents, mais ils ne produisent pas alors d'effets appréciables, et des instruments délicats peuvent seuls les enregistrer. Les tremblements de terre paraissent être plus fréquents et plus intenses dans les régions de montagnes que dans les plaines, parce que l'écorce terrestre y éprouve plus souvent des ruptures d'équilibre. Il semble donc bien que beaucoup de tremblements de terre sont liés à la formation des montagnes.

Déplacement des lignes de rivage. — Outre ces brusques secousses, le sol paraît subir des mouvements plus lents qui l'élèvent et l'abaissent sur de grands espaces. Il semble aisé de vérifier ce fait sur les côtes de la mer. Ici, assez loin du rivage, on retrouve des substances végétales rangées en lignes régulières comme aux endroits mêmes où le flot s'arrête de nos jours : donc l'ancien rivage aurait été soulevé à des époques successives comme l'attestent ces lignes de végétaux d'origine marine. Là, se présente un phénomène contraire : quand l'eau de la mer est calme et claire, nous apercevons, à quelques mètres du niveau, des vestiges de prairies, de forêts et de maisons. Donc, le sol se serait affaissé et aurait glissé sous les eaux. On cite, comme exemple remarquable de soulèvement, l'Amérique du Sud, où, sur certains points du littoral de l'ouest, notamment au Chili, les terres que baignait jadis l'eau marine sont maintenant exhaussées jusqu'à 400 mètres au-dessus d'elle. La Belgique et la Hollande sont des exemples du fait contraire ; on les désigne sous le nom général de Pays-Bas, parce que le niveau du sol est, dans les provinces maritimes, plus bas que celui de la mer ; sans la construction d'un grand nombre de fortes digues, les flots de la mer les couvriraient.

On a encore constaté d'une façon certaine l'émersion de la côte de Norvège, et la submersion des côtes de l'Adriatique. Mais ces sortes de phénomènes sont particulièrement difficiles à bien observer, puisqu'ils se produisent d'une manière extrêmement lente. En outre, deux éléments peuvent varier : le niveau du sol ou celui de la mer; c'est probablement en partie aux changements de ce dernier qu'il faut attribuer les déplacements des lignes de rivage.

Récifs de coraux. — Les *récifs madréporiques* ou *bancs de coraux* montrent bien que l'emplacement occupé sur le globe par les terres et les mers s'est souvent modifié et se modifie encore aujourd'hui. Les récifs coralifères sont construits par de petits animaux qui ne peuvent vivre que dans les mers où l'eau ne s'abaisse jamais au-dessous de 20 degrés centigrades, et à une faible profondeur (33 mètres environ). Leur travail constitue un véritable édifice qui s'accroît sans cesse.

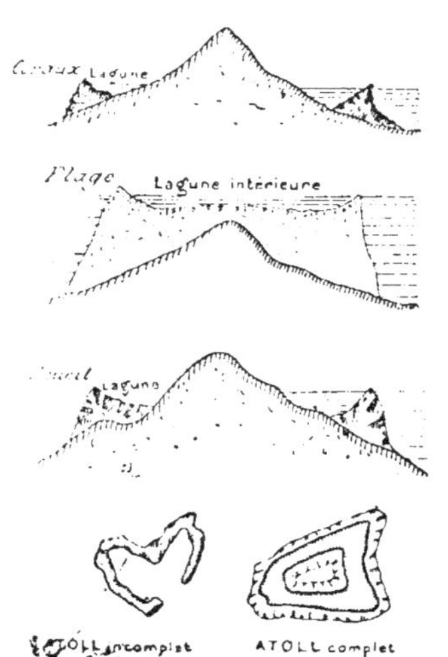

Fig. 9. — Différentes formes de récifs coralifères.

On distingue trois groupes de récifs coralliens : 1° Les récifs *frangeants*, produits à faible distance d'une île de nature différente, dont le prolongement sous-marin leur sert de point d'appui ; une petite lagune s'étend entre l'île et le récif.

2° Les récifs *barrières*, qui forment à une plus grande distance des côtes une sorte de barrière sous-marine.

3° Les *atolls*, isolés en plein océan, et formant un anneau autour d'une lagune intérieure. En dehors du cercle, les eaux deviennent rapidement profondes.

Les bancs de coraux ne se rencontrent que dans les régions tropicales ; là seulement ils trouvent les conditions de température qui leur conviennent. L'océan Pacifique et l'océan Indien renferment d'innombrables îlots de cette nature.

Que ce soit le sol qui se soit enfoncé progressivement ou le niveau de la mer qui se soit surélevé, on trouve des coraux à des profondeurs beaucoup plus grandes que celles où peuvent vivre les madrépores : il faut que ces petits architectes, pour se maintenir au même niveau, rehaussent leur construction et ajoutent successivement des étages.

CHAPITRE III

Le niveau du sol et le niveau de la mer. — Il a fallu, pour apprécier par des mesures exactes les inégalités de formes si différentes qui couvrent la surface du sol, prendre un terme de comparaison commun. On a choisi comme point de départ des mesures de hauteur le niveau de la mer, niveau uniforme dans toutes les régions du globe. Cependant il ne faut pas oublier que certaines parties relativement petites des continents sont situées au-dessous de ce niveau et seraient recouvertes par les eaux marines s'il n'existait entre elles et les côtes de larges et puissantes barrières. Ainsi la vallée du Jourdain, en Syrie, la région de la mer Caspienne et la mer Caspienne elle-même, sont, l'une à 400 mètres, et l'autre à 25 mètres au-dessous du niveau des eaux de la mer. On mesure la hauteur précise des saillies du sol au moyen d'observations de deux espèces : tantôt, on emploie des procédés géométriques, et on opère le nivellement à l'aide d'un instrument appelé *théodolite* ; tantôt, on se fonde sur des observations physiques fournies par le *baromètre* et le *thermomètre*.

Les montagnes. — La formation des montagnes s'explique de la même manière que les dérangements des couches intérieures du sol. C'est le même phénomène sur une plus grande échelle. Les inégalités de la surface du globe ont pour origine le refroidissement progressif de sa masse. Les montagnes sont des *plissements* de l'écorce terrestre, comparables aux rides que forme la peau d'une pomme en se desséchant. Si l'on étale un morceau de drap épais, et qu'on le presse sur les côtés avec deux livres après l'avoir recouvert d'un objet pesant, on obtient des plis se succédant l'un à l'autre. Cette expérience permet de se rendre compte des effets de pressions latérales; ainsi se sont produites les rides de l'écorce terrestre. On observe admirablement ce genre d'effets dans le Jura français ou dans les Alleghanys, montagnes de l'Amérique du Nord.

Il s'est produit aussi des *dislocations*. C'est à une dislocation que les Vosges et la Forêt-Noire doivent leur configuration; la partie intermédiaire qu'occupe actuellement la plaine du Rhin s'est effondrée et les deux massifs sont restés debout, comme des pieux autour desquels la glace d'un étang gelé en hiver s'effondre lorsque le niveau de l'eau vient à s'abaisser.

D'autres causes ont encore contribué à modifier la surface du sol. Les glaces, les pluies, les eaux courantes, ont sculpté les vallées, raboté les roches. Elles travaillent à aplanir complètement la terre ferme et à détruire toutes les inégalités. A la longue, ces forces ont graduellement abaissé les montagnes. C'est pourquoi les systèmes les plus anciennement formés ne sont pas les plus élevés, au contraire; ils sont usés et nivelés par les siècles. De là ces formes arrondies qu'on observe dans les Vosges, par exemple, et qui portent le nom caractéristique de *ballons*.

Il y a donc des montagnes récentes ou jeunes, comme les Alpes et les Andes, bien reconnaissables des formes vieilles ou anciennes, comme la Bretagne ou les Ardennes. On voit ainsi que l'histoire des montagnes est très compliquée, et de longue durée, qu'elles ne se sont pas formées d'un seul coup dans l'état où nous les voyons aujourd'hui et que leur forme se modifie lentement sans que nous nous en apercevions autrement que par les observations très attentives des savants.

La physionomie extérieure des montagnes **diffère** beaucoup suivant la nature des roches qui les composent ; certaines espèces de roches forment d'ordinaire des pics aigus et des aiguilles, tandis que d'autres s'étalent en longues croupes monotones. Les roches de grès ressemblent souvent à de vieilles murailles en ruines. Les roches volcaniques vomies par les anciens cratères sont très reconnaissables dans la chaîne des Puys, en Auvergne.

Nous avons coutume de désigner sous le nom de *montagnes*, d'une manière générale, toute élévation considérable du sol, tandis que nous appelons *collines* les soulèvements de la surface terrestre inférieurs à une moyenne de 500 mètres, et limités à des régions peu étendues. Mais il y a bien des distinctions à établir entre toutes les hauteurs que nous nommons uniformément montagnes. Tantôt c'est un amas confus de sommets, tantôt ce sont des alignements conservant une même direction. Dans le premier cas, l'ensemble des montagnes prend le nom de *massif*, comme par exemple le groupe des hauteurs du Cantal en France. Dans le second, le mot *chaîne* répond mieux à la disposition des monts : tels sont les Pyrénées et le Caucase ; encore aucun de ces deux systèmes mieux connus depuis quelques années n'a-t-il la forme parfaite d'une chaîne. Souvent enfin, une série d'élévations qui se succèdent sans interruption présente tour à tour les formes et les dispositions les plus variées : un même système montagneux peut comprendre des massifs et des séries de chaînes.

Les massifs sont d'ordinaire plus anciens que les chaînes; ce sont en général d'anciennes chaînes de montagnes dont les plissements ont été rabotés et usés, de manière qu'elles finissent par ressembler à des plateaux ou à des plaines.

Les chaînes de montagnes elles-mêmes diffèrent beaucoup les unes des autres. Certaines chaînes ont une régularité presque parfaite : elles se composent d'une crête principale donnant naissance à des arêtes transversales, à la manière d'une feuille de fougère qui se divise en rameaux. Cette forme est d'ailleurs très rare. D'autres systèmes sont composés de plusieurs chaînes parallèles et presque uniformes, disposées comme une série de murailles : le Jura en offre un excellent exemple. On trouve aussi des chaînes à bifurcations: elles se partagent, puis se rejoignent pour se dédoubler de nouveau. Les Andes de l'Amérique du Sud appartiennent à cette catégorie.

Hauteur moyenne et sommets. — L'aspect des montagnes ne nous donne point toujours une idée exacte de leur élévation ni de leur importance. Ainsi, un sommet isolé s'élevant brusquement et se détachant avec netteté, soit des hauteurs peu considérables qui l'environnent, soit de la surface même de la mer, comme un îlot volcanique par exemple, nous frappera très vivement ; tandis qu'un pic entouré de beaucoup d'autres, et reposant sur un vaste piédestal en forme de plateau, paraîtra beaucoup moins important qu'il ne l'est en réalité. Trompés par cette illusion, les hommes ont cru longtemps, avant l'invention des procédés exacts de mesure, que le pic de Ténériffe, émergeant de la mer dans une des îles Canaries, était la plus grande élévation du globe. Or, en réalité, il ne dépasse point 3716 mètres, et le mont Blanc qu'on lui croyait de beaucoup inférieur mesure 4810 mètres. Mais ce sommet des Alpes repose sur une masse montagneuse très épaisse et très élevée, dont nous ne tenons point assez de compte dans une appréciation faite à première vue.

Les sommets eux-mêmes, quelles que soient d'ailleurs leurs dimensions réelles, ne peuvent pas donner une idée absolument juste de l'importance d'une chaîne ou d'un massif de montagnes. Pour apprécier exactement cette importance, on a coutume de considérer surtout la *hauteur moyenne* du système entier de montagnes et non point l'élévation des pics. Il peut se faire qu'un groupe montagneux, dont les sommets dépassent d'assez peu la masse continue des hauteurs, soit plus important qu'un autre d'où se détacheraient des cimes plus remarquables, mais où le soubassement qui les porte serait moins massif. Citons en Europe un exemple frappant de ce fait : les Alpes, qui comptent, outre le mont Blanc, plusieurs sommets dépassant 4 000 mètres, sont beaucoup moins élevées en moyenne que les Pyrénées, dont les principaux pics n'atteignent point 3 500 mètres ; c'est que la chaîne pyrénéenne est plus continue, moins ébréchée de cols et de passages, ou du moins qu'il y a un contraste peu tranché entre l'élévation ordinaire de l'ensemble et la surélévation exceptionnelle des pics. L'arête des Alpes est moins haute ; bref, sa hauteur moyenne est inférieure.

La hauteur moyenne elle-même ne suffit pas : une appréciation plus juste encore est fournie par le *volume* du système montagneux. Mais on ne peut le connaître que pour les pays très complètement explorés. La masse totale des montagnes est ce qui importe le plus pour le relief général d'une contrée. Les massifs sous ce rapport reprennent leur supériorité sur les chaînes. Les Alpes ont un volume total beaucoup plus considérable que les Pyrénées ;

elles jouent un bien plus grand rôle dans la structure de l'Europe.

Disposition des vallées. — Le support montagneux sur lequel reposent les sommets est coupé sur des étendues plus ou moins grandes par des vallées de formes différentes. On distingue deux sortes de vallées : les *vallées longitudinales* et les *vallées transversales*.

Les vallées longitudinales sont celles qui s'étendent dans la direction de la longueur de la chaîne : telles sont, par exemple, les vallées qui se sont formées entre les chaînons parallèles du Jura. Le Doubs dans son cours supérieur suit une vallée de ce genre dans laquelle il est encaissé. Dans les Alpes, le Rhône, l'Inn coulent au milieu de vallées longitudinales.

Les vallées transversales sont au contraire des sillons qui s'ouvrent dans un sens opposé à l'orientation normale de la chaîne, c'est-à-dire dans le sens de la largeur. Les Pyrénées françaises en présentent un grand nombre, entre autres les vallées supérieures de la Neste, affluent de la Garonne, et de la Nive, affluent de l'Adour.

En général les vallées transversales sont plus abruptes et plus étroites que les vallées longitudinales et se terminent à leur partie supérieure par des *cirques*.

En se servant des combinaisons de ces vallées, les hommes ont pu établir des routes passant d'un côté de la montagne à l'autre, et perçant la barrière montagneuse en ses points les moins épais ou les moins élevés. Ainsi le tunnel du mont Cenis traverse les Alpes à l'endroit où la vallée de la Dora Riparia en Italie et celle de l'Arc en France se rapprochent le plus du centre de la chaîne de part et d'autre. Ailleurs, on a utilisé les vallées du Tessin et de la Reuss pour trouer le Gothard d'un souterrain de 15 kilomètres où passe la voie ferrée.

Les cols et les passages. — On désigne sous le nom de
cols les ouvertures qui permettent le passage d'un côté à
l'autre de la montagne. Tantôt ces ouvertures se trouvent
au point où deux vallées se rencontrent et ne sont séparées
que par un seuil facile à franchir ; tantôt le passage est
favorisé par une véritable échancrure qui coupe la masse
montagneuse et y pratique une tranchée. On voit donc
que de la direction et de la convergence des vallées dépend
la facilité des communications à travers les montagnes.

Les versants, les lignes de faîte et les nœuds. — Les
deux côtés d'une ligne de montagnes, séparés par la chaîne
continue des hauteurs, s'appellent *versants*. La plupart du
temps, l'aspect des deux versants diffère beaucoup, surtout
dans les systèmes de montagnes qui, comme les Alpes en
Europe et les Himalayas en Asie, s'étendent en longueur
de l'est à l'ouest. L'un des versants étant exposé au nord,
l'autre au midi, ils subissent des influences climatériques
toutes contraires : il en résulte des différences notables
entre leur végétation.

Il importe aussi de considérer l'étendue de chaque versant et son degré d'inclinaison. Ainsi, dans la portion des
Alpes qui forme la frontière de France au sud-est, le versant français s'abaisse en longue pente, tandis que le
versant italien est plus abrupt.

L'arête qui sépare deux versants s'appelle *ligne de faîte ;*
on la nomme ainsi parce qu'en général les sommets culminants d'une chaîne se détachent du faîte de tout le système, c'est-à-dire de la ligne continue où se trouvent les
plus grandes hauteurs moyennes.

Naturellement, il ne peut y avoir de ligne de faîte que
dans les chaînes de montagnes proprement dites : un
massif montagneux présente, selon sa structure particulière, un nombre de versants toujours supérieur à deux.

Enfin, même dans une chaîne, la distinction entre les deux versants est plus ou moins tranchée, selon la forme de la ligne de faîte : ici, elle est effilée comme une lame ; là, elle présente une succession de croupes plus ou moins arrondies et plus ou moins larges ; dans ce second cas, il n'y a même pas, à proprement parler, de ligne de faîte.

Lorsque, dans un système montagneux, la chaîne dominante ou ligne de faîte se subdivise en plusieurs chaînes d'égale importance, les points auxquels elles se dénouent de la ligne de faîte ou s'y renouent sont pour cette raison appelés *nœuds*. On cite dans les Alpes le nœud du Saint-Gothard, auquel aboutissent les Alpes Bernoises, les Alpes Pennines, les Alpes Rhétiques.

Les plateaux, leurs différentes dispositions. — Souvent un massif de hauteurs, au lieu de se terminer par des sommets et de s'effiler en pics, présente à sa partie supérieure une surface plane de grande étendue, et comme une véritable plaine. Ce sont alors des *plateaux*. Il est rare que les plateaux présentent une surface parfaitement unie. Cette disposition se rencontre dans l'Amérique du Nord, où le Llano Estacado, plateau du Texas, est d'un niveau presque horizontal. Le plus souvent, la surface d'un plateau est, ou surmontée de hauteurs, ou coupée de vallées.

On distingue les plateaux à bordures surplombantes des plateaux adossés d'un seul côté aux montagnes. Les *plateaux à bordures* sont plus massifs ; ils sont enfermés dans une sorte d'enceinte montagneuse, entourant le plus souvent des étendues monotones et généralement stériles. Tels sont les plateaux de l'Asie centrale, limités par d'énormes plissements montagneux tels que l'Himalaya et le Kouen-Lun. Les *plateaux adossés*, au contraire, sont plus articulés. Les eaux ne coulent pas vers des bassins intérieurs sans issue vers la mer. Tel est en Europe le plateau de Bavière, qui n'est adossé que du côté des Alpes.

Les plateaux frappent moins l'esprit et les yeux que les montagnes; leur importance est cependant très grande dans l'économie générale du globe.

Les flancs d'un plateau s'abaissent de différentes manières ; on distingue trois variétés de pentes : 1° chute brusque : 2° pente graduelle et lente ; 3° abaissement en terrasses.

La hauteur d'un plateau peut être très variable; celui du Pamir en Asie atteint 4000 mètres en moyenne; celui de la Lorraine, en France, seulement 200. Cependant on admet en général qu'au-dessous de ce dernier chiffre les grandes étendues de la surface terrestre présentant un niveau uni doivent être appelées *plaines*.

Plaines. — C'est là une limite toute conventionnelle entre les deux formes géographiques appelées plaine et plateau, qui ne se distinguent en somme que par la différence d'élévation. Naturellement, si un plateau d'une élévation moyenne de 500 mètres, comme le plateau de Bavière, par exemple, s'abaisse graduellement, on ne lui donnera pas tout à coup, au point où son altitude n'est plus que de 200 mètres, le nom de plaine. De même, si une plaine qui, dans sa plus grande partie, ne dépasse pas en moyenne 200 mètres, élève progressivement son niveau au delà de cette limite, on ne dira point qu'elle s'arrête et devient plateau au moment où l'on a franchi ce degré d'altitude. Comme dans l'étude des montagnes, on ne doit apprécier alors que les hauteurs moyennes et le caractère général. Les plaines sont encore plus étendues que les plateaux à la surface du globe; elles en occupent plus de la moitié.

On doit surtout classer les différentes formes de relief d'après leur rapport à la masse continentale dont elles font partie. C'est ainsi qu'on donne le nom de plaine à l'Hindoustan, plus élevé que le plateau de Lorraine, parce qu'il joue bien le rôle de plaine par rapport à la masse continentale asiatique et aux immenses plateaux qui la couvrent. En France, on appelle montagnes de légères ondulations de la plaine, comme les monts de Bretagne, qui n'atteignent pas 400 mètres, parce qu'ils appartiennent à la partie la plus déliée de l'Europe.

Toutes les formes de relief différentes que présente la surface terrestre et dont nous venons de donner les définitions pourraient être elles-mêmes subdivisées encore. Pour toutes, la régularité absolue est rare ; on voit peu de montagnes dont les lignes de faîte se maintiennent au même niveau, dont les vallées présentent une orientation semblable, peu de plateaux d'une surface absolument horizontale et d'une altitude constante, peu de plaines dont la platitude ne soit variée par des plis et des accidents de terrain. Le relief du sol offre un mélange de ces trois éléments dans des dispositions et des proportions variables.

Principaux traits du relief des continents. — Le relief des continents obéit à certaines lois auxquelles il ne faut pas attribuer une rigueur mathématique, mais qui sont incontestables si l'on s'en tient à un point de vue tout général :

1° *Les grandes lignes de relief sont disposées en bordure le long des mers profondes et des surfaces les plus déprimées des continents.*

2° *Les deux versants du système montagneux d'un continent ont toujours une pente différente ; la pente la plus rapide fait face à la dépression la plus marquée.*

3° *En général, l'importance des hauteurs d'un continent*

est en rapport avec celle de la dépression qu'elle côtoie.

Les Andes, par exemple, qui sont les plus hautes montagnes de l'Amérique du Sud, se dressent tout près des grandes profondeurs de l'océan Pacifique. C'est vers cet océan qu'elles tournent leur versant le plus abrupt. Comme elles forment la bordure du plus grand océan, elles sont aussi parmi les montagnes les plus considérables du globe. L'Himalaya, les Alpes viennent également à l'appui de cette théorie.

Les hautes terres des continents, montagnes et plateaux, sont tournées vers les abîmes profonds du Grand Océan et de l'océan Indien; le bord extérieur au contraire, les plaines et les pentes peu rapides, s'inclinent vers l'Atlantique et vers l'océan Glacial.

Montagnes, plateaux et plaines se suivent en Amérique dans le sens de la longitude et perpendiculairement à l'équateur; en Asie et en Europe, les formes de relief se succèdent parallèlement à l'équateur.

Dans les deux Amériques, on observe une répartition très uniforme des montagnes, longues cordillères enfermant quelques hauts plateaux, et des plaines qui occupent la plus grande place; dans l'Amérique du Nord, les longues chaînes de la *Sierra Nevada* à l'ouest, des *Montagnes Rocheuses* à l'est, envahissent deux grands plateaux, celui de l'*Utah* (altitude moyenne : 1 200 mètres) et celui du *Mexique* (altitude moyenne : 2 000 mètres). Interrompues dans l'Amérique centrale, les montagnes de la côte occidentale recommencent dans l'Amérique du Sud avec plus de régularité encore. La longue *Cordillère des Andes*, avec des sommets dont beaucoup dépassent 6 000 mètres, est tantôt une chaîne simple, tantôt composée de plusieurs arêtes, et forme vers son centre le plateau de *Bolivie* (altitude moyenne : 4 000 mètres). Dans la partie orientale du Nouveau Monde, du côté de l'Atlantique, se

rencontrent des monts et des plateaux d'une hauteur bien
moindre ; ce sont les *Alleghanys* dans l'Amérique du Nord,
les *plateaux* de *Guyane* et du *Brésil* dans l'Amérique du
Sud. L'espace compris entre les deux saillies, c'est-à-
dire la partie médiane du continent, est occupé par d'immenses plaines, presque complètement horizontales ;
elles occupent les trois quarts de l'Amérique du Nord ;
la proportion est plus forte encore dans l'Amérique du
Sud.

L'Australie est un vaste plateau d'une hauteur peu considérable, adossé à l'est à une cordillère peu élevée qui
se dirige du nord au sud.

L'Afrique n'est qu'une succession de plateaux, interrompus par une série de cuvettes et dont la direction
croît lentement dans la direction de l'est et du sud. Les
rebords de ces plateaux sont formés par des soulèvements
montagneux généralement sans lien entre eux, les plaines
ne se rencontrent que sur les côtes et n'occupent qu'une très
mince lisière. Les hauteurs les plus considérables se trouvent dans l'Afrique orientale et équatoriale avec le massif
d'Abyssinie et les sommets du *Kilimandjaro* et du *Kénia* dépassant 6000 mètres. Ces hauteurs se prolongent au sud et
servent de bordure à un plateau d'une hauteur moyenne
de 1000 mètres qui occupe le triangle de l'Afrique méridionale. Du côté de l'Atlantique, du cap de Bonne-Espérance
au golfe de Guinée, la bordure montagneuse est souvent
interrompue et ne forme guère que des tronçons. Le nord
de l'Afrique est occupé en majeure partie par des régions
plus basses, mais situées encore en moyenne à 500 mètres
au-dessus du niveau de la mer. Au nord-ouest, le soulèvement de *l'Atlas* n'est qu'une dépendance des plateaux de
la péninsule espagnole et continue le système des montagnes d'Europe.

Le trait principal du relief de l'*Asie* est l'énorme amoncellement de hauteurs de sa partie centrale ; là sont les plus hautes montagnes et les plus hauts plateaux du monde. Du plateau de *Pamir*, appelé par les Hindous « toit du monde » et qui est le centre du système montagneux de l'Asie, se détachent vers l'est trois grandes chaînes dirigées d'ouest en est :

1° Les monts *Himalayas*, renfermant les plus hauts sommets du monde (le *Gaourisankar*, 8840 mètres).

2° Les monts *Thian-Chan*, également fort élevés, qui se dirigent, à partir du plateau du Pamir, vers le nord-est.

3° La chaîne de *Kouen-lun*, qui est la vraie cordillère de l'Asie, enfoncée dans la masse centrale du Pamir entre l'Himalaya et le Thian-Chan.

Entre l'Himalaya et le Kouen-lun s'étend le plateau du *Tibet ;* entre le Kouen-lun et le Thian-Chan est le plateau de *Mongolie* ou de *Gobi*. Tous les systèmes orientaux détachés du Pamir s'étendent et se ramifient à l'extrême ; leurs chaînons secondaires forment le relief de la Chine septentrionale, de la Chine méridionale et de l'Indo-Chine. À l'ouest de ce nœud du Pamir, le vaste plateau de l'*Iran* continue le système asiatique, rattaché au plateau de l'*Asie Mineure* par les montagnes d'*Arménie*. La haute barrière du *Caucase*, qui borde l'Arménie, est une montagne aussi européenne qu'asiatique. Les monts *Ourals*, beaucoup moins hauts et fréquemment interrompus, ne forment pas une séparation entre l'Europe et l'Asie. La grande plaine de *Sibérie* s'étend au nord de l'Asie montagneuse.

L'*Europe* ne constitue pas un tout indépendant ; elle continue l'Asie, notamment par la péninsule des Balkans, de même qu'elle continue l'Afrique par la péninsule ibérique. Son relief n'est pas caractérisé par une forme dominante et exclusive, comme en Afrique le plateau, en

Amérique la plaine et les chaînes côtières. Montagnes, plateaux et plaines se mélangent à sa surface et chacune de ces formes y offre elle-même une grande variété. Toutes sont bien inférieures en importance aux systèmes asiatiques et américains. Les hauteurs n'occupent guère en Europe que le tiers de la superficie totale. Le principal massif montagneux est celui des *Alpes*, dont le plus haut sommet, le *mont Blanc*, mesure 4810 mètres.

En Europe comme en Asie, les grandes arêtes montagneuses sont dirigées de l'est à l'ouest; les *Pyrénées*, les *Alpes*, les *Karpathes*, suivent ce même alignement général, comme le Caucase. l'Himalaya, le Kouen-lun. Une vaste plaine continue en Europe la plaine extérieure d'Asie; elle occupe les régions orientales et septentrionales. Elle va en s'effilant d'est en ouest, de la Russie aux plaines françaises, de même qu'en Asie son étendue diminue dans la direction du Pacifique. Ce sont les deux ailes d'une formation symétrique, les deux moitiés d'un croissant.

Importance de l'étude du relief. — Il est aisé de comprendre de quelle importance est l'étude du relief en géographie. Selon qu'une région se compose en majeure partie de montagnes, de plateaux ou de plaines, son aspect peut différer du tout au tout, quelle que soit par ailleurs sa position dans une des zones, torride, tempérée ou glaciale. En effet, si tout change de caractère à la surface du globe suivant le voisinage ou l'éloignement des pôles ou de l'équateur, le contraste est plus frappant dans une même contrée si l'on considère les changements d'altitude. A mesure qu'on s'élève sur les flancs d'une montagne, ou sur les pentes d'un plateau, on trouve une température de plus en plus froide.

Par exemple, si, quittant la plaine de Lombardie, très tempérée et d'un climat très doux, vous vous élevez par

Géographie générale.   5

une vallée alpestre jusqu'à la limite des neiges éternelles, vous subissez en quelques jours les mêmes variations de climat qu'un voyageur éprouverait en quelques semaines s'il se dirigeait vers le nord jusqu'à la zone glaciale. Le Pérou, placé sous une latitude tropicale, serait inaccessible aux colons venus d'Europe si les avantages de son altitude ne compensaient les inconvénients de sa latitude.

Enfin, nous verrons comment les montagnes contribuent à modifier par leur interposition l'influence des vents et des pluies à la surface de la terre : elles ont le rôle de rigoles ou de barrières.

On pourrait montrer, par un grand nombre d'exemples, comment la variété des reliefs explique souvent, dans chaque partie du monde, la variété même de l'histoire des peuples. Ainsi l'union de petits États en un seul empire rencontrera plus d'obstacles dans des contrées coupées de montagnes, comme la Grèce ou la Suisse, que sur un vaste plateau comme celui de la Perse (Iran), ou dans une grande plaine comme celle du Gange.

Sujets de devoirs. — **1.** Faire ressortir les ressemblances entre les diverses contrées riveraines de la Méditerranée. — **2.** Comparer les formes générales de l'Europe et de l'Amérique du Nord. — **3.** Les volcans de l'Europe. — **4.** Soulèvements et affaissements des côtes de France. — **5.** Répartition géographique des récifs de coraux. — **6.** Les montagnes : différentes catégories de montagnes d'après leur forme et leur structure. Donner des exemples empruntés à la France. — **7.** Les plateaux; leurs caractères physiques et leur répartition géographique. — **8.** Les plaines; place qu'elles occupent dans le Nouveau Monde. — **9.** Les plaines de la France et de l'Italie. — **10.** Montagnes, plateaux et plaines de l'Asie.

TROISIÈME PARTIE

NOTIONS DE GÉOGRAPHIE GÉNÉRALE

L'ATMOSPHÈRE.

CHAPITRE PREMIER

LE RÉGIME DES VENTS ET DES PLUIES.

Il est impossible de rendre compte des faits les plus élémentaires que la géographie doit étudier, sans connaître au moins d'une manière très générale l'effet de l'atmosphère sur notre globe qu'elle entoure. Suivant que le soleil, perçant la couche d'air qui nous enveloppe, échauffe plus ou moins la surface des eaux et des continents, les vents et les pluies sont répartis dans chaque zone d'une manière très variable ; mais cette répartition est faite selon des lois précises.

Les vents. — Les vents sont des courants de l'atmosphère produits par les différences d'échauffement des rayons solaires à la surface du globe.

L'air chaud est plus léger que l'air froid et l'air humide plus léger que l'air sec ; c'est en vertu de ce principe que se déplacent les couches d'air, suivant qu'elles sont plus ou moins échauffées par les rayons solaires.

Leur mouvement tend sans cesse à rétablir l'équilibre détruit. On ne peut guère étudier leur formation sur les continents, ni leur direction sur terre ; en effet, leur direction, comme leur intensité, est sans cesse modifiée. Ici, une barrière de montagnes arrête leur souffle ; là, au contraire, la vitesse qu'ils avaient à l'origine s'accroît dans un couloir étroit formé par deux chaînes. Mais, à la surface de l'Océan, les marins connaissent les vents qui dominent dans chaque région et à chaque époque de l'année.

Zones des calmes ; calmes équatoriaux et tropicaux. — Deux régions de la surface océanique sont relativement exemptes de vents : celle de l'équateur et celle des deux tropiques. L'atmosphère y est plus souvent en équilibre qu'en toute autre partie du globe. Là règnent les *calmes équatoriaux et tropicaux.*

Sous l'équateur, l'air, toujours humide et chaud à la fois, tend à s'élever vers les régions supérieures de l'atmosphère. On se rend compte de ce phénomène dans nos régions tempérées, en voyant au-dessus du sol, par les journées chaudes de l'été, un mouvement vibratoire de l'air, une espèce de tremblement vaporeux, causé par l'air chaud qui monte. Un mouvement semblable se produit, sur de grandes proportions, dans les régions équatoriales.

Vents alizés. — De chaque côté de l'équateur, entre la région des calmes équatoriaux et les deux régions des calmes tropicaux, soufflent des vents réguliers pendant toute l'année. Ce sont les *vents alizés.*

Ils sont produits par l'air plus froid et plus lourd qui afflue pour remplacer l'air chaud. Si la terre était immobile, ces vents souffleraient directement du nord dans l'hémisphère boréal, du sud dans l'hémisphère austral. Mais le mouvement de rotation du globe infléchit les vents et les fait dévier de leur direction primitive; ainsi, dans l'hémisphère nord, leur direction est du nord-est au sud-ouest; dans l'hémisphère Sud, du sud-est au nord-ouest. Ces vents sont aisément mis à profit par les navigateurs.

L'air qui s'élève dans la zone des calmes se dirige de l'équateur vers

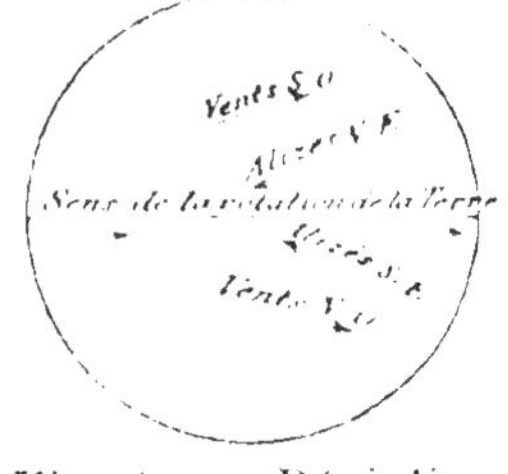

Fig. 10. — Déviation des alizés.

les pôles; il se superpose au vent alizé et forme dans les régions supérieures de l'atmosphère un courant régulier de direction opposée; c'est le *contre-alizé*.

Vents variables. — Éloignons-nous encore de l'équateur, et franchissons dans chaque hémisphère les zones de calmes tropicaux; nous rencontrerons alors les zones de *vents variables*

Au lieu de se superposer l'un à l'autre, les vents luttent entre eux; ils soufflent alternativement, passent brusquement d'un point de l'horizon à l'autre et n'offrent plus aucune régularité apparente. Tel est le régime des contrées que nous habitons. Les vents polaires et les vents tropicaux s'y disputent la prépondérance. Cependant la victoire reste à ces derniers : on remarque en effet que les vents du sud-ouest sont les plus fréquents dans notre hémisphère; dans l'hémisphère sud, ce sont les vents du nord-ouest qui l'emportent.

Vents périodiques. — Les vents périodiques diffèrent des vents alizés en ce qu'ils sont dus à la différence de température entre les terres et les mers. La surface des mers en effet s'échauffe moins vite et se refroidit plus lentement que celle des terres. Sur les côtes, en temps ordinaire, tous les matins le vent s'élève de la mer et se dirige vers la terre, dès que la chaleur du jour commence à se faire sentir, entre huit et neuf heures : c'est la *brise de mer*. Puis le soir, vers cinq ou six heures, lorsque la terre se refroidit au moment du coucher du soleil, le vent souffle en sens contraire de la terre à la mer, jusqu'au lendemain matin : c'est la *brise de terre*.

Ce phénomène des *vents périodiques* se produit surtout avec régularité dans les pays chauds.

Moussons et vents étésiens. — Les *moussons* et les *vents étésiens* sont également périodiques, mais ne varient que dans l'intervalle d'une saison à l'autre.

On appelle moussons (en arabe *vents de saison*) les vents dont la succession est amenée par les changements de saison. Ces vents sont surtout remarquables dans l'océan Indien, parce que cet océan est complètement fermé vers le nord et que nulle part l'accumulation des terres n'est aussi considérable qu'en Asie. Pendant la saison froide, la mousson souffle du

Fig. 11. — La mousson d'été.

nord-est ; ce n'est alors autre chose que l'alizé normal. De mai à novembre au contraire les hauts plateaux de l'Asie sont plus fortement échauffés que les eaux ; les masses aériennes de l'Océan s'ébranlent et se portent vers les terres ; c'est la mousson d'été, qui souffle du sud-ouest sur la côte de l'Hindoustan, du sud-est sur les mers de Chine, variant avec la configuration des côtes.

Les vents étésiens sont, dans la Méditerranée, avec moins de régularité, des vents comparables aux moussons de l'océan Indien. Pendant les mois chauds de l'année

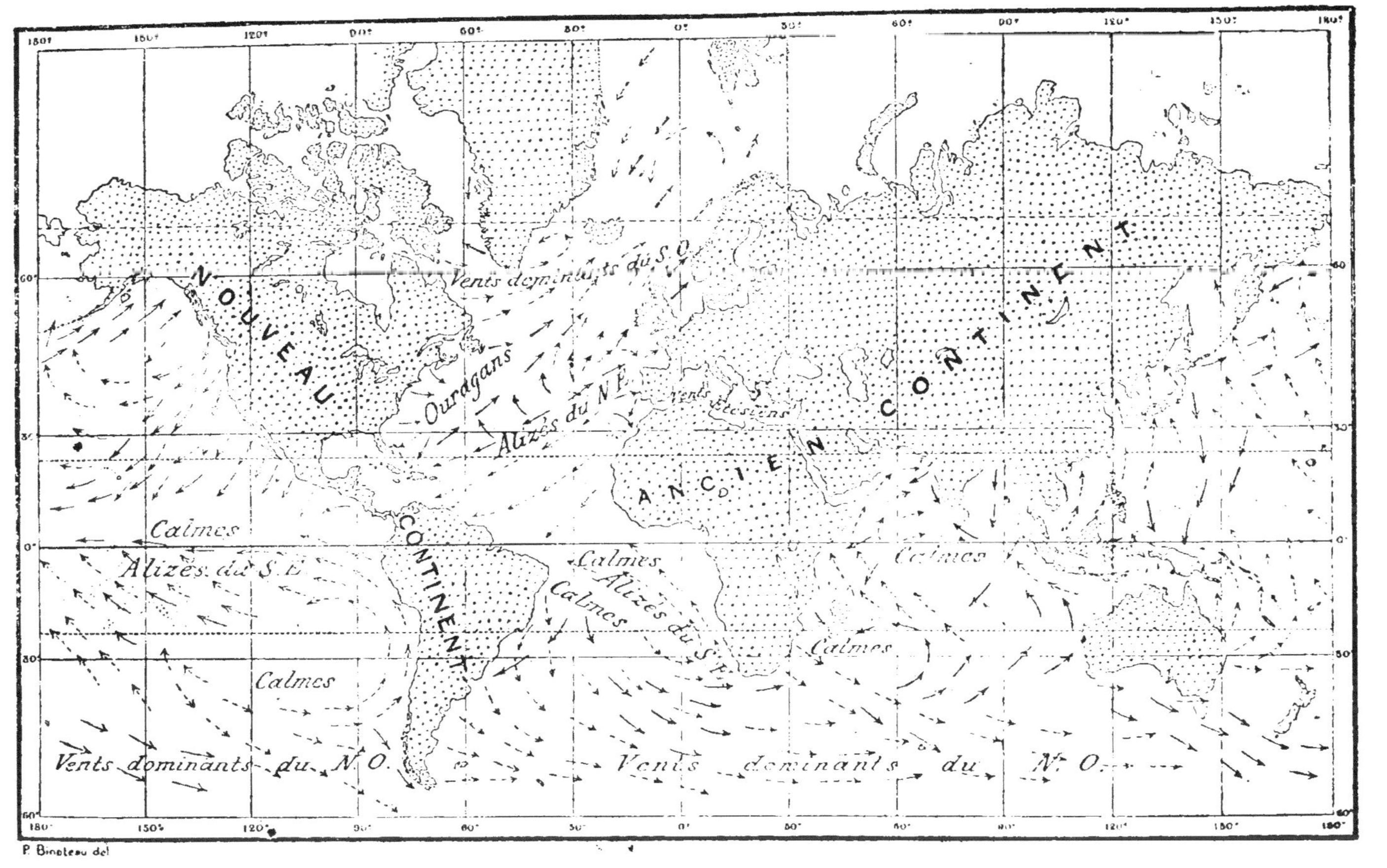

Fig 12. Système général des vents.

s'élèvent des brises régulières du nord, très remarquables surtout dans le bassin oriental de cette mer, entre les côtes de Grèce, d'Asie Mineure et de Syrie.

Cyclones et tempêtes. — Les cyclones et les ouragans sont dus à la rencontre de deux masses d'air plus ou moins considérables dirigées en sens contraire. Il se produit alors un remous aérien analogue à ceux qu'on observe dans l'eau lorsque deux courants s'y heurtent.

Dans les mers tropicales, où la marche des vents a une si grande régularité, les tempêtes ont aussi une violence particulière. On leur donne le nom de *cyclones*, parce qu'ils se déplacent en tourbillonnant avec une grande violence. Les côtes de Chine et les Antilles dans l'hémisphère nord, les parages de Madagascar dans l'hemisphère sud, sont fréquemment ravagés par des cyclones. Dans l'Inde, ils se produisent généralement au moment où la mousson change de direction.

Les mouvements atmosphériques que nous appelons *tempêtes* ou coups de vent diffèrent des cyclones par leur plus faible intensité et par les contrées où ils soufflent. Ils sont presque inconnus dans les régions équatoriales; ils sont au contraire de plus en plus nombreux dans la direction de la zone tempérée. Dans cette zone, les changements de direction des vents, plus fréquents, sont accompagnés de moins grands troubles. Les tempêtes obéissent à certaines lois. Celles qui se font sentir longtemps et avec violence se propagent dans le sens général des courants de l'atmosphère et de la mer. Toutes les tempêtes qui abordent l'Europe prennent naissance en Amérique et suivent la même marche que les vents du sud-ouest et que le Gulf-Stream.

Les pluies. — Les rayons du soleil puisent dans les

mers et dans les autres surfaces liquides une certaine quantité de vapeur d'eau. Quand l'air contient toute l'humidité qu'il est capable d'absorber, on dit qu'il est saturé. Si ce point de saturation est dépassé, il se forme des nuages, et si les gouttes d'eau deviennent plus lourdes, elles retombent en pluie à la surface de la terre.

Mais l'air chaud peut contenir une plus grande quantité de vapeur d'eau que l'air froid. Aussi, lorsqu'un vent chaud entre en contact avec des régions plus froides, une partie de la vapeur d'eau qu'il contient tombe en pluie. L'inverse se produit lorsqu'un vent souffle vers des régions plus chaudes ; il dissout les nuages, qui s'évanouissent, et dessèche les pays sur lesquels il passe. Le point de saturation varie dans toutes les contrées et dans tous les pays, avec les oscillations du chaud et du froid ; aussi, dans un seul jour, les ondées et les éclaircies se succèdent parfois rapidement. Les pluies, comme les vents, peuvent subir des déviations notables dans les régions continentales par suite des inégalités du relief. Lorsque les courants d'air viennent heurter un obstacle montagneux, ils sont forcés de s'élever et par suite de se refroidir, ce qui détermine une recrudescence des pluies. Les nuages sont souvent ou complètement arrêtés, ou détournés de leur direction primitive quand ils rencontrent une haute chaîne de montagnes : tantôt alors la pluie s'abat tout entière sur un des versants ; tantôt, si la ligne montagneuse est moins haute, il arrive encore un reste de nuages de l'autre côté.

La répartition des pluies, bien que variable d'une année à l'autre et dépendant en partie de circonstances locales, est soumise à certaines lois. On peut distinguer les pluies d'après leur quantité ou d'après la saison où elles tombent.

Répartition des pluies suivant leur quantité. — En

principe, la quantité des eaux pluviales et le nombre des jours pluvieux diminuent à mesure qu'on s'avance de l'équateur vers les pôles et des côtes vers l'intérieur du continent. Les pluies tropicales jettent à la surface du sol une masse d'eau bien supérieure à celle que reçoivent nos contrées tempérées. Mais il y a bien des exceptions à ces deux règles. Les montagnes et les vents surtout, nous l'avons vu, modifient le régime des pluies. Ainsi, certaines côtes sont absolument privées de pluies, même sous les tropiques. Le Sahara, dont plusieurs parties restent quelquefois quinze ou vingt ans sans recevoir une goutte d'eau, est privé de précipitations, parce que tous les vents y arrivent complètement secs. Ailleurs, en Asie, sur les grands plateaux de l'Iran et du Tibet, les pluies n'arrivent pas, parce qu'elles sont arrêtées par un bourrelet de montagnes. Pendant la saison des moussons du sud-ouest, marquée par de grandes pluies, la côte de Malabar dans l'Inde reçoit une telle quantité d'eau, que si on la supposait privée d'écoulement et d'infiltration, la terre serait couverte au bout d'une année de 7 mètres d'eau. Il en est ainsi parce que la chaîne des Ghats intercepte l'humidité, et attire presque toutes les eaux sur son versant occidental : sur l'autre versant, à la même époque, on se plaint de la sécheresse.

Régions à pluies périodiques. — En ce qui concerne la saison de l'année où tombent les pluies, on distingue les régions à pluies périodiques, où la pluie et la sécheresse se succèdent à intervalles réguliers, et les régions à pluies variables. On peut distinguer différentes régions ou *zone des pluies périodiques :*

1° La *zone des pluies équatoriales* s'étend des deux côtés de l'équateur jusqu'à 5° de latitude nord et sud. La pluie y tombe en ondées de courte durée, mais très abon-

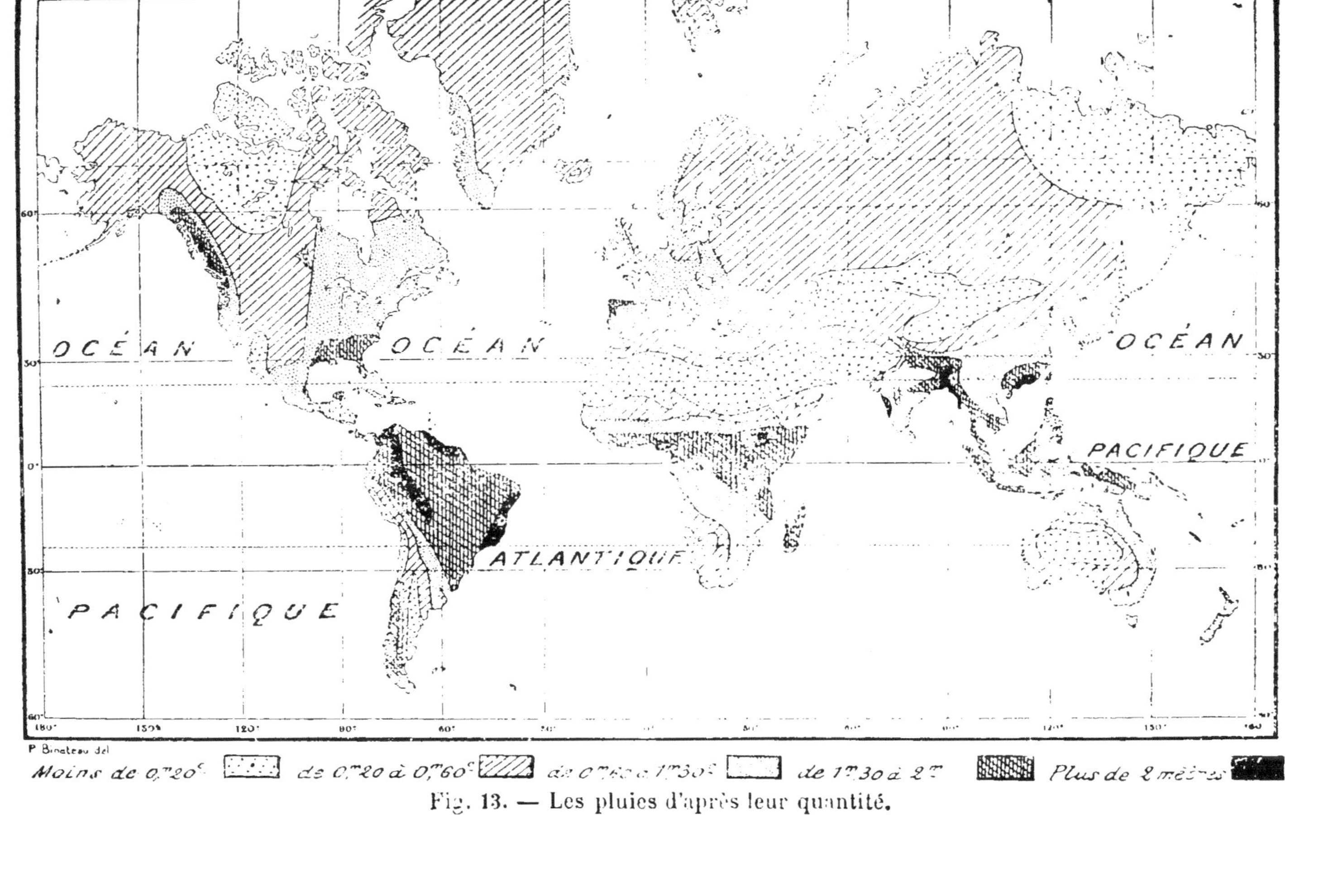

Fig. 13. — Les pluies d'après leur quantité.

dantes, presque tous les jours au moment de la plus grande chaleur. C'est un orage quotidien.

2° La *zone des pluies tropicales* est caractérisée par la succession d'une saison sèche et d'une saison humide ; la saison humide, dans les régions tropicales, peut avoir une durée très variable, de trois à huit mois.

3° On peut rattacher à la catégorie des zones à pluies périodiques celle des *pluies de mousson* dans l'océan Indien et sur les côtes de Chine. Dans cette zone, comme dans la précédente, la saison des pluies est la saison chaude, c'est-à-dire celle où souffle la mousson du sud-ouest.

4° La *zone des pluies subtropicales* reçoit des pluies aussi périodiques que la zone tropicale, mais ici c'est l'été qui est la saison sèche et non l'hiver. Ce régime est celui des pays baignés par la Méditerranée.

Régions à pluies variables. — Dans les régions équatoriales, où la marche des vents est régulière, celle des pluies l'est aussi. Au contraire, dans les zones tempérées et froides, on ne trouve plus ce contraste marqué entre la saison humide et la saison sèche. Les pluies ne sont pas périodiques, mais tombent en toutes saisons avec une abondance plus ou moins grande. Dans l'Europe occidentale, la France et l'Angleterre, par exemple, reçoivent la majeure partie de leurs pluies en automne. Dans l'Europe centrale, c'est l'hiver qui apporte la plus forte somme d'humidité.

Déserts et steppes. — C'est par l'absence ou l'inégale répartition des pluies que l'on explique la formation dans certaines contrées de déserts et de steppes.

On appelle *désert* une étendue de la surface terrestre que la sécheresse prive de végétation : tel est le Sahara, dont le sol pourrait porter une végétation luxuriante

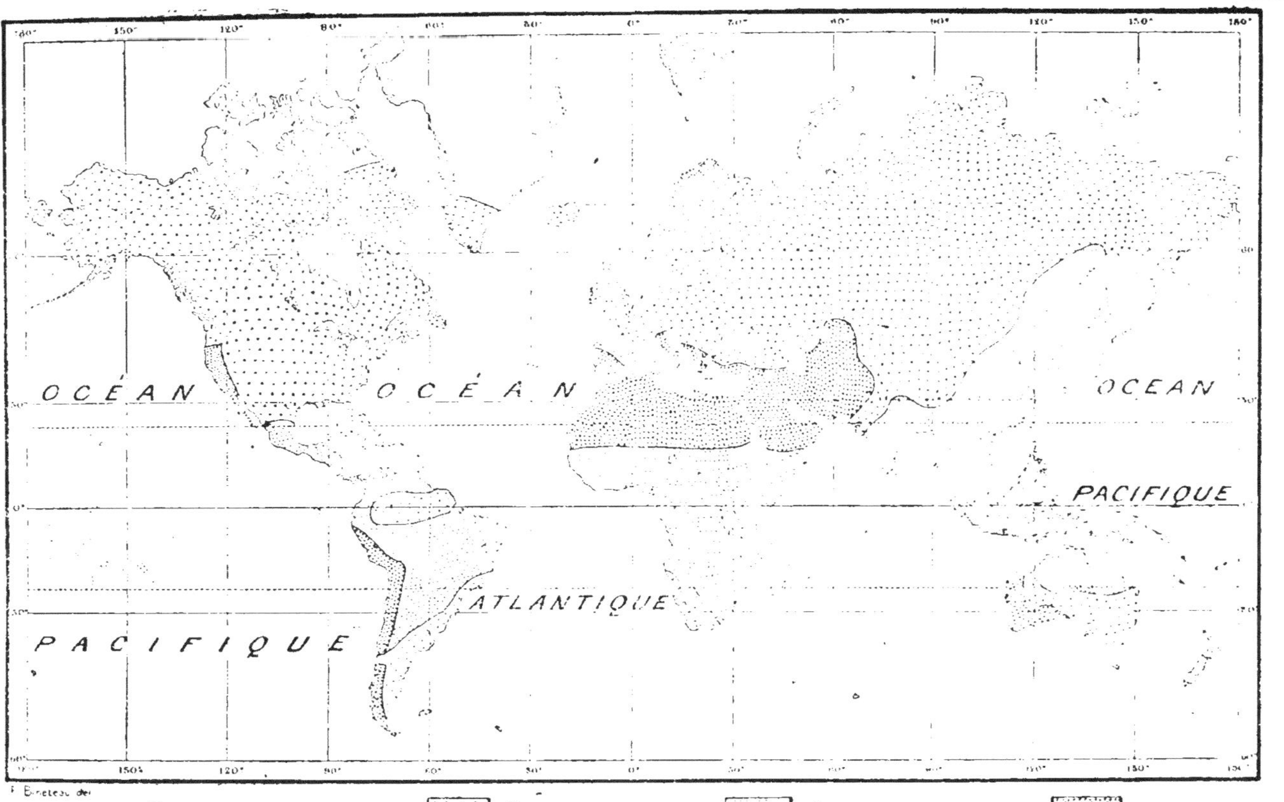

Fig. 14. — Les pluies d'après leur saison.

comme celle des zones tropicales de l'Afrique, si les vents y apportaient quelque humidité. Dès que l'on rencontre l'eau en creusant des puits dans le sol du désert, des *oasis* s'établissent où l'homme peut vivre et cultiver la terre.

Les *steppes* sont des étendues moins stériles : il se forme des steppes dans les régions où l'hiver et l'été sont également rigoureux, où la température est extrême, soit en froid, soit en chaleur, surtout dans les contrées de plaines. Le printemps, pendant lequel tombent quelques pluies, amène à la surface des steppes une végétation éphémère.

On cite comme exemples de steppes les régions du sud-est de la Russie ; les colons qui remplacent peu à peu les peuples nomades ont déjà gagné du terrain sur les steppes en établissant un système d'irrigation.

Comparaison entre les parties du monde. — La distribution des continents et la disposition de leur relief déterminent le régime des vents et des pluies pour chacun d'eux. La répartition des déserts à la surface du globe est particulièrement remarquable, et montre bien à quelles causes est due leur formation.

L'*Amérique du Nord* est comprise en grande partie dans la zone des vents variables et des pluies de toutes saisons. Les pluies viennent soit de l'Atlantique, soit du Pacifique ; mais c'est sur la côte du Pacifique qu'elles ont la plus grande abondance. Quelques plateaux, garantis des vents pluvieux par leurs bordures montagneuses, sont les seuls déserts ; tel est le *désert d'Utah*. La zone tropicale du golfe du Mexique reçoit les pluies périodiques de la saison chaude.

Dans l'*Amérique du Sud*, c'est la longue et haute barrière des Andes qui exerce sur les vents et les pluies une influence décisive. Dans la zone tropicale, l'alizé venu de l'Atlantique apporte à la plaine et à tout le versant oriental des pluies très abondantes, dont le versant occidental est presque complètement privé par l'obstacle des montagnes. Aussi des déserts se sont-ils formés sur le bord même du Pacifique, notamment celui d'*Atacama* au Chili. Dans la région tempérée du sud, c'est exactement le contraire qui a lieu; les pluies venant du Grand Océan sont apportées par le vent d'ouest et arrosent le versant occidental.

L'*Australie*, arrosée par des pluies tropicales dans sa partie septentrionale, est desséchée par les vents alizés du sud-est dans sa partie centrale.

La répartition des pluies présente en *Afrique* une grande régularité. La zone des pluies tropicales y occupe une grande largeur. Au nord et au sud de cette large bande, deux régions sont complètement privées d'humidité et forment des déserts : au nord le *Sahara*, au sud le *Kalahari*. Enfin, aux deux extrémités du continent, l'Algérie d'une part, la colonie du Cap d'autre part, sont situées dans la zone tempérée et reçoivent surtout des pluies d'hiver.

Il y a en *Asie* deux régions différentes de vents et de pluies. — La partie péninsulaire du sud et du sud-est subit l'influence des moussons, qu'arrêtent les barrières montagneuses dont sont bordés les grands plateaux au sud. Elle est très arrosée pendant la saison chaude. — La région des hauts plateaux qui se succèdent de l'est à l'ouest est soumise aux alizés du nord-est; toute la ligne des plateaux de *Mongolie* et du *Tibet*, de l'*Iran* et de l'*Arabie*, marque une suite de régions privées de pluies et arides. Le désert du Sahara peut être regardé comme leur continuation. Ainsi une large zone de déserts traverse obliquement tout l'ancien monde.

L'*Europe* est la seule partie du monde qui n'ait ni pluies tropicales ni déserts. D'une manière générale les pluies y sont modérées et se répartissent sur toutes les saisons,

L'abondance des pluies diminue à mesure que l'on va d'ouest en est et qu'on s'éloigne de l'Atlantique. A cet égard encore, la plaine de Sibérie continue la plaine d'Europe.

Ainsi l'Amérique du Nord est le plus arrosé des continents tempérés, mais sans variété dans la distribution des pluies ; l'Amérique du Sud est le plus humide des continents tropicaux. L'Afrique et l'Asie offrent un contraste absolu de zones très sèches et très humides, voisines les unes des autres. En Europe, toutes les transitions sont adoucies ; il n'y a nulle part ni disette, ni surabondance.

CHAPITRE II

Tous les phénomènes que nous avons étudiés jusqu'ici,
et qui se produisent soit à la surface des océans, soit sur
les continents, soit dans l'atmosphère, contribuent à modifier dans notre monde la manière de vivre de l'homme,
et son industrie comme ses relations commerciales. Cette
influence est surtout remarquable dans la distribution
des climats.

Les zones et le climat absolu. — La première et la
plus importante des causes qui nous expliquent la répartition des climats et des saisons sur notre globe est la
position suivant laquelle la terre se présente dans l'espace
aux rayons chauds et lumineux du soleil. Le jour et la
nuit, comme la chaleur et le froid, varient d'une zone à
l'autre : c'est pourquoi l'on a divisé les régions de la surface terrestre en zones torride, tempérée et glaciale.
D'une manière générale, il y a donc trois zones climatériques dans chaque hémisphère. Mais cette division en
climats, correspondant à la division en zones, est bien
insuffisante. Elle indique ce qu'on appelle le *climat absolu*
ou *mathématique.*

Si la terre était un globe d'une régularité parfaite,
n'offrant ni mers ni continents, on pourrait mesurer exac-

tement le degré de chaleur par la latitude : la température serait à son maximum à l'équateur, et irait en décroissant régulièrement jusqu'aux pôles. Il n'en est pas ainsi : parmi les causes qui modifient le climat absolu, il en est de très importantes, telles que l'altitude du sol ou relief, les courants de l'atmosphère ou vents, les courants maritimes, la pénétration plus ou moins grande de l'Océan dans les masses continentales.

Influence de l'altitude. — La plus importante de ces causes de modification est le relief. On sait en effet que plus on s'élève vers les couches supérieures de l'atmosphère, par exemple en faisant l'ascension d'une montagne, plus on rencontre une température froide : par conséquent, on change de climat très rapidement sans changer de latitude.

C'est que les couches inférieures de l'air sont réchauffées par le voisinage de la terre, qui a absorbé la chaleur du soleil, tandis que les couches supérieures sont plus froides et perdent leur chaleur plus rapidement. Les montagnes sont ainsi comme des îles dans l'océan aérien Et il peut arriver, si l'on s'élève à une grande hauteur dans la zone tropicale, qu'on y trouve la température de la zone tempérée ; de même, si l'on fait une ascension semblable dans la zone tempérée, on peut alors rencontrer, après quelques heures de marche, un climat véritablement glacial. Ainsi, dans l'Afrique équatoriale, les monts Kénia et Kilimandjaro, situés à l'est de la région des grands lacs, portent sur leurs sommets des neiges éternelles, mais seulement au delà de 5000 mètres. Dans la zone tempérée, nos Alpes ont, dès 2500 mètres, la température de la zone glaciale. Enfin, il suffit d'atteindre 1500 mètres d'altitude sur les sommets de Scandinavie pour trouver un climat aussi rigoureux.

En outre, les montagnes peuvent indirectement modifier un climat, en abritant une région des vents et des pluies, ou seulement en les détournant de leur direction primitive. Par exemple, les Alpes protègent contre les vents froids du nord certaines provinces d'Italie et en adoucissent ainsi le climat.

D'une manière plus générale encore, on peut dire que toutes les dispositions du relief d'une contrée influent sur le climat de cette contrée.

Influence des vents et des pluies. — On comprend de même que les vents, et les pluies qu'ils transportent, sont de nature à changer beaucoup les conditions climatériques d'un pays.

Les nuages et les pluies réchauffent la température en hiver et la refroidissent en été. Nos régions tempérées de l'Europe occidentale, la France, l'Irlande, l'Écosse, doivent d'être bien arrosées aux vents du sud-ouest, qui, chargés de l'humidité de l'océan Atlantique, apportent des pluies abondantes et tièdes. Le désert du Sahara confine à l'Atlantique dans sa partie occidentale ; mais le vent alizé du nord-est chasse au loin les nuages qui se sont formés au-dessus de cet océan. De même, en Asie, les pluies que transporte la mousson du sud-ouest inondent la côte de Malabar, mais sont arrêtées par les monts Himalayas à la lisière des grands plateaux qui restent desséchés, comme l'Arabie, la Perse et le Tibet.

Influence des courants maritimes. — La mer transporte avec ses courants le froid et le chaud sur les côtes baignées par ces courants. Qui ne connaît l'influence du Gulf-Stream sur les rivages occidentaux et septentrionaux de l'Europe ? Grâce à son action, les lacs des îles Shetland ne gèlent jamais pendant l'hiver, tandis que sous la même latituae, en Amérique, les côtes du Labrador sont embarrassées de glaces. Dans l'Amérique du Sud, la température tropicale est fortement adoucie par le refroidissement que produit sur les côtes occidentales le courant glacial venu du pôle antarctique.

Climats continentaux et climats maritimes. — Enfin, d'une manière plus générale, on divise les différents climats produits par toutes ces influences en *climats maritimes* et *climats continentaux*.

Le climat maritime règne soit sur les bords mêmes de la mer, soit à l'intérieur des continents, aussi loin que l'influence des vents, des courants et des pluies qui se forment à la surface du bassin océanique peut pénétrer. Cette influence modère le chaud et le froid ; c'est une conséquence de ce fait, déjà signalé, que la mer s'échauffe plus lentement que les continents et se refroidit en revanche moins vite. Aussi les climats maritimes sont-ils essentiellement tempérés. L'Europe en est un exemple, et la France en particulier ; dans notre pays, les vents venant de la mer nous paraissent frais en été et tièdes en hiver. Grâce à leur souffle modérateur, la différence de température des saisons froide et chaude est rarement assez considérable pour compromettre la santé des hommes et la vie des plantes.

Au contraire, les climats continentaux sont remarquables par l'extrême différence de température qui se fait sentir d'une saison à l'autre et d'une heure à l'autre dans la même journée. Aussi les appelle-t-on *climats excessifs*. Leur régime domine dans les contrées où soufflent des vents venus de terre : les mêmes vents sont glacés en hiver et brûlants en été. Dans la Russie méridionale, les vents d'est qui ont traversé le continent asiatique dans toute sa longueur apportent en été une température dépassant 30° centigrades, et en hiver font descendre le thermomètre jusqu'à 20° au-dessous de zéro. C'est donc une différence de 50° entre l'été et l'hiver. Sur les plateaux déserts de l'Asie centrale, cet écart de température peut atteindre 70°.

Températures moyennes : lignes de température. — Pour comparer aisément les températures de deux régions du globe, on a fixé, par des observations et des calculs, le chiffre de la température moyenne, soit pour une contrée, soit pour une ville. La température moyenne de Paris est de + 10°.

Quand on veut indiquer sur une carte les **températures moyennes**, on trace une ligne qui passe par tous les points où la température moyenne est la même. On appelle ces lignes *isothermes* (de même température). Ainsi, la ligne isotherme de + 10° traverse, en Europe, l'Irlande, le sud de l'Angleterre, le nord de la France, la Belgique, l'Allemagne du Sud, la vallée supérieure du Danube et aboutit à la mer Noire, vers les embouchures du Danube. Toutes les villes situées sur le parcours de cette ligne ont la même température moyenne, à des latitudes très différentes.

Lorsqu'on examine sur une carte le tracé de ces lignes isothermes, on est frappé de l'irrégularité de leur marche. Loin d'être toujours parallèles aux degrés de latitude, elles s'infléchissent en sinuosités nombreuses, se rapprochant de l'équateur pour se porter ensuite vers le nord. Tous ces changements de direction s'expliquent par l'action de quelqu'une des causes qui modifient le climat mathématique : rencontre d'un massif montagneux, éloignement de la mer, etc. C'est par l'étude de ces déviations des lignes isothermes qu'on se rend le mieux compte du climat d'une contrée.

Si, au lieu d'indiquer la température moyenne de toute l'année, on veut seulement indiquer celle d'une saison, on trace alors des lignes *isothères* (d'égal été) faisant connaître la température moyenne de juillet, ou *isochimènes* (d'égal hiver), montrant celle de janvier, et ainsi de suite. etc. Enfin, à la considération des *moyennes*, il faut ajouter la notation des extrêmes ou *maxima* du froid et de chaleur.

Comparaison entre les parties du monde. — Dans chacun des continents, le climat qu'on devait attendre de leur latitude et des zones climatériques dans lesquelles ils sont situés, se trouve modifié tantôt dans un sens, tantôt dans l'autre. Pour l'*Amérique du Nord*, le climat mathématique est surtout modifié par l'absence d'obstacle montagneux qui arrête le vent du nord. Aussi son action se fait-elle sentir très loin vers le sud ; la plaine centrale a un climat continental, beaucoup plus froid et plus inégal que dans les contrées de l'Europe situées sous la même latitude. Les courants réchauffent la côte occidentale, refroidissent la côte orientale.

Dans l'*Amérique du Sud*, située en grande partie dans la zone tropicale, l'excès de chaleur est tempéré sur la côte orientale par les alizés, sur la côte occidentale par l'altitude et les courants froids.

La plus grande partie de l'*Australie* a un climat continental, et souffre surtout de la sécheresse.

En *Afrique*, la succession des climats offre la symétrie déjà remarquée dans le régime des pluies. A latitude égale, ce continent subit une chaleur plus forte que les autres, à cause de son épaisseur et de l'action du grand désert. Le Sahara paraît être la région la plus chaude du globe ; les voyageurs y ont trouvé des températures de 56 à l'ombre. La partie orientale de l'Afrique compense

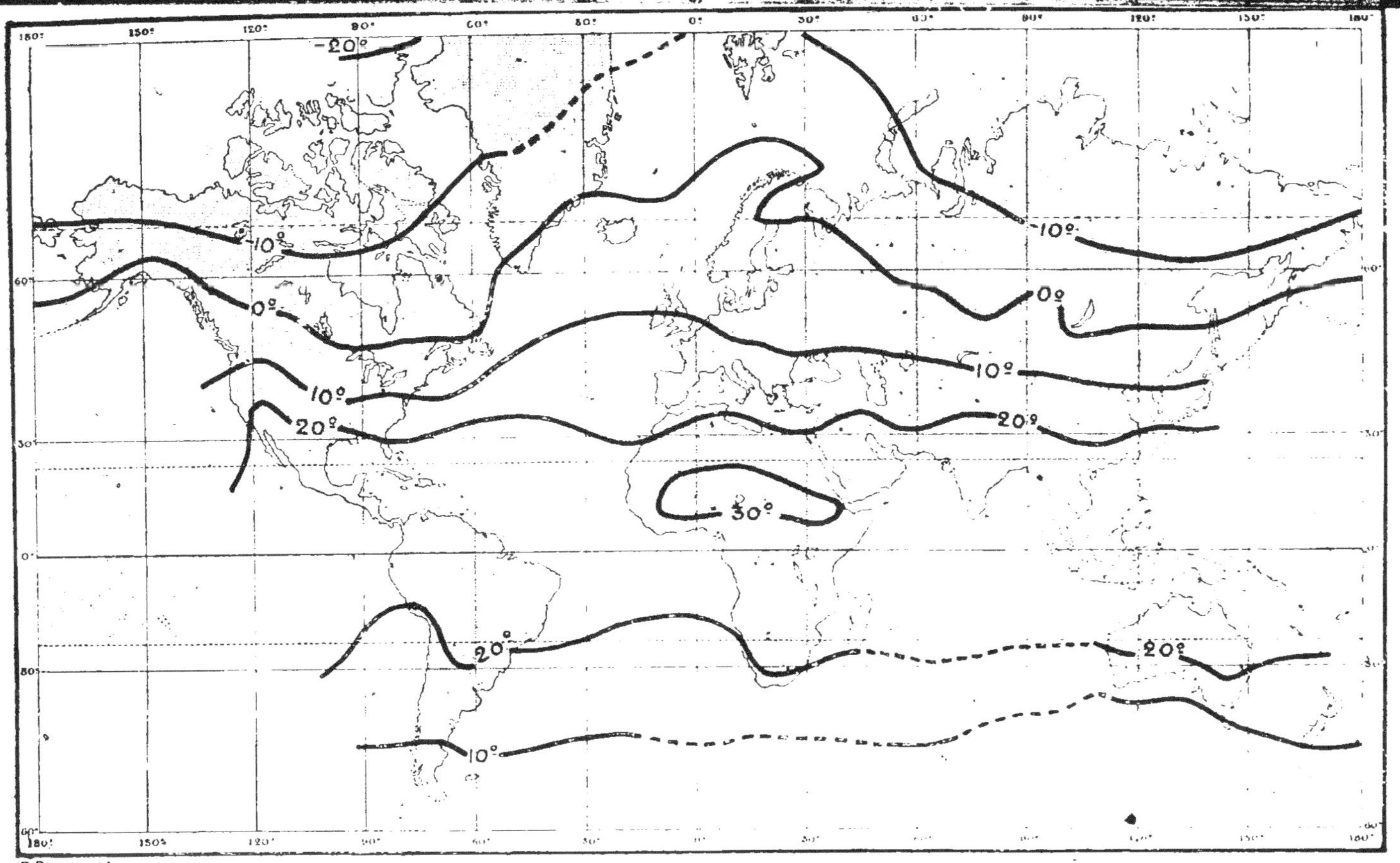

Fig. 15. — Tracé des lignes isothermes.

en plusieurs points par son altitude l'excès de la température.

Le climat de l'*Asie*, massive, large et couverte de plateaux, est au nord et au centre un climat continental : nulle part les contrastes ne sont plus violents entre les extrêmes de température. Le climat de la Sibérie est doublement rigoureux, tant en raison du voisinage du pôle qu'à cause du caractère continental de l'Asie. C'est là qu'on a constaté les plus grands froids : on y a observé pour le mois de janvier une température moyenne de 50° au-dessous de zéro.

Le climat de l'*Europe* est essentiellement tempéré ; ce privilège est dû non seulement à sa latitude moyenne, mais plus encore aux vents et aux courants de l'Atlantique qui la baignent. La modération et la répartition du relief agissent dans le même sens. Enfin l'extrême découpure des côtes permet au climat maritime de se faire sentir au loin dans l'intérieur des terres. Les isothermes sont beaucoup plus relevées vers le nord qu'en Amérique et en Asie. Les températures deviennent plus extrêmes à mesure qu'on s'éloigne de l'Atlantique, c'est-à-dire à mesure qu'on s'avance, non pas au nord, mais à l'est.

Sujets de devoirs. — **1.** Expliquer par le régime des pluies les différences entre les fleuves de la zone tropicale et ceux de la zone tempérée. — **2.** Place occupée par les régions de climat tropical dans chacun des continents. — **3.** Influence des vents sur le climat de l'Indo-Chine, — sur celui du Sahara, — sur celui de la Bretagne. — **4.** Étudier et expliquer la répartition géographique des déserts. — **5.** Les vents alizés : leurs causes et leurs effets. — **6.** Les moussons : leurs causes et leurs effets. — **7.** Quelles sont les contrées les plus froides du globe ? Pourquoi ? — **8.** Quelles sont les contrées les plus chaudes du globe ? Pourquoi ?

QUATRIÈME PARTIE

NOTIONS DE GÉOGRAPHIE GÉNÉRALE

LES FLEUVES ET LES COTES.

CHAPITRE PREMIER

LES EAUX COURANTES ET LES LACS.

Origine des eaux courantes. — L'eau que le soleil prend par évaporation à la surface des océans, qui forme des nuages et tombe en pluie, s'emmagasine de différentes manières dans le sol. Une partie, celle que reçoivent les régions élevées ou les contrées glaciales, s'accumule en masses que l'on appelle *glaciers;* l'autre s'infiltre dans le sol et en sort sous forme de *sources*. Glaciers et sources, tels sont les réservoirs auxquels les eaux courantes du globe empruntent leur humidité.

Les glaciers. — Au delà d'une certaine hauteur qui varie selon la direction des montagnes et la zone dans laquelle elles sont situées, les sommets restent couverts en toutes saisons de neiges que l'on appelle pour cette raison *neiges éternelles*. Ainsi, tandis que, dans nos régions tempérées, on n'atteint cette limite qu'à une altitude de 2 700 mètres sur les flancs des Alpes, il faut pousser jusqu'à 5 000 mètres environ dans les Himalayas pour la rencontrer.

La neige qui tombe ainsi dans les hautes régions montagneuses, à mesure qu'elle descend le long des pentes, subit des modifications qui changent complètement sa nature. Elle se transforme d'abord en une masse granuleuse, lorsqu'elle fond partiellement et regèle ensuite : c'est le *névé* ou champ de neige. Le névé à son tour, par suite de l'augmentation de la pente et sous la pression des couches supérieures, se change en une glace compacte et transparente, d'une belle teinte bleuâtre.

Les glaciers ainsi formés s'encaissent dans les vallées les plus élevées ; ce sont de véritables fleuves de glace ; ils ont leurs mouvements, très lents, il est vrai, mais appréciables et faciles à observer. Les objets perdus à leur surface se retrouvent parfois, bien des années plus tard, à un niveau inférieur où ils ont été entraînés. Comme la glace ne peut suivre sans se rompre toutes les aspérités de son lit, il s'y produit des fêlures ou crevasses.

Le glacier transporte dans son cours des débris de rocs et de terre détachés du sol de la montagne, débris auxquels on donne le nom de *moraines*.

Il abandonne à son extrémité inférieure les matériaux qu'il a entraînés : ils s'y entassent comme un rempart : c'est la *moraine frontale* ou terminale. En se déplaçant ainsi, le glacier est arrivé à la fin assez bas sur les flancs de la montagne pour que la température puisse le fondre. Souvent alors, de l'extrémité la plus basse d'un glacier jaillit le torrent qui deviendra un grand fleuve. C'est un glacier alpestre, le Galenstock, qui donne naissance au Rhône.

Les montagnes dont les cimes dépassent la limite des neiges éternelles ne donnent pas toutes naissance à des fleuves de glace. Les massifs contiennent généralement des glaciers plus nombreux et plus étendus que les chaînes; ainsi les Alpes sont, à cet égard, bien mieux douées que les Pyrénées. Les glaciers les plus considérables de l'ancien monde sont ceux de l'Himalaya. En Amérique, les Andes, malgré leur grande altitude, sont peu favorables à la formation des glaciers.

C'est surtout dans les régions polaires que les glaciers ont une très grande extension ; là, ils atteignent presque tous le bord de la mer, qui vient en baigner le pied et en détache des *icebergs*. Les glaciers du Groenland sont les plus grands du globe ; l'un d'eux, le glacier de *Humboldt*, n'a pas moins de 110 kilomètres de large à son extrémité inférieure.

Dans les régions tempérées, le rôle des glaciers est de charrier dans leur descente les neiges accumulées sur les hauts sommets, et de dégager ainsi la montagne en fournissant aux fleuves des eaux abondantes. Cet apport des eaux comporte ainsi dans la saison sèche la diminution du débit des sources.

Les sources. — L'eau qui ne tombe point dans les hautes régions de montagnes, et n'est point exposée à une température capable de la congeler, se glisse par les pores de la terre et forme dans le sous-sol de petits filets et des ruisseaux qui circulent comme ceux que nous voyons à la surface. Mais cette course souterraine se trouve arrêtée quand l'eau rencontre une couche de roches imperméables; il se produit alors une accumulation ; le niveau monte, comme dans une cuvette bien fermée, et se rapproche peu à peu de la dernière croûte du sol. Il arrive un moment où les filets, qui circulent ainsi dans la terre, ayant rencontré une longue série d'obstacles de ce genre, viennent sourdre à la surface du sol. Ce jaillissement est appelé *source*.

Par suite, dans une région où le sol se compose de terrains perméables qui absorbent aisément et avec rapidité l'eau des pluies, les sources seront abondantes, à condition toutefois que cette circulation souterraine soit arrêtée en un point, concentrée par un obstacle, et poussée ainsi hors de la terre. On peut citer, comme exemple de ces sources qui ont un volume énorme à leur sortie de terre, et sont en réalité des rivières qui ont déjà eu un long cours souterrain, notre fontaine de Vaucluse.

Fleuves; leurs différents modes de formation. — On appelle *fleuves*, d'une manière générale, la réunion d'un certain nombre de cours d'eau issus de ces différentes origines, et se frayant une route vers la mer dans un sillon commun. Les fleuves, suivant leur pente et rongeant la surface du sol avec plus ou moins de force selon la rapidité de cette pente et l'abondance de leurs eaux, cherchent à atteindre le niveau le plus bas, qui est la mer. Le caractère des fleuves dépend essentiellement du relief et du climat des contrées qu'ils drainent.

La source d'un fleuve est la source du cours d'eau le plus éloigné de son embouchure parmi ceux qui le composent. On cite une exception importante à cette règle adoptée communément pour la dénomination des fleuves. Un grand fleuve d'Amérique, le Mississipi, devrait être nommé Missouri, car des deux branches qui le forment et portent ces deux noms, le Missouri est la plus longue de deux mille kilomètres.

Les fleuves sont appelés *fleuves de montagnes, de plateaux, de plaines*, suivant la nature des terrains qu'ils traversent dans la plus grande partie de leur cours. Chaque catégorie présente un aspect très caractéristique. Le fleuve de montagnes est remarquable par la rapidité de ses pentes; il produit des chutes d'eau et des cascades.

Le fleuve de plateaux est interrompu par des cataractes
chaque fois qu'il passe d'un étage de plateau à un autre.
Tel est le Congo en Afrique. Enfin les fleuves de plaines
ont un cours lent et paisible qui favorise beaucoup la navigation. Tel est l'Escaut, que de grands navires remontent
aisément jusqu'à la ville d'Anvers. Naturellement, des
fleuves très longs peuvent offrir successivement ces trois
caractères différents.

L'usage s'est établi de diviser en trois parties le cours
d'un fleuve depuis sa source jusqu'à son embouchure :
en cours *supérieur*, *moyen* et *inférieur*. Dans la première
partie de son cours, le fleuve a généralement un lit très
incliné, changeant sans cesse de largeur et de profondeur;
dans son cours moyen, grossi de ses principaux affluents,
il se développe plus paisiblement; dans son cours inférieur, il se divise en plusieurs bras, et la mer vient à sa
rencontre. Mais il n'y pas toujours une distinction bien tranchée entre ces trois états successifs par lesquels passe le
fleuve; ainsi un fleuve de plaines comme la Volga, de
Russie, n'a pas, en réalité, de cours supérieur; sorti de
collines peu élevées, il franchit jusqu'à son embouchure
des pentes très douces, et, sauf le volume différent des
eaux, présente partout le même aspect. Par contre, les
rivières que nous appelons *torrents*, et qui, à peine sor-
ties de la montagne, tombent dans la mer, n'ont qu'un
cours supérieur.

On peut dire seulement qu'*en général* la pente d'un
fleuve diminue constamment de sa source à son embouchure en même temps que la masse de ses eaux augmente.

Longueur et volume des fleuves. — On devrait apprécier l'importance d'un fleuve non seulement en mesurant la longueur et la largeur du courant, mais aussi en

déterminant le volume des eaux dans son rapport avec la surface drainée.

Il ne faut pas dire que la longueur d'un fleuve est la distance qui sépare sa source de son embouchure, puisque très rarement un fleuve court en ligne droite d'un de ces points à l'autre. Il arrive souvent en effet que la nature du relief de la région traversée par le fleuve lui fait décrire dans un court espace une infinité de méandres. Ainsi, le cours de la Seine, entre Rouen et la mer, est tellement sinueux que le trajet fluvial des navires qui remontent ce fleuve se trouve doublé.

Le volume des eaux que roule un fleuve est beaucoup plus important que la longueur de son cours; c'est son *débit*, c'est-à-dire le volume moyen des ondes charriées dans son lit, qui donne une idée exacte de sa puissance. Aussi, bien que le Missouri et le Nil aient un cours plus long de quelques centaines de kilomètres que celui du fleuve des Amazones, ce dernier passe, à juste titre, pour le plus important cours d'eau du monde; en effet, il débite environ 80 000 mètres cubes d'eau par seconde, tandis que le Missouri et le Nil ont des eaux, l'un quatre fois, l'autre sept fois moins abondantes.

Mais ce volume n'est pas toujours le même. Quand un fleuve abaisse son niveau et reste au-dessous de son débit moyen, on dit qu'il est à l'*étiage*. Au contraire, quand il se gonfle et déborde, on dit qu'il se produit une *crue*. Si la différence est d'ordinaire considérable entre l'étiage et la crue, le fleuve a un régime inégal; si elle est faible, le fleuve a un régime égal. La Tamise en Angleterre, la Seine en France, ont un régime très égal et un volume d'eau assez constant. Au contraire, le débit de la Loire, devant Orléans, descend parfois jusqu'à 25 mètres cubes par seconde dans les basses eaux; dans les crues, le fleuve roule au même endroit 10 000 mètres cubes par seconde, c'est-à-dire quatre cents fois plus. D'autres fleuves ont des oscillations beaucoup plus fortes encore : ils sont tour à tour torrents impétueux et ravins sans eau ; tels sont la plupart des fleuves d'Espagne, dont on dit proverbialement qu'ils ont comme l'ancienne Université de Salamanque, deux mois de cours, dix mois de vacances. Enfin, dans les déserts se rencontrent des fleuves morts, presque toujours à sec et qui n'ont d'eau que par exception. Tel est l'Oued-Igharghar, dans le Sahara. Rien ne contribue autant que le régime à donner à chaque fleuve son caractère propre.

Dans nos régions, les crues sont amenées par des causes locales ou accidentelles. Selon qu'un fleuve et ses affluents coulent dans des lits dont les fonds et les bords sont composés de terrains perméables ou imperméables, l'eau s'infiltre dans le sol, qui absorbe le surplus des pluies, ou bien se répand par-dessus les rives, si elle ne pénètre point facilement dans la terre. La hauteur et l'époque des crues n'ont rien de fixe. Elles se produisent d'ordinaire dans la saison des pluies, lorsque le fleuve ne s'alimente qu'à des sources ; après la fonte des neiges, lorsque le fleuve vient d'un glacier.

Le phénomène des crues n'est périodique et régulier que pour les fleuves des contrées tropicales ; c'est une conséquence des pluies périodiques de ces contrées. En Égypte, par exemple, le Nil inonde toujours à la même époque, au mois de juin, la vallée au milieu de laquelle il coule ; il roule alors vingt fois plus d'eau qu'en temps ordinaire. Les autres fleuves tropicaux, tels que le Gange, ont de même des crues très régulières et très amples, pendant lesquelles ils se répandent à perte de vue dans les plaines. Enfin, si le volume importe plus que la longueur, la *superficie drainée* doit être considérée dans une appréciation du volume d'un fleuve. On ne doit pas comparer l'Amazone, aux eaux abondantes, avec de pauvres grands fleuves comme ceux de la Sibérie. Un fleuve de volume moyen, comme la Seine, et qui draine une petite superficie, est *proportionnellement* supérieur à un fleuve géant tel que le Mississipi. Et les vrais colosses hydrographiques du globe seraient plutôt encore les courts et énormes fleuves de Java, Sumatra et Bornéo, que le Nil, le Mississipi, et que l'Amazone même.

Lignes de partage et bassins. — On appelle d'une manière très générale *bassin* d'un fleuve, l'ensemble des contrées arrosées par les cours d'eau qui le composent. Souvent entre le bassin d'un fleuve et celui du fleuve voisin, des hauteurs insignifiantes s'interposent; quelquefois même un fleuve est si peu confiné dans son bassin, qu'il communique par des affluents avec les eaux d'un domaine voisin. Ainsi, les bassins des fleuves de l'Allemagne du Nord, l'Elbe, l'Oder et la Vistule, communiquent avec une grande facilité.

S'il existe une limite véritable entre plusieurs domaines fluviaux, elle reçoit le nom de *ligne de partage des eaux*. Une ligne de partage des eaux peut être plus ou moins nettement dessinée, selon l'importance des montagnes qui s'interposent entre des bassins contigus.

Action des fleuves sur le sol. — Les fleuves rongent, en vertu de la force de leur courant et de la masse de leurs eaux, le sol dans lequel ils ont creusé leur lit. On appelle ce travail *érosion*. Il prend plusieurs formes différentes : les montagnes, surtout lorsque leurs flancs sont déboisés, sont détruites par des forces de toutes sortes, notamment les gelées et les pluies. Les matériaux ainsi arrachés sont entraînés par les torrents. Leurs eaux usent et arrondissent peu à peu les blocs de rochers, les réduisent en galets, et finalement en grains de sable. Les matières les plus lourdes sont roulées dans le fond du lit, les plus légères restent en suspension dans l'eau qu'elles rendent parfois si trouble. Les fleuves tendent sans cesse à régulariser leur pente; aussi l'érosion des eaux creuse dans les montagnes des gorges profondes, dans lesquelles les torrents sont encaissés. Les rapides et les cataractes qui interrompent le cours de certains fleuves indiquent que l'érosion est encore incomplète; des roches plus dures ou plus élevées ont résisté à l'action des eaux. Ces cataractes diminuent lentement; elles reculent vers l'amont, perdent de leur hauteur pour devenir de simples rapides destinés eux-mêmes à disparaître.

Ainsi, le Rhin coule d'abord dans une profonde vallée des Alpes; à l'endroit où il rencontre une branche du Jura, il franchit la chute de Schaffhouse. Il devient un fleuve de plaine à partir de Bâle; mais, entre Mayence et Cologne, des hauteurs s'opposent à son passage; l'entaille que l'érosion y a creusée a fait donner à cette partie du fleuve le nom de cours héroïque du Rhin.

En outre les rivières comme les montagnes sont d'âges différents. Les vieilles rivières ont à peu près atteint leur équilibre et achevé leur œuvre d'érosion. Mais il peut survenir soit un changement de climat, qui augmente la quantité de pluies, soit un changement de relief qui surélève le terrain. L'équilibre se trouve détruit, et l'activité est rendue aux cours d'eau qui sont en quelque sorte ressuscités.

En même temps qu'ils abaissent les montagnes, les fleuves élèvent les plaines. Ils détruisent pour reconstruire; leur œuvre d'érosion a pour complément une œuvre d'*alluvionnement* ou de *dépôt*.

Quand la pente, et par conséquent la rapidité du courant diminue, la force mécanique de l'eau devient plus faible

Géographie générale.   7

que le poids des matériaux transportés, et le fleuve abandonne sur ses rives une partie des débris qu'il a entraînés. Au confluent de deux rivières, les masses d'eau venant se heurter l'une contre l'autre, il se forme fréquemment des séries d'îles sablonneuses. C'est surtout dans les inondations que l'alluvionnement est considérable ; la vallée du Nil a été en grande partie formée par les apports successifs de limon que le fleuve dépose à l'époque de ses crues périodiques.

Au moment où les fleuves, dont les eaux sont chargées de particules détachées du sol, se jettent dans la mer, le mouvement du courant cessant, la masse des apports s'accumule en bancs dans la région de l'embouchure. Il se forme alors un *delta*. Le fleuve se divise en un grand nombre de branches. Les fleuves ne forment de deltas que si leurs alluvions ne tombent ni dans une mer trop profonde qui absorbe les dépôts sans en permettre l'accumulation en surface, ni dans une mer trop remuée de courants qui dispersent les produits de l'érosion. Aussi quelques géographes ont-ils cru que les *deltas* étaient des phénomènes particuliers aux mers intérieures. Sans doute les deltas du Rhône, du Pô, du Danube et du Nil sont importants. Mais combien plus considérables sont ceux de l'Indus, du Gange, du Mé-Kong, du Hohang-ho et les gigantesques dépôts des courts et puissants fleuves de l'archipel de la Sonde.

L'étendue des terrains ainsi gagnés par les fleuves s'accroît assez rapidement pour que l'histoire puisse en constater le progrès. La ville d'Adria, qui a donné son nom à la mer Adriatique, est maintenant à 35 kilomètres du rivage, dont les alluvions du Pô la séparent.

Les fleuves contribuent donc puissamment à modifier la surface du globe : les modifications sont surtout rapides dans les pays de grandes pluies et de fort relief : le

Bengale s'accroît aux dépens des Himalayas dont les violentes pluies de mousson ravagent les pentes ; plus d'un quart de Bornéo est formé d'additions deltaïques.

Principaux fleuves du globe. — La forme des continents, la disposition de leur relief, l'abondance et la répartition annuelle des pluies, donnent aux fleuves de chaque partie du monde des traits caractéristiques. Bien que l'on ne rencontre jamais deux cours d'eau qui se ressemblent entièrement, les fleuves comme les montagnes se distribuent dans un certain ordre à la surface de la terre.

Les Amériques sont remarquables par leurs grands fleuves de plaine, roulant d'abondantes eaux dans la vaste dépression que laissent entre elles dans les deux continents les chaînes côtières. Au nord, ce sont le *Mackenzie*, tributaire de l'océan Glacial, le *Saint-Laurent*, déversoir des grands lacs, le *Mississipi*. Mais ces cours d'eau, appartenant à des pays aux pluies médiocres, sont très inférieurs à ceux de l'Amérique du Sud qui est drainée au nord par l'*Orénoque*, à l'est par l'*Amazone*, fleuve de plaine et fleuve équatorial par excellence ; au sud-est, par le *Rio de la Plata*.

L'Australie se distingue par le petit nombre et le peu d'importance de ses rivières.

L'Afrique présente surtout de grands fleuves de plateaux, formés dans la région des pluies de la zone tropicale, et qui, coulant de terrasse en terrasse, sont pour la plupart coupés de cataractes dans leurs cours supérieur et moyen. Ce sont au nord, le *Nil*, tributaire de la Méditerranée, originaire des lacs de l'Afrique équatoriale, mais recevant de l'Abyssinie la grande masse d'eau qui détermine ses inondations. A l'ouest, l'Atlantique reçoit le *Sénégal* et le *Niger*, qui ne sont qu'en partie des fleuves tropicaux, et le *Congo*, qui, ayant tout son cours dans des régions de pluies équatoriales, roule constamment des eaux abondantes. Dans l'océan Indien, tombe le *Zambèze*, alimenté par des lacs, qui s'échappe du plateau austral par de grandes cataractes.

Les fleuves d'Asie rayonnent autour des grands plateaux, mais sont fort différents les uns des autres. Ceux de l'Asie centrale et occidentale peu importants se perdent dans des lacs sans issue ou s'évaporent en route. Les trois longs fleuves parallèles de l'Asie septentrionale, l'*Obi*, l'*Iénisséi* et la *Léna*, peu rapides et médiocres, si l'on considère l'énorme étendue de leurs domaines, gagnent l'océan Glacial arctique. Les fleuves de l'Asie orientale et méridionale vont au Grand Océan et à l'océan Indien ; le Grand Océan reçoit l'*Amour*, qui ressemble encore aux fleuves sibériens. Les deux grands fleuves chinois, voisins par leurs sources et par leurs embouchures, le *Hoang-ho*, ou *fleuve Jaune*, et le *Yang-tsé-Kiang*, ou *fleuve Bleu*, sont très différents ; le Hoang-ho est un grand torrent, le Yang-tsé, un vrai grand fleuve des tropiques.

La péninsule de l'Indo-Chine est arrosée par le *Mékong*, qui aboutit à la mer de Chine, et par l'*Iraouaddi*, qui débouche dans le golfe du Bengale ; les montagnes ici touchant de plus près la mer, les fleuves n'ont qu'une partie de leur cours en plaine et sont embarrassés de rapides. Les glaciers de l'Himalaya et les pluies tropicales nourrissent les trois grands fleuves de la péninsule de l'Hindoustan : le *Brahmapoutra*, le *Gange* et l'*Indus*.

L'*Europe* n'a, pas plus que l'Asie, un système hydrographique de caractère homogène. Les fleuves n'y sont ni répartis exclusivement sur un seul versant comme en Amérique, ni séparés par de grandes masses montagneuses comme en Asie. Il n'y a rien dans notre continent qui ressemble à une ligne de partage des eaux. Les

fleuves y sont variés comme le relief. L'Europe possède
des fleuves de montagnes, dans une partie de leur cours,
comme ceux qui viennent des Alpes, le *Danube*, le *Pô* ;
des fleuves de plateaux, comme les *fleuves espagnols*, et
des fleuves de plaines, comme les fleuves de l'*Allemagne
du Nord* et de la *Russie*. Ces derniers rappellent encore
par leurs caractères ceux de l'Asie septentrionale ; la
Volga est la sœur des fleuves sibériens.

Les lacs. — Lorsque les eaux ne peuvent courir à la
surface du sol, mais sont arrêtées et retenues dans une
dépression, elles forment ce qu'on appelle des *lacs*. La mer
Caspienne et la mer d'Aral ne sont autre chose que des
lacs d'eau salée. Les bassins fermés doivent leur salinité
aux matières minérales qui leur sont apportées par les
fleuves, et qui sont concentrées par l'évaporation. Aussi
les lacs salés se rencontrent-ils surtout dans les régions
sèches : l'Asie centrale, l'intérieur de l'Afrique et de
l'Australie. Parfois même le lac est entièrement épuisé,
il ne reste plus qu'une croûte de sel, comme dans les
chotts de l'Algérie.

Quant aux lacs d'eau douce, on les trouve dans les
régions les plus différentes : dans des montagnes, où ils
occupent soit la place d'un ancien glacier, soit un cratère
de volcan ; à la surface des plateaux ou des plaines. On
les distingue selon leur altitude : ce sont des *lacs de montagnes*, de *plateaux* ou de *plaines*. Comme les fleuves, les
lacs sont un résultat des actions combinées du relief et
du climat.

Les lacs, de même que les mers, sont en général
d'autant plus profonds qu'ils sont dominés par des pro-
montoires plus escarpés.

L'*Amérique du Nord* est la région du globe qui compte
le plus grand nombre de lacs et les plus considérables : les

cinq lacs de plaine du Canada forment une véritable mer d'eau douce, qui s'étend du *lac Supérieur* au *lac Ontario*.

Les hauts plateaux d'*Afrique* sont creusés de grands bassins lacustres, dont les principaux sont situés au sud-est, dans la région équatoriale; ce sont les lacs *Victoria-Nyanza, Albert-Nyanza, Tanganyika* et *Nyassa*. — Parmi les autres lacs du monde, il n'y en a pas qui soient comparables en étendue à ces deux groupes de l'Amérique du Nord et de l'Afrique. Les lacs de l'Afrique tropicale sont eux-mêmes supérieurs à ceux de l'Amérique du Nord par l'énorme quantité d'eau qui, annuellement, s'écoule de leurs cuvettes pour alimenter des fleuves : ils ont un écoulement plus rapide, ce qui est aisé à comprendre, puisqu'ils se forment dans un pays de pluies intenses. Tous les lacs américains n'ont pour émissaire qu'un fleuve, le Saint-Laurent; ceux d'Afrique nourrissent le Nil, le Congo et le Zambèze.

Nous avons vu que certains fleuves prennent naissance dans des lacs, le Nil, par exemple; il arrive aussi qu'un bassin lacustre reçoive les eaux d'un fleuve déjà formé. Ainsi le Rhône, après son cours supérieur, pénètre dans le lac de Genève : dans ce cas, le lac arrêtant le courant par la masse de ses eaux, tout comme la mer aux régions des embouchures, les eaux fluviales se purifient. C'est ce qu'on nomme un *lac de passage*; le fleuve y accomplit son double travail : à l'entrée du lac, il dépose ses alluvions; à la sortie, il fait œuvre d'érosion. Ailleurs un lac marque la fin d'un fleuve ou d'un groupe de fleuves qui ne peut atteindre la mer : tel le lac *Tsad*, marécage terminal de plusieurs courants.

CHAPITRE II

Les côtes. — Les côtes sont les lignes de contact où se rencontrent les mers et les continents. Elles sont de nature et d'aspect très différents; leurs contours varient à l'infini et donnent aux terres leur configuration et leur caractère propre.

Configuration des côtes : îles et presqu'îles, détroits, isthmes, caps, golfes. — Toutes les formes différentes que présentent les continents, aux points où ils sont touchés par les eaux, ont reçu des noms particuliers.

Lorsqu'une portion des terres, détachée de la masse continentale, est entourée de tous côtés par les eaux, elle prend le nom d'*île*. Mais en général on réserve cette dénomination pour des étendues relativement peu considérables du sol terrestre qui se trouvent ainsi isolées et cernées par les mers.

Ainsi, on n'appellera point île l'Australie, presque aussi grande que l'Europe. Mais, sauf cette exception, on confond dans ce terme commun des contrées de dimensions très différentes, par exemple, Madagascar et Bornéo, dont la superficie est supérieure à celle de la France.

Il convient de distinguer les îles d'après leur origine. Les unes ne sont, pour ainsi dire, que des morceaux détachés des continents, à la suite de quelque changement de niveau du sol. En général, les îles ainsi formées ne sont pas très éloignées de la région continentale dont elles ont fait autrefois partie et à laquelle elles ressemblent par leur structure. On les appelle *îles continentales*.

En Europe, l'Angleterre et la Sicile, séparées par d'étroits bras de mer des terres voisines du continent, de la France et de l'Italie, sont des îles continentales.

Il existe une tout autre catégorie d'îles, qu'on nomme *îles océaniques*.

Elles appartiennent en effet au monde de l'Océan, et ne sont la plupart du temps que des accidents du sol sous-marin, comme nos massifs montagneux sont les accidents du sol terrestre. Telles sont les îles de *Sainte-Hélène* et de l'*Ascension*, situées au milieu de l'Atlantique entre l'Afrique et l'Amérique du Sud.

Ces îles sont en général cernées de toutes parts par de grandes étendues d'eau. Elles sont toutes très petites. Elles doivent leur existence à des volcans ou à des coraux.

Les *presqu'îles* ou *péninsules* sont des surfaces terrestres que la mer entoure presque de tous côtés : les unes demeurent en communication avec le continent dont elles font partie par une simple langue de terre, les autres y restent plus fortement soudées. Par exemple, l'Italie tient à l'Europe par la grande épaisseur de terre qui sépare le golfe de Gênes de l'Adriatique ; l'Espagne est attachée à l'Europe sur toute la largeur des Pyrénées. Au contraire, le Péloponèse n'est uni à la Grèce que par un mince cordon.

Lorsque deux terres sont séparées par un bras de mer assez resserré, ce bras de mer s'appelle *détroit*. Ainsi, l'espace de mer compris entre l'Afrique et la forteresse anglaise de Gibraltar est nommé détroit de Gibraltar. Si la mer reste longtemps encaissée entre deux terres, le passage s'appelle *canal ;* par exemple, le détroit qui s'étend sur une si grande longueur entre l'île de Madagascar et l'Afrique a pris le nom de canal de Mozambique.

Au contraire, une bande étroite de terre qui s'interpose entre deux mers est appelée *isthme.* L'espace de terrain qui, reliant l'Égypte à l'Arabie, sépare la Méditerranée de la mer Rouge, c'est-à-dire l'Atlantique de l'océan Indien, est l'isthme de Suez. Entre l'océan Pacifique et l'océan Indien, au point de jonction de l'Amérique du Nord et de l'Amérique du Sud, s'étend l'isthme de Panama.

On appelle *cap* toute saillie ou proéminence des terres s'avançant dans la mer. Mais des termes plus particuliers désignent ces proéminences suivant que le sol projeté ainsi en avant de la ligne des côtes est élevé ou bas, formé en pointe ou arrondi (*promontoire, pointe, tête, langue,* etc.).

Si la ligne des côtes, au lieu d'empiéter sur la mer, se courbe et laisse pénétrer les eaux à l'intérieur des terres, on désigne soit cette échancrure même du rivage, soit l'espace de mer qu'elle limite sous le nom de *golfe,* de *baie* ou d'*anse,* selon ses dimensions. Une *rade* est un golfe bien fermé que l'étroitesse de son entrée et la conformation de ses contours mettent à l'abri des mauvais temps ; les meilleurs ports se trouvent au fond des rades. Tel est notre grand port de Brest sur l'Océan, et celui de Toulon sur la Méditerranée.

Les golfes qui s'ouvrent en grand nombre sur les côtes de certaines contrées, et les échancrent sous forme de chenaux très longs, très profonds, mais étroits, sont appelés *fiords.* Le creusement de ces entailles de la côte est dû à d'anciens glaciers ; lorsqu'ils se sont retirés, la mer les a remplacés dans leur lit. Aussi cette formation est-elle particulière aux régions froides des continents ;

on ne trouve jamais de fiords dans les contrées tropicales. Une multitude de découpures de ce genre entaillent la côte de Norvège ; l'une d'elles, le *Sogne-fiord*, pénètre jusqu'à 150 kilomètres environ dans l'intérieur des terres.

Les baies ouvertes à l'embouchure des fleuves sont dites *estuaires*. Les estuaires permettent aux navires de pénétrer assez loin à l'intérieur des terres ; aussi ont-ils une importance hors ligne dans la configuration du littoral. Presque tous les grands ports de commerce sont établis au débouché d'une vallée fluviale : Londres est le port de la Tamise, le Havre le port de la Seine.

Qualités des côtes. — Ce qui nous frappe à la vue d'une côte, au premier abord, ce sont ses contours, sa hauteur au-dessus du niveau de la mer, bref sa configuration. Mais il importe de savoir aussi comment la jonction se fait entre les deux éléments au-dessous de ce niveau, la profondeur de la mer, la nature du fond ; tout cela intéresse la sécurité de la navigation. Les marins reconnaissent à certains indices et désignent par des termes précis les différentes qualités des rivages. Une côte dont le navire peut s'approcher sans crainte, où les eaux sont profondes, où nul écueil ne se cache, est déclarée *saine*.

Près d'un littoral élevé et rocheux l'eau est en général profonde : il y a des chances pour que la pente rapide des terrains se continue au-dessous de l'eau ; mais dans le voisinage immédiat peuvent exister des écueils rocheux ou *récifs*. En revanche les eaux y sont le plus généralement transparentes et faciles à observer.

Si le rivage apparaît bas et sablonneux, il est probable que les terres s'abaissent en pente douce au-dessous de l'eau. Les navires ont alors à redouter des masses de sable ou *bas-fonds* : et les eaux troublées par les sables qu'elles charrient n'avertissent plus aussi sûrement du danger.

Action de la mer sur les côtes. — La mer modifie sans cesse, par l'action régulière des marées et irrégulière des tempêtes, la configuration des côtes.

Comme les fleuves, la mer détruit et reconstruit; elle a ses érosions et ses dépôts. L'assaut qu'elle livre au continent est plus ou moins violent; d'autre part, la résistance des matériaux qui composent la rive est plus ou moins grande. Ainsi, la mer n'agit pas de la même manière sur les falaises crayeuses de la Normandie, qu'elle fait ébouler par grandes masses, et sur les rochers granitiques de la Bretagne, qu'elle use peu à peu et réduit en sable. Ailleurs elle apporte les matériaux qu'elle a arrachés au rivage et charriés dans ses flots. Tantôt la mer fait des îles avec des fragments séparés des continents, tantôt elle réunit d'anciens îlots à la terre ferme par des flèches de sable. Il est facile, sur certains points de la France, d'observer ces divers changements produits par la mer. Ainsi, sur le rivage de Gascogne, les dunes de sable marin apportées par les flots et accumulées ensuite par les vents ont jadis englouti plusieurs villages. Il a fallu, pour arrêter la marche envahissante des sables et fixer le sol, établir des plantations sur de grands espaces.

L'*Amérique du Nord* a un développement de littoral très considérable; c'est de tous les continents celui qui ressemble le plus à l'Europe sous ce rapport. Mais les nombreux bras de mer, les golfes et les îles, se trouvent surtout dans la zone glaciale. Sur le Pacifique cependant, la côte en général est rocheuse et profondément entaillée. Les rivages de l'Atlantique sont bien disposés; les îles et les presqu'îles y sont ramifiées en détail; le golfe du Mexique présente au contraire le type parfait des côtes basses et marécageuses, aux contours monotones.

L'*Amérique du Sud* n'a ni golfes remarquables ni îles considérables; la côte n'est vraiment découpée que par les fiords du Chili méridional. Mais en revanche sur la côte atlantique de magnifiques artères fluviales pénètrent profondément à l'intérieur.

L'*Océanie* est le monde insulaire par excellence. Mais ici encore, si l'on s'attache moins à l'étendue des côtes qu'à leur nature, on voit que le degré d'articulation est généralement faible. La Nouvelle-Zélande seule a des fiords; l'Australie est très massive, sauf à l'est, où la bordure montagneuse touche de près la mer.

L'*Afrique* rappelle l'Australie et l'Amérique du Sud par la pauvreté de ses contours. D'aucun côté, les océans n'échancrent ni n'entament fortement le continent africain : pas de véritables golfes, point de saillies accentuées, très peu d'îles. Les côtes sont basses, étroites, séparées du rebord des plateaux par des dépôts laissés par la mer ou par des alluvions fluviales.

L'*Asie* est beaucoup plus variée. Mais, par son développement d'est en ouest, elle oppose une grande épaisseur aux influences océaniques; nulle part sur le globe on n'est plus éloigné de toute mer que vers le centre de l'Asie. Au Nord, les côtes de l'océan Glacial sont basses. Celles du Pacifique sont beaucoup plus découpées; l'Asie est bordée de ce côté d'un long chapelet de presqu'îles et d'îles, parmi lesquelles la Corée, les îles du Japon, les Philippines, les îles de la Sonde. Au sud, trois péninsules se détachent de la masse asiatique; mais elles sont tellement étendues et larges que ce sont des continents comme l'Europe; dans le détail, leurs côtes sont en général peu articulées, mais l'Asie, a de beaux et grands fleuves navigables.

L'*Europe* est de tous les continents celui qui a le plus grand développement proportionnel de côtes. Chacune des petites mers intérieures qui la baignent pénètre ses rivages par des golfes nombreux. Un grand nombre de presqu'îles, surtout au sud, se détachent de la masse européenne, entamée de tous côtés par la mer. Le littoral est complété et prolongé par des groupes d'îles grandes et petites. Iles et presqu'îles occupent en Europe le tiers de la superficie totale ; en Asie, elles représentent seulement le quart, en Afrique, le trente-cinquième. Les rivages sont bas sur les mers du Nord, sauf les deux remarquables exceptions de la Norvège et de l'Écosse, découpées par des fiords. Mais les bords de l'Atlantique et de la Méditerranée, sont, en général, merveilleusement découpés.

Toutefois nous ne devons pas voir dans ces faits une cause de supériorité durable pour l'Europe. Depuis que la navigation à vapeur s'est développée au détriment de la navigation à voiles, les navires n'ont plus autant besoin d'abris ni de ports nombreux, puisqu'ils vont en ligne droite. Observons enfin que deux des pays les plus découpés d'Europe, la Norvège et la Grèce, sont précisément au nombre des plus pauvres, et que les grands ports, Londres, le Havre, Hambourg, Marseille, Gênes, sont placés, non sur les côtes les mieux découpées, mais le long des pays les plus riches.

Sujets de devoirs. — **1.** Caractères généraux des fleuves de l'Afrique, de l'Asie, de l'Amérique. — **2.** Les fleuves du versant de la Méditerranée : pourquoi le Rhône, le Pô, le Danube et le Nil font-ils exception à la médiocrité ordinaire de ces fleuves ? — **3.** Les phénomènes d'érosion par les mers et les eaux courantes. — **4.** Conditions d'articulation des côtes. — **5.** Nature et qualité des péninsules. — **6.** Les embouchures : estuaires et deltas ; leur importance. — **7.** Quelles sont les parties du monde les mieux douées au point de vue des découpures côtieres ?

CINQUIÈME PARTIE

L'HOMME ET LA NATURE

CHAPITRE PREMIER

LES PRODUCTIONS DU SOL ET LES ANIMAUX.

Outre les productions minérales que le mélange des différents éléments qui composent notre globe fournit à l'exploitation de l'homme, les végétaux et les animaux répartis à la surface de la terre en espèces diverses selon les divers climats sont les objets de son industrie et de son commerce. A ce titre, la géographie doit étudier comment les richesses naturelles sont distribuées sur la terre, et quel parti les peuples ont su en tirer.

Produits minéraux. — Parmi les produits minéraux si nombreux qu'exploitent les hommes, quelques-uns ont une importance particulière. Au premier rang est la *houille* ou charbon de terre. Les contrées les plus riches en houille sont : les États-Unis d'Amérique, la Chine et l'Angleterre. Mais l'Angleterre, grâce à des procédés perfectionnés, fournit à elle seule la moitié du combustible que brûlent toutes les machines (170 millions de tonnes).

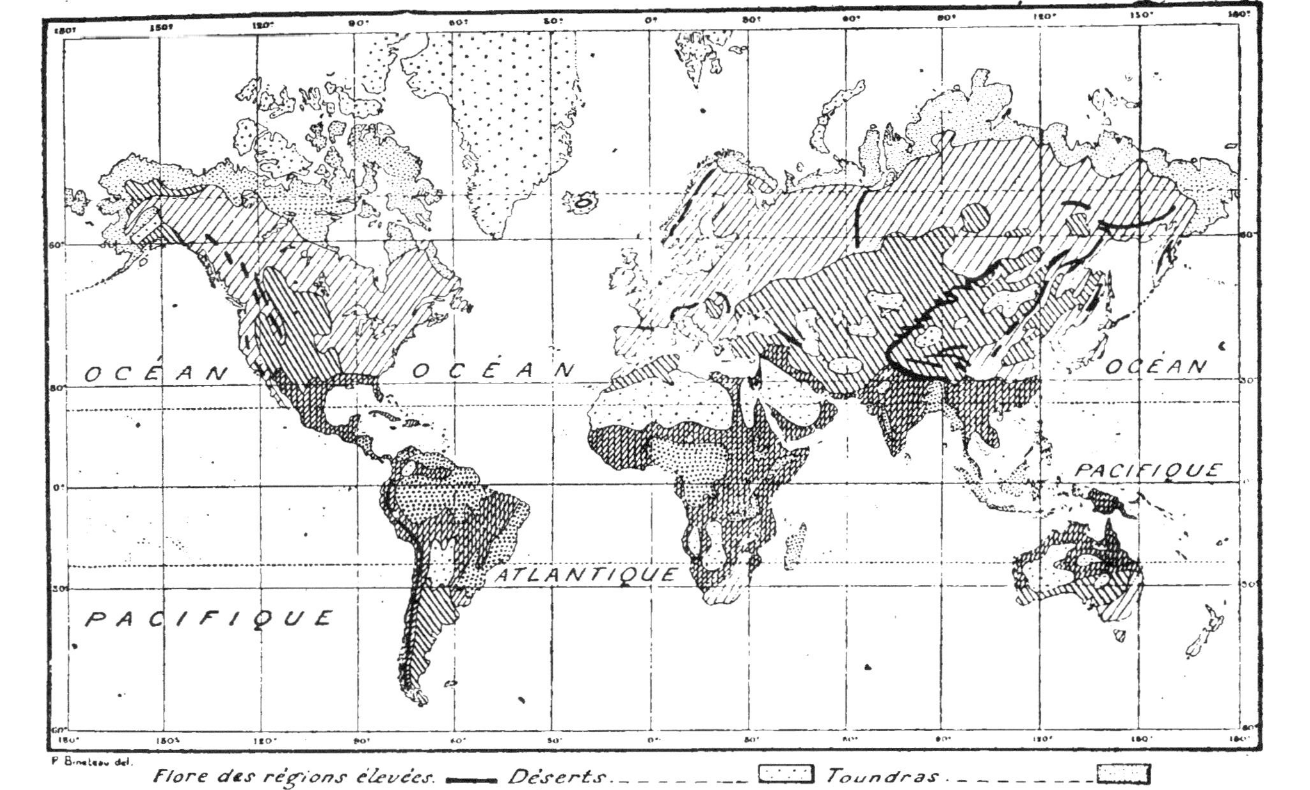

Fig. 16. — Les zones de végétation.

Les États-Unis et l'Allemagne viennent ensuite (120 et 70 millions de tonnes), bien que la seconde de ces deux contrées contienne des richesses naturelles moins considérables ; mais son industrie est plus développée. Enfin la France, l'Autriche-Hongrie et la Belgique produisent la houille en moindre quantité (25, 20 et 18 millions de tonnes).

Le *fer* est très commun et très répandu, mais c'est surtout lorsqu'il se rencontre dans le voisinage de la houille qu'on se livre à son extraction. Aussi est-il exploité surtout en Angleterre, aux États-Unis, en Allemagne et en France. Les mines de *cuivre* les plus importantes sont situées dans le Chili et en Australie ; c'est en Angleterre qu'on travaille ce minerai.

L'*or*, l'*argent* et les *pierres précieuses* sont tirées du sol, l'or en Californie et en Australie, l'argent au Mexique, au Pérou et en Sibérie, le diamant dans la colonie anglaise du Cap et au Brésil.

Deux autres substances minérales, le *sel* et l'huile minérale de *pétrole*, sont l'objet de grandes exploitations industrielles. On extrait le sel soit de mines véritables, comme celles de Wielicza en Galicie, soit de marais salants, dans lesquels on évapore l'eau de mer pour en dégager le sel.

La végétation. — La végétation varie à la surface du globe comme les climats et suivant les mêmes conditions. En général, elle devient plus riche à mesure qu'on se rapproche de l'équateur. Mais il y a des exceptions à cette règle, suivant que l'altitude est plus ou moins considérable, la mer plus ou moins éloignée, la pluie plus ou moins abondante. Il faudrait se rappeler ici ce que nous avons dit à propos des climats : toutes les causes qui font varier la température font varier aussi **la végétation**.

Mais le problème de la végétation est plus complexe encore que celui du climat. Ce sont les conditions de chaleur, d'humidité et de lumière qui déterminent la répartition des plantes.

Les flores. —Il y a, dans la distribution géographique des plantes, des anomalies et des singularités qui ne s'expliquent pas uniquement par des considérations de latitude, de relief et d'exposition. D'une part, aucune espèce ne croît spontanément dans toute l'étendue de la région climatérique où elle pourrait croître. C'est que les mers, les déserts, les montagnes, opposent des obstacles à la dispersion des plantes. La disposition des continents, qui, d'un seul tenant dans les régions boréales, vont en s'effilant vers le sud, a aussi exercé une grande influence à cet égard.

D'autre part, chaque espèce végétale est aussi plus ou moins localisée : à côte d'espèces qui ont une très grande extension et qu'on nomme pour cette raison *cosmopolites*, on en trouve d'autres qui ne se rencontrent que dans une seule contrée, quelquefois sur un seul point du globe. Ainsi les eucalyptus ne se rencontrent que dans la flore indigène de l'Australie; ce n'est cependant pas le seul pays dont le climat leur convienne, puisqu'ils réussissent très bien sur les bords de la Méditerranée, notamment en Algérie, depuis qu'on les y a importés.

L'ensemble des contrées occupées par une espèce ou un genre s'appelle l'*aire de dispersion* de cette espèce ou de ce genre.

C'est *entre les tropiques* que la vie végétale atteint son plus haut degré. Cette zone a sa végétation particulière, dont les espèces sont à la fois variées et gigantesques : les bambous, les palmiers, les bananiers forment dans les régions équatoriales d'immenses et inextricables forêts, presque ininterrompues sur toute la largeur des continents. C'est surtout dans l'Amérique du Sud que cette nature tropicale a un prodigieux développement. Les *selvas* de l'Amazone, par leur étendue en une masse impénétrable, par la variété et la hauteur des arbres qui les composent, sont sans égales sur la surface du globe : elles n'ont de commun que le nom avec les forêts de nos pays.

De chaque côté de cette zone centrale, au nord et au sud, s'étendent des *régions de déserts* qui doivent leur stérilité à l'extrême sécheresse de leur climat ; la chaleur et la lumière sont plus que suffisantes, l'humidité fait défaut. Ces régions sont plus continues, plus larges, dans l'ancien monde que dans le nouveau.

Les *steppes*, qui viennent ensuite dans les deux hémisphères, forment la transition entre le désert et la végétation des zones tempérées. Les pluies sont encore trop rares ou trop inégalement réparties entre les saisons pour permettre la croissance des arbres. Les herbes seules peuvent pousser dans les steppes de l'Asie et de l'Europe orientale, dans les prairies et les pampas de l'Amérique.

Les *pays baignés par la Méditerranée* ont des caractères spéciaux ; ils ressemblent aux steppes en ce qu'ils reçoivent les pluies en hiver ; mais ils ont une végétation arborescente et sont même par excellence le pays des arbres à fruits.

Les *trois continents du sud*, surtout l'Afrique et l'Australie, ne vont guère au delà de cette zone. Ce sont par excellence les continents tropicaux.

Les *continents du nord*, au contraire, qui sont les continents tempérés, présentent encore plusieurs zones, qui ont pour caractère l'interruption de la végétation pendant une partie de l'année, non plus par la sécheresse, mais par le froid. La *vigne*, le *maïs*, l'*orge* ont chacun une limite septentrionale différente, qu'ils ne peuvent franchir ; cette limite est plus élevée dans l'ancien monde que dans le nouveau, en Europe qu'en Asie. Au delà s'étendent les forêts de *pins* qui s'avancent jusqu'au 60ᵉ degré de latitude environ. Puis viennent les contrées polaires, les *toundras*, où ne poussent plus que des mousses et des lichens. Comme les trois continents du nord sont étendus en latitude et en quelque sorte d'un seul tenant, leur flore est plus semblable.

La végétation varie aussi avec l'*altitude*. A mesure qu'on s'élève vers les régions plus froides d'une montagne, on constate un changement d'aspect analogue à celui qu'on observe en s'avançant de l'équateur vers les pôles. A chaque altitude son climat, et à chaque climat ses plantes. Si l'on gravit successivement les pentes de la Cordillère des Andes, dans l'Amérique du Sud, on reste jusqu'à une hauteur de 1 000 mètres dans la zone tropicale de la végétation : on rencontre surtout des palmiers ; de 1 000 à 1 700 mètres le sol se couvre de fougères arborescentes, c'est-à-dire de plantes vivant sous les latitudes qui suivent immédiatement la ligne des tropiques. Jusqu'à 3 000 mètres c'est un nouveau spectacle : pendant cette nouvelle ascension de 1 300 mètres, le voyageur passe dans la région tempérée ; ce sont, comme en France, des chênes et des vignes. Le pin couvre l'espace qui s'étend entre les hauteurs de 3 000 et 4 000 mètres ; puis apparaissent les mousses et les lichens, comme dans les contrées voisines de la zone polaire ; enfin les neiges éternelles, comme autour du pôle lui-même.

Les courants marins, le régime des vents et des pluies, peuvent modifier, par endroits, la végétation comme le climat. Par exemple, l'influence du Gulf-Stream, courant chaud de l'Atlantique, se fait tellement sentir, sur notre côte de Bretagne et aux environs de Cherbourg, que les figuiers et les magnolias y poussent en pleine terre.

Principaux végétaux employés dans l'alimentation, le commerce et l'industrie. — Au premier rang parmi les végétaux que l'homme cultive pour sa nourriture sont les céréales . Dans la zone tempérée, on récolte surtout le *blé*, dont les plus grandes quantités sont produites dans les États-Unis d'Amérique, dans la Russie méridionale et en France. L'*orge* et l'*avoine*, céréales moins nutritives, croissent dans les contrées septentrionales de la même zone.

Dans la zone tropicale, et d'une manière plus générale dans les pays chauds, c'est le *riz* qui remplace le blé : le sud de la Chine, l'Inde, la Cochinchine sont les plus grands foyers de production du riz. Cette culture est très développée dans la colonie française de Cochinchine et au Tonkin.

Outre les céréales, quelques *plantes alimentaires* sont l'objet d'une culture toute spéciale. Les régions tempérées ont la *vigne*, qui se plaît dans les parties chaudes de cette zone, en France, en Espagne, en Italie, en Grèce, en Asie Mineure et en Algérie. Aux pays tropicaux appartiennent le *dattier*, le *bananier*, arbres aux fruits abondants, et d'une culture facile, puis le *manioc*, racine farineuse qui fournit le tapioca.

La *canne à sucre*, le *café* sont des produits de la zone tropicale : la première plante est surtout cultivée dans les Antilles et au Brésil ; la seconde dans ces mêmes contrées, et de plus à Java. Le *thé*, qui se consomme surtout en Asie, en Russie et en Angleterre, est fourni par un arbrisseau originaire de la Chine ou du Japon, et acclimaté dans les Indes anglaises : sa culture demande un climat moins chaud que celle du café et de la canne à sucre.

Pour se vêtir, l'homme transforme en tissus certains produits végétaux, en particulier le *coton*. Cette plante textile donne une production remarquable dans les provinces méridionales des États-Unis d'Amérique : l'industrie du coton est développée, en première ligne, dont le comté anglais de Lancastre, à Liverpool, dans les produits à bon marché inondent le monde entier. La France, la Belgique et l'Allemagne ont une industrie cotonnière moins avancée.

Les animaux. — Chaque zone et chaque climat ont leurs animaux comme leurs végétaux, bien que les espèces animales soient moins régulièrement réparties à la surface de la terre que les espèces végétales. Un animal peut vivre plus aisément qu'un végétal sous des latitudes et à des altitudes différentes, changer avec moins de danger ses conditions naturelles d'existence, c'est-à-dire s'acclimater.

Cependant il y a des distinctions fondamentales entre la faune des régions tropicale, tempérée et glaciale. Dans les contrées tropicales, les espèces sont moins variées, mais les individus qui les composent sont de dimensions plus fortes. L'éléphant, l'hippopotame, le tigre, les énormes serpents, comme le boa, en sont des exemples. Nos pays ont au contraire des espèces nombreuses, mais dans chaque espèce les animaux sont d'une moindre taille. Dans la zone arctique, les espèces sont peu variées, mais les animaux de chaque espèce très nombreux ; ils sont recouverts d'épaisses fourrures, comme l'ours blanc, le renard blanc, l'hermine, le bœuf musqué : les oiseaux au duvet blanc et épais abondent aussi dans les régions polaires. On sait que la cause des premières explorations dans les contrées boréales a été la recherche des fourrures, précieux objets de commerce.

Pour les animaux comme pour les plantes, les ressemblances et les différences entre les diverses contrées ne peuvent s'expliquer uniquement par les conditions climatériques ou physiques. Il faut invoquer les facilités ou les obstacles opposés aux migrations par la configuration actuelle des continents et par la configuration qu'ils ont eue aux époques géologiques antérieures. Par exemple la Nouvelle-Zélande ne compte aucun mammifère indigène, quoiqu'elle soit très bien disposée pour les nourrir. L'Australie n'a que des marsupiaux qui par la bizarrerie de leurs formes ne ressemblent pas aux animaux des faunes actuelles. L'Amérique n'a pas d'éléphants, Madagascar n'a pas de singes, mais possède des mammifères particuliers, les Lémuriens. Dans l'archipel Malais, toutes les îles situées à l'ouest du canal étroit qui sépare les deux îles de Bornéo et de Célèbes ont une faune qui ressemble à celle de l'Inde : l'éléphant, le tapir, le rhinocéros, le bœuf sauvage, y ont pénétré. Au contraire, toutes les îles à l'est de cette ligne ont la faune de l'Australie.

Les animaux sont employés à l'alimentation de l'homme, qui les chasse ou les élève dans ce dessein ; mais ils servent surtout à transporter de lourds fardeaux, ou sont les auxiliaires des voyageurs et des armées. Le cheval, dans les pays de plaines, le mulet dans les régions montagneuses, le chameau pour le transport des marchandises d'un grand poids à travers des contrées dépourvues d'eau, sont les plus précieux serviteurs de l'homme. D'autres animaux fournissent des matières employées dans l'industrie : les moutons, qu'on élève en troupeaux innombrables dans l'Australie et dans l'Amérique du Sud, donnent leurs toisons de laine que tissent nos grandes usines d'Europe. L'Italie, la France et l'Allemagne travaillent les cocons des vers à soie, élevés soit en Europe, soit surtout en Chine.

Produits de la mer ; pêcheries. — La mer contribue aussi à éveiller l'industrie de l'homme : de ses marais on extrait le sel ; les innombrables poissons que l'on pêche dans ses eaux sont l'aliment ordinaire des peuples établis sur les côtes. L'industrie apprend à les conserver, à en retirer toutes sortes de produits, parmi lesquels l'huile. Les poissons, comme les animaux terrestres et les oiseaux, sont distribués géographiquement en régions dans les profondeurs de la mer. Chaque espèce recherche des conditions particulières de température, fréquente régulièrement les mêmes parages, ce qui permet aux pêcheurs de compter sur les produits de la mer comme les laboureurs comptent sur les moissons. Ainsi les morues s'amassent dans les parages de Terre-Neuve, parce qu'elles y rencontrent le courant du Gulf-Stream, dont les eaux trop chaudes arrêtent leur migration comme une barrière.

La mer recèle d'autres richesses : le corail, que des pêcheurs d'origine italienne, naturalisés français, recueillent sur les côtes d'Algérie, et les éponges, que les hardis plongeurs grecs vont chercher dans l'Archipel ou sur le littoral de la Tripolitaine jusqu'à des profondeurs de 30 et 40 mètres. Enfin, du golfe Persique et de la côte ouest du Mexique viennent les perles

CHAPITRE II

Répartition des races humaines. — On évalue à environ 1 milliard 500 millions le nombre des hommes qui vivent à la surface du globe. Bien que l'homme puisse supporter beaucoup mieux que les animaux les variations de température et les changements de climat, et que grâce à son industrie il résiste aux chaleurs équatoriales comme aux froids polaires, on peut dire cependant, d'une manière générale, qu'il est soumis aux influences de l'altitude et de la latitude, comme les végétaux et les animaux. L'espèce humaine ne réussit pas à fonder des établissements durables au delà du 70ᵉ degré de latitude. De même, sur les flancs des montagnes, il est un moment où l'on cesse de rencontrer des habitations. Par exemple, dans les Alpes, il n'y a plus d'agglomération humaine à une altitude de 1 800 mètres.

Ajoutons que, suivant l'exposition, la fertilité ou la stérilité du sol, et toutes sortes de conditions naturelles, les hommes sont répartis très inégalement sur la terre. Certains déserts sont presque complètement dépourvus d'habitants, exception faite des nomades qui les traversent. Les contrées de la zone glaciale et celles qui les avoisinent sont également presque vides : la Sibérie n'a pas 4 habitants par 1 000 hectares. D'une manière géné-

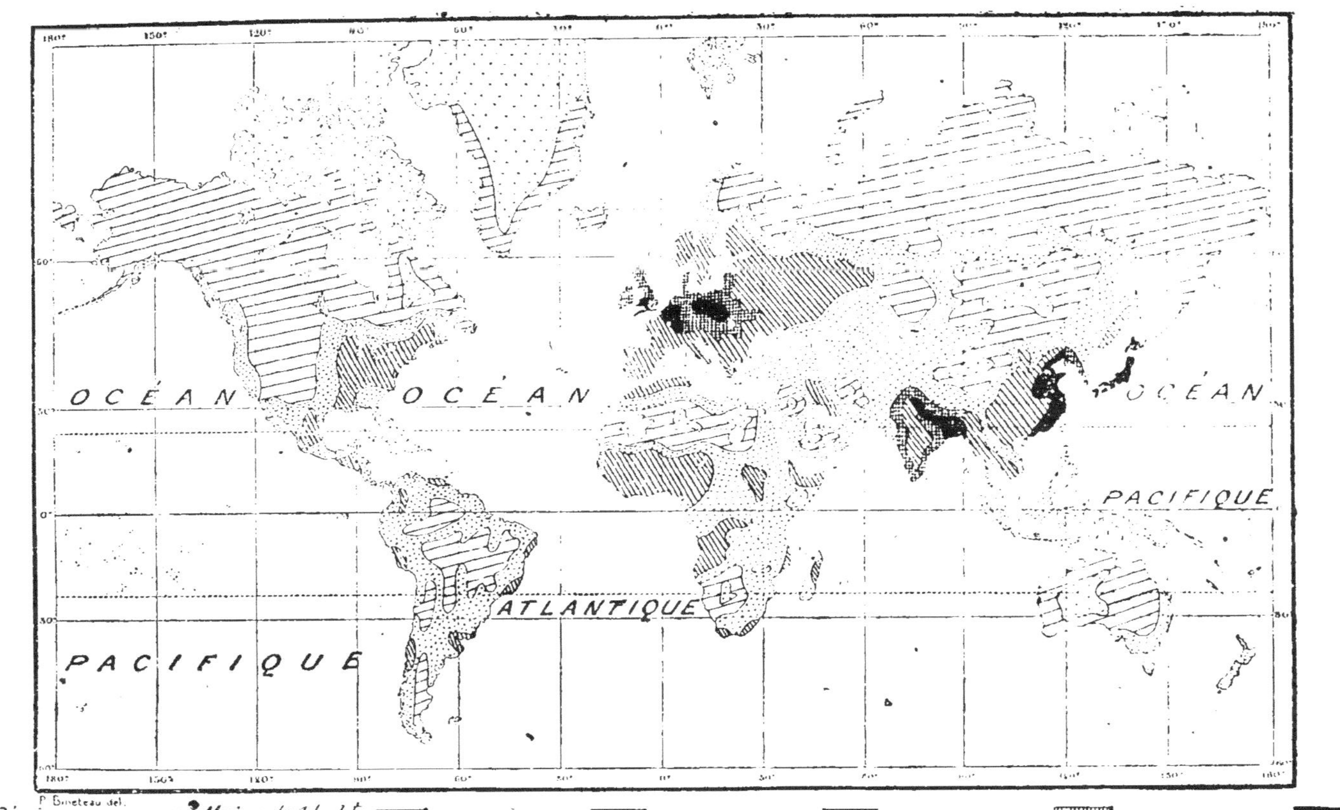

Fig. 17. — Densité de la population.

rale, la densité de la population est surtout considérable dans la zone tropicale et dans la zone tempérée de l'hémisphère nord.

Il y a actuellement à la surface du globe quatre grands centres de population : la Chine, qui a 100 habitants par kilomètre carré ; l'Inde, qui en a 75; l'Europe, qui en a 35; les États-Unis orientaux, qui en ont 50. Les autres régions du globe n'approchent pas des chiffres qu'atteignent ces grandes agglomérations.

Division en races. — On a coutume de diviser les hommes en trois races : 1° la *race blanche*; 2° la *race jaune*; 3° la *race noire*, Mais à ces trois types principaux il convient d'en ajouter plusieurs autres dont les représentants sont moins nombreux. On désigne donc les trois grandes races sous le nom de *races principales*, et les autres par le terme de *races secondaires*.

Race blanche. — Les caractères principaux de la race blanche sont : d'abord, comme le nom l'indique, le teint blanc, plus ou moins clair ou foncé, selon le climat, puis, la taille assez élevée, les membres heureusement proportionnés, les cheveux souples et longs, le front large, le nez saillant et les paupières fendues dans le sens horizontal.

Les peuples de race blanche que l'on appelle aussi peuples de race indo-européenne, habitent presque toute l'Europe, le sud-ouest de l'Asie, le nord et le nord-est de l'Afrique. Mais leurs colonies se sont établies dans toutes les autres parties du monde ; ils se sont répandus hors de leur domaine primitif dans une partie de l'Asie, dans les deux Amériques, en Australie et sur les côtes d'Afrique.

Race jaune. — La race jaune se distingue, outre son teint d'un blanc jaunâtre, par les traits suivants : taille

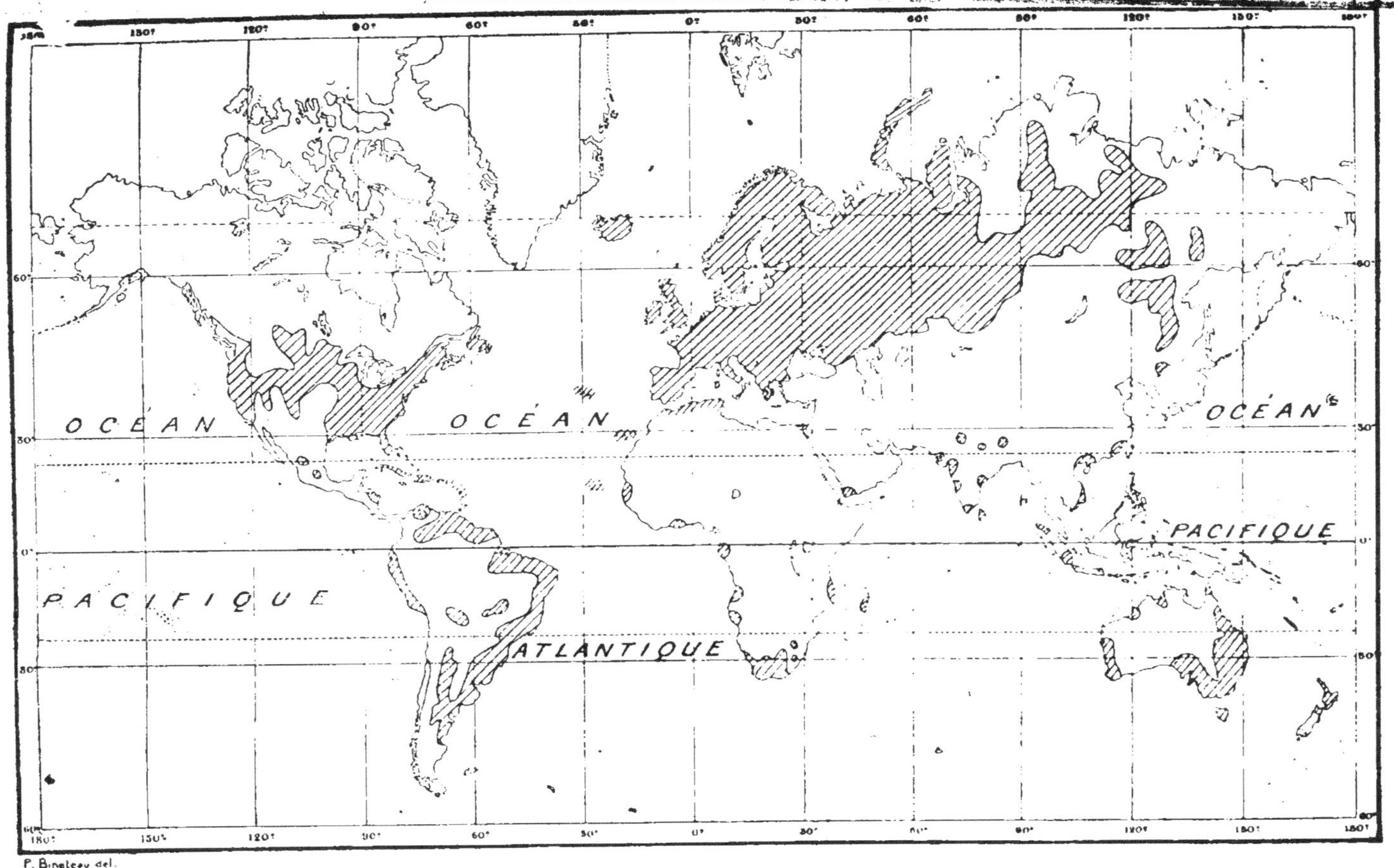

Fig. 18. — Expansion des Européens.

moyenne, cheveux droits, brillants et noirs, visage aplati, pommettes saillantes, yeux écartés, paupières obliques et comme bridées, nez épaté.

Cette race occupe une très grande partie de l'Asie, surtout les régions du nord, du centre et de l'est, et

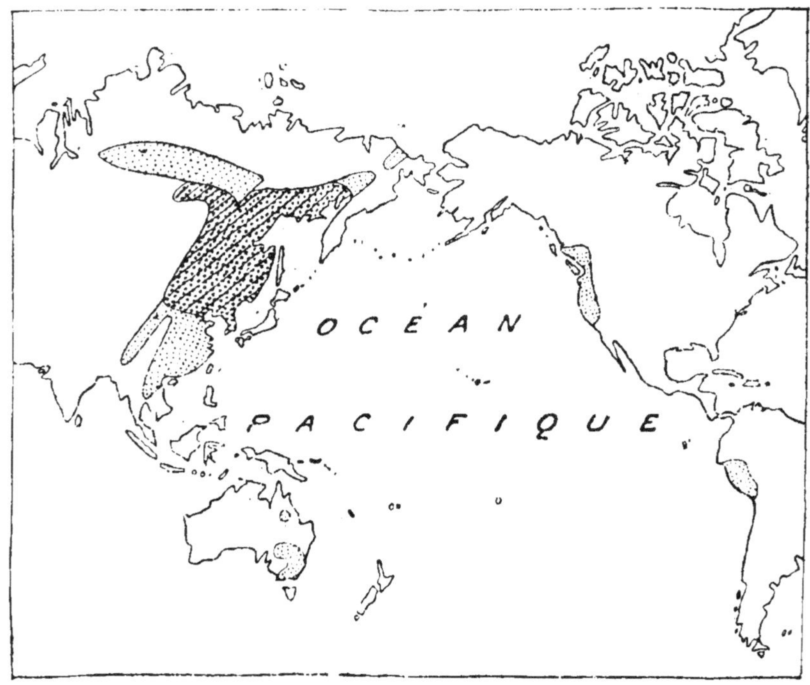

Fig. 19. — Race jaune.

quelques contrées de l'Europe, en particulier la vallée inférieure de la Volga. Elle comprend : en Asie, les Mongols, les Chinois, les Annamites qui habitent l'Indo-Chine, les peuples du Turkestan occidental; en Europe, les Samoïedes, établis sur les bords de la mer Blanche, les Finnois répandus en Finlande, en Livonie et en Esthonie, provinces riveraines de la mer Baltique, les Turcs, et les Madgyars de Hongrie et de Transylvanie.

De l'Asie orientale, qui est son principal domaine, la race jaune, représentée par les Chinois, envahit l'archipel Malais et une partie des pays baignés par le Pacifique.

Race noire. — Le type de la race nègre, ou africaine, ainsi appelée parce qu'elle prédomine surtout en Afrique, offre encore un aspect différent. Le nègre a les cheveux

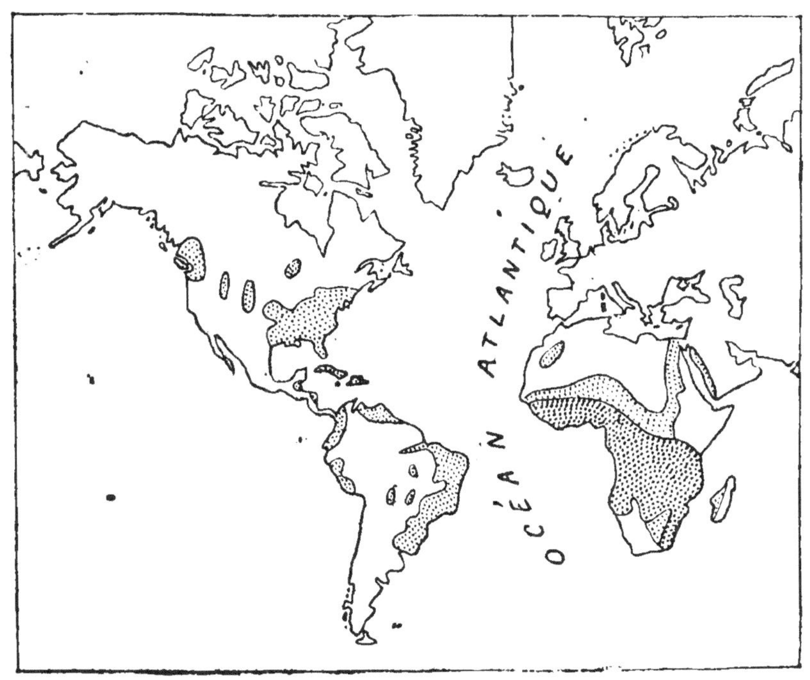

Fig. 20. — Race noire.

courts, noirs et crépus ; sa peau est tantôt noir de jais, tantôt gris cendré, et varie entre ces deux nuances ; ses yeux sont à fleur de tête, son nez large et épaté à la base, sa bouche est grande, ses lèvres épaisses, sa mâchoire inférieure saillante, et son menton en retrait.

Les nègres originaires de l'Afrique équatoriale ont été dispersés par la traite des esclaves sur tout le pourtour de l'Atlantique, sauf en Europe.

Races secondaires. — Enfin il existe aussi des types humains intermédiaires entre les trois précédents, et qui présentent à différents degrés un mélange des caractères physiques propres aux grandes races.

Les principales races secondaires sont :

1° La *race boréale:* comme son nom l'indique, les hommes de cette race habitent les régions les plus voisines du pôle boréal ; ils sont inégalement répartis au nord-est et au nord-ouest de l'Asie, et au nord de l'Amérique septentrionale. Leurs tribus les plus connues sont celles des Groenlandais et des Esquimaux.

Ces peuples ont la taille petite, la peau grisâtre, les cheveux noirs, rares, mais longs, le visage creusé à la naissance du nez, les pommettes saillantes, les yeux noirs, les paupières faiblement fendues.

2° La *race américaine :* c'est la race qu'assujettirent les premiers conquérants européens de l'Amérique, et que la colonisation refoule aujourd'hui de plus en plus à l'intérieur des terres. Elle comprend un grand nombre de peuplades répandues dans les deux Amériques.

L'Américain est de plus haute taille ; son corps est bien proportionné et fortement musclé, le teint varie depuis le rouge cuivré jusqu'au jaune ; le front est bas, les yeux enfoncés et petits, le nez aquilin.

3° La *race malaise ou polynésienne*. — Cette race a peuplé les archipels du Grand Océan et de la mer des Indes : elle se compose d'un grand nombre de tribus dont les unes rappellent par leur physionomie la race noire, les autres la race jaune.

4° La *race australienne*, qui occupe l'Australie et quelques

îles du voisinage, est destinée sans doute à disparaître
à mesure que la colonisation européenne se développera
dans les parages océaniens.

**Influence de la nature sur l'homme et de l'homme sur
la nature**. — L'homme, quoique plus libre à l'égard des
conditions que la nature impose aux plantes et aux espèces
animales, n'en est cependant pas absolument affranchi.
Chaque race humaine a besoin d'une température et d'un
climat particuliers: et lorsque des émigrants européens
vont peupler des régions situées sous d'autres latitudes que
leurs pays d'origine, ils obéissent encore, dans une
certaine mesure, aux lois naturelles. Les Anglais, les
Allemands, les Français du nord, se portent de préférence
vers les contrées d'Amérique qui leur offrent les conditions
d'existence les plus voisines de celles du nord de l'Europe.
Au contraire, les colonies composées d'hommes de
l'Europe méridionale, Espagnols, Français du midi,
Italiens, s'établissent dans les pays chauds, en Algérie
et dans les régions chaudes et sèches de l'Amérique du
Sud. Enfin, si l'homme change de pays et quitte par
exemple la zone tempérée, il compense par l'altitude le
changement de latitude : ainsi les Européens et descendants d'Européens prospèrent au Mexique et au Pérou,
parce qu'ils trouvent, grâce à l'élévation des plateaux
qui couvrent ces deux contrées, un climat tempéré sous
une latitude tropicale.

L'homme ne change pas seulement pour lui-même les
conditions naturelles : il acclimate comme lui les plantes
et les animaux. Parmi les plantes les plus utiles à la
nourriture de l'Européen est la pomme de terre, importée
d'Amérique. Les colons européens ont accompli des
prodiges dans l'art d'acclimater des animaux sur les
territoires du Nouveau Monde. L'Australie et les Répu-

bliques de l'Amérique du Sud (Uruguay, Paraguay), où l'élevage des animaux de trait et de boucherie a été importé d'Europe, rendent aujourd'hui au centuple ce qu'elles ont reçu il y a si peu d'années. La laine des moutons d'Australie alimente en grande partie les usines de la vieille Europe.

La vie civilisée et la vie sauvage. — On peut distinguer quatre états différents de civilisation, entre lesquels il y d'ailleurs des degrés et des transitions innombrables, mais qui marquent les rapports de l'homme avec la nature : ce sont la vie sauvage, la vie pastorale, la vie agricole et la vie industrielle.

La *vie sauvage* est celle des peuplades qui se nourrissent exclusivement de chasse et de pêche, ou des fruits que la terre produit sans culture, en un mot des ressources entièrement spontanées du sol et de la mer. Les habitants de la zone glaciale, les Esquimaux par exemple, sont demeurés des peuples chasseurs, la rigueur du climat leur interdisant tout autre genre de vie. Beaucoup d'habitants de la zone tropicale sont aussi restés à l'état sauvage pour une raison inverse : les climats chauds et humides fournissant à l'homme, sans effort de sa part, toutes les choses nécessaires à la vie, ne l'ont pas excité au travail et au développement de ses facultés.

La *vie pastorale et nomade* est déjà supérieure, puisque les hommes demandent aux troupeaux le lait et la viande pour leur nourriture, la laine pour leur vêtement. Ce genre de vie est en quelque sorte imposé dans les déserts où la végétation est temporaire et peu abondante. C'est celui des Turcomans et des Arabes dans les déserts d'Asie, des Touaregs dans le Sahara.

La *vie agricole* se caractérise par la fixation de l'homme au sol qu'il cultive et auquel il fait produire des récoltes. Elle est possible partout où le climat, le sol, les eaux offrent des conditions favorables C'est actuellement celle de la très grande majorité des hommes. Les plus anciennes civilisations agricoles sont celles de l'Inde et de la Chine, établies sur le bord des grands fleuves de la zone tropicale. Mais les deux zones tempérées, surtout celle de l'hémisphère boréal, sont les parties de la surface du globe qui ont le mieux favorisé le progrès de l'espèce humaine. L'homme y a atteint le plus haut degré de civilisation ; c'est là qu'il a pu faire succéder à la vie agricole la *vie industrielle*.

Dans cet état, l'agriculture demeure une importante richesse, mais elle cesse d'être l'unique ou, même parfois, la principale ressource.

Par la vapeur, l'électricité, par tant d'autres grandes découvertes scientifiques, l'homme s'est approprié les énergies de la nature. Il réagit incessamment sur la terre ; les forces géographiques, toutes-puissantes à l'origine, diminuent d'importance dans un état de civilisation plus avancé. L'homme, d'abord dominé par la nature, est arrivé à la dominer à son tour de plus en plus, mais sans jamais s'en affranchir complètement.

Sujets de devoirs. — 1. Principales cultures de la zone tropicale. — 2. Principales cultures de la zone tempérée. — 3. Citer les principaux peuples nomades ; quelles raisons leur ont fait conserver ce genre de vie ? — 4. Citer les principaux peuples industriels du globe ; — cause de leur supériorité. — 5. Expansion de la race noire. — 6. Influence des déserts, des plateaux, des montagnes sur la séparation des États et des peuples. Les montagnes séparent-elles toujours les peuples ? — Expliquer le rôle des Alpes à cet égard. — 7. Comment et dans quelle mesure la géographie physique explique-t-elle la situation des capitales dans les États de l'Europe ? — 8. Influence de la géographie physique sur la situation des grands ports de l'Europe.

Lectures. — Élisée Reclus, Les continents, L'océan, L'atmosphère, La vie, Les phénomènes terrestres (édition abrégée des ouvrages précédents), Histoire d'un ruisseau, Histoire d'une montagne. — Vidal-Lablache, La terre. — Saigey, Petite physique du globe. — Zurcher et Margollé, Les météores. — Maury, Géographie physique de la mer (traduction française). — Humboldt, Tableaux de la nature, La nature, Journal de la jeunesse, Magasin pittoresque, Musée des familles, Nombreux articles.

SIXIÈME PARTIE

LES CONTINENTS

Disposition des continents; parties du monde. — Nous avons vu que l'hémisphère boréal, qui comprend la plus grande partie des terres habitées, est appelé pour cette raison hémisphère continental, tandis que l'hémisphère austral est appelé océanique pour une raison contraire. Cependant on pourrait considérer l'Australie comme un véritable continent austral, à cause de sa grande étendue.

On divise généralement la masse des terres qui occupent la surface du globe en deux parties, l'ancien et le nouveau continent.

L'*ancien continent* se compose des régions connues complètement ou en partie avant les grandes découvertes de la fin du xve siècle, c'est-à-dire de l'Europe, de l'Asie et de l'Afrique.

Le *nouveau continent* comprend au contraire les pays explorés depuis cette époque, savoir : les deux Amériques et l'Australie. Cette dernière île, isolée dans l'hémisphère sud, peut être regardée comme un troisième continent.

L'ancien continent se subdivise lui-même en trois par

ties : l'*Europe*, l'*Asie* et l'*Afrique* ; le nouveau continent est formé par l'*Amérique* (du Nord et du Sud). Enfin un cinquième groupe embrasse, sous le nom général d'*Océanie*, un grand nombre d'îles répandues à la surface de l'Océan.

Il ne faut pas attacher trop d'importance à cette division : elle a été imaginée par les anciens, qui ne connaissaient, outre l'Europe méridionale et occidentale, qu'une très faible partie de l'Asie et de l'Afrique; la division ne pouvait être bonne, puisque les géographes de l'antiquité ne savaient pas de quoi est composé l'ensemble qu'on appelle ancien continent. Les limites entre les différentes « parties du monde » sont loin d'être aussi nettes qu'on se l'imagine parfois et les géographes seront sans doute amenés à renoncer à cette classification artificielle.

La surface totale occupée par les terres émergées est d'environ 138 millions de kilomètres carrés. Les trois parties de l'ancien continent couvrent environ les deux tiers de cette superficie.

L'*Asie* compte 42 millions de kilomètres carrés de surface. C'est plus que l'Europe et l'Afrique réunies. Elle est tout entière comprise dans l'hémisphère boréal; ses trois péninsules méridionales, l'Arabie, l'Inde et l'Indo-Chine, sont situées en grande partie dans la région tropicale de cet hémisphère; la plus grande partie des terres de l'Asie appartient cependant à la zone tempérée boréale ; enfin, une bande de ses contrées les plus septentrionales dépasse le cercle polaire. L'Asie est comme le tronc de l'ancien continent, dont l'Afrique et l'Europe sont les péninsules.

L'*Europe* a 10 millions de kilomètres carrés. Elle est située presque tout entière dans la zone tempérée de l'hémisphère nord. Elle n'est point nettement séparée de l'Asie, qu'elle termine et complète à l'ouest. Sur bien des points, elle n'est pas plus distincte de l'Afrique. Les mers, surtout lorsqu'elles ont une faible étendue, ne sont pas toujours une séparation. La Méditerranée est comme un lac dont plusieurs pays sont riverains, et en plusieurs endroits les rivages sont très rapprochés. Toutes les terres baignées par cette mer intérieure ont un air de famille, et il faut s'habituer à les grouper ensemble.

L'*Afrique* compte 30 millions de kilomètres carrés ; elle est à peu près trois fois grande comme l'Europe. C'est une vaste péninsule qui ne tient à l'Asie que par l'isthme de Suez, aujourd'hui percé d'un canal. La plus grande partie de son territoire est comprise entre les deux tropiques, c'est-à-dire dans la zone torride : elle appartient donc à la fois à l'hémisphère boréal et à l'hémisphère austral. Ses extrémités, au nord et au sud, sont situées dans les zones tempérées de ces deux hémisphères.

L'*Océanie* couvre à peu près 11 millions de kilomètres carrés : c'est plus que la superficie de l'Europe ; sur ce nombre l'Australie seule représente plus de 7 500 000 kilomètres carrés. L'Océanie n'est pas, à proprement parler, un monde à part. Au sud-est et à l'est de l'Asie, les grandes îles Malaises sont une dépendance de ce continent et forment le lien entre l'Asie et l'Australie. Cette dernière terre n'est pas plus séparée de l'Asie par les petites Méditerranées de l'archipel malais que l'Afrique de l'Europe par notre Méditerranée. L'Australie et la Malaisie, comme l'Afrique, prolongent l'ancien continent dans l'hémisphère austral. Outre ce groupe, l'Océanie se compose d'un grand nombre d'autres îles semées à la surface du Pacifique dans les deux hémisphères et ne se rattachant par leur voisinage à aucun continent.

Les *Amériques* ont 42 millions de kilomètres carrés, à peu près la superficie de l'Asie. L'Amérique du Nord comprend des régions de l'hémisphère boréal situées dans les trois zones tropicale, tempérée et glaciale. L'Amérique centrale et les Antilles forment une transition avec l'Amérique du Sud. Ce dernier continent est situé en très grande partie dans l'hémisphère austral ; bien qu'il s'étende sur une grande longueur du nord au sud, la plus grande partie de son territoire est située dans la zone tropicale, et il n'appartient à la zone tempérée du sud que par ses régions les plus étroites.

On remarquera que les terres de l'ancien continent sont situées en majeure partie dans l'hémisphère boréal, tandis que les deux Amériques sont très allongées du nord au sud. De plus, les continents et les océans se correspondent d'une manière symétrique : les océans sont très ouverts au sud et vont en se rétrécissant vers le nord. Les continents au contraire s'élargissent et se rapprochent dans l'hémisphère nord ; dans l'hémisphère sud, ils s'amincissent et se terminent en pointes (cap Horn, cap de Bonne-Espérance).

Les trois continents du nord, Asie, Europe et Amérique septentrionale, ont entre eux des analogies remarquables qui les distinguent aisément des trois continents méridionaux ; leurs découpures sont profondes et nombreuses, leurs péninsules plus développées. Au sud au contraire, l'Afrique, l'Australie et l'Amérique du Sud ont des formes lourdes, uniformes, monotones. Il est impossible de ne pas être frappé surtout de la grande ressemblance que présentent l'Afrique et l'Amérique du Sud à cet égard.

Les *terres polaires* de l'hémisphère nord sont réparties entre l'Europe, l'Asie et l'Amérique, suivant leurs positions en longitude ; les plus considérables avoisinent l'Amérique. Les régions polaires australes sont rattachées à la partie océanique du monde ; elles sont d'ailleurs très mal connues.

CHAPITRE PREMIER

§ I.

Situation, dimensions et forme générale de l'Asie. — L'Asie est la masse principale des terres qui forment l'ancien continent. Sa superficie couvre 42 millions de kilomètres carrés, c'est-à-dire plus que l'Europe et l'Afrique réunies.

Depuis le cap Tchéliouskine sur les côtes sibériennes jusqu'à l'extrémité la plus méridionale, il y a près de 75 degrés de latitude : le cap Tchéliouskine touche aux régions polaires, le cap Romania qui termine la presqu'île de Malacca borde presque l'équateur. L'étendue de l'Asie dans la longueur n'est pas moins considérable : les côtes de l'Asie Mineure touchent au 24ᵉ degré de longitude est; le 170ᵉ degré méridien traverse le détroit de Bering. L'Asie mesure donc plus de 145 degrés de longitude.

L'Asie est tout entière comprise dans l'hémisphère boréal. Ses péninsules méridionales, l'Arabie, l'Inde et l'Indo-Chine, sont situées en grande partie dans la région tropicale de cet hémisphère ; la plus grande portion de ses terres appartient cependant à la zone tempérée boréale ; enfin, une bande de ses contrées les plus septentrionales dépasse le cercle polaire. Dans son ensemble l'Asie forme au centre un immense plateau bordé au nord, à l'ouest et au sud, par de vastes chaînes de montagnes, les plus hautes du monde ; à l'est, le plateau s'élargit, s'abaisse, s'ouvre en éventail et est profondément entaillé par la mer. Celle-ci a séparé du continent de grandes masses de terre qui font à l'Asie comme une ceinture d'archipels. Au nord de ce plateau central s'étend une vaste plaine, la Sibérie ; au sud, de massives péninsules s'attachent au plateau (Arabie, Inde, Indo-Chine) ; à l'ouest, d'autres plateaux continuent le plateau central jusqu'à la Méditerranée.

§ II. — **Le relief de l'Asie.**

Caractère général. — L'Asie est la partie du monde qui présente les montagnes les plus considérables et les plus élevées. Son relief se compose :

1° D'un énorme amoncellement de montagnes et de plateaux occupant tout le centre du continent et se continuant à l'est et à l'ouest par de hauts plateaux ou par de vastes chaînes de montagnes, les plus hautes du monde ;

2° De quelques grandes plaines, bordant ces régions montagneuses au nord, à l'est et au sud.

Le plateau de Pamir et ses dépendances. — Le nœud orographique du relief asiatique est constitué par le *plateau de Pamir*, égal en superficie au plateau central français (80 000 kilom. q.), mais qui lui est bien supérieur en altitude (hauteur moyenne : 4000 m.). Son importance lui a fait donner par les Hindous le nom de « Toit du monde ».

A ce plateau s'attachent trois énormes chaînes, au nord les *Thian-Chan*, au centre le *Karakoroum* et le *Kouen-Lun*, au sud l'*Himalaya*, constituant les branches maîtresses d'un immense éventail, enfermant entre elles un ensemble de plateaux égal en superficie aux deux tiers de notre petite Europe (6 000 000 kilom. q.).

L'*Himalaya* forme un arc de cercle de 2 200 kilomètres de longueur, occupant une superficie plus grande que celle de la France (600 000 kilom. q. environ). C'est une série de gradins présentant les plus hauts sommets du monde (le Gaourisankara, 8 840 m. d'élévation); ses cols, rares comme

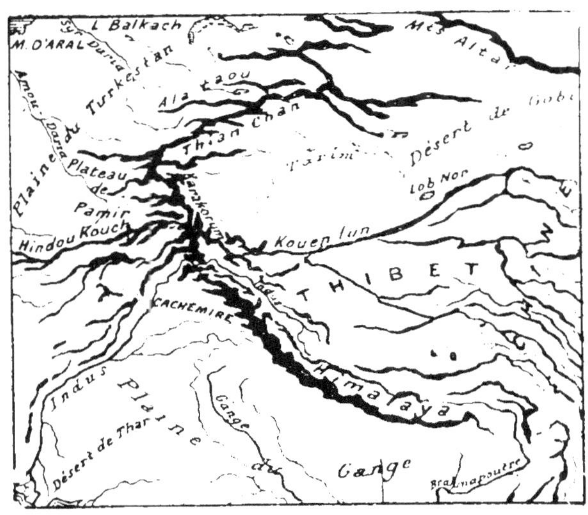

Fig. 21. — Hautes régions de l'Asie centrale.

ceux des Pyrénées, sont situés à une altitude dépassant les plus hauts sommets des Alpes. L'Himalaya élève brusquement ses forêts, ses pentes dénudées, ses neiges éternelles au-dessus de la vallée du Gange; sur son revers septentrional, il se continue par le vaste plateau du Tibet.

Le *Tibet* forme un plateau d'une altitude moyenne de 4 000 mètres, présentant ici des arêtes rocheuses, là des lacs presque constamment gelés; il n'est guère parcouru que par des nomades turcs ou mongols. A l'ouest, il se rattache au Pamir par la chaîne de *Karakoroum*, rivale

de l'Himalaya par l'altitude de ses sommets (le Dapsang
a 8680 m.), supérieur à celui-ci par le **nombre et l'étendue de ses glaciers, les plus grands du monde, après ceux
des terres polaires. Au nord se dresse la chaîne du *Kouen-
Lun* plus longue que l'Himalaya (4000 kilom.) mais moins
élevée (les sommets les plus élevés n'y atteignent que
7000 m.). A l'est commence un faisceau de chaînes
parallèles, encore mal connues, séparées les unes des
autres par de grands fleuves. Elles s'allongent comme une
famille de chenilles sur toute la péninsule de l'Indo-
Chine, et l'une d'elles va finir à l'extrémité méridionale
de la presqu'île de Malacca. Plus à l'est ces montagnes
s'achèvent vers la mer par les hauteurs qui couvrent la
Chine méridionale, véritable « dédale » de montagnes et
de collines médiocrement élevées.

Enfin au nord du plateau de Pamir se détachent vers le
nord-est les monts *Thian-Chan*, plus longs à eux seuls que
les Alpes et les Pyrénées (2500 kil. de long.), occupant
une superficie double de celle de la France (1 million de
kilom. q.), d'une altitude moyenne fort élevée. Un des
chaînons, sur une longueur de 100 kilomètres, ne présente
aucun sommet inférieur à 5000 mètres. A ces montagnes
fait suite l'*Altaï*, quadrilatère d'une hauteur moyenne de
1200 à 1500 mètres avec des sommets de 3000 mètres.
Toutes ces chaînes, orientées dans le sens des parallèles,
se continuent alors par les *monts de Sibérie* beaucoup
moins élevés, qui affectent de plus en plus la forme de
plateaux et de collines et vont finir au détroit de Béring.

Entre ces montagnes et le Kouen-Lun, s'étend une région beaucoup moins élevée que le Tibet (altitude
moyenne: 1000 m.) mais aussi désolée. C'était autrefois une
mer aussi vaste que la Méditerranée, qui en se desséchant
a fait place à un affreux désert, aride, inculte, coupé
seulement de quelques dunes, le grand désert de *Gobi* ou

de *Cha-mo*. Ces solitudes sont limitées vers l'est par les montagnes de la *Mongolie*, que quelques grandes plaines

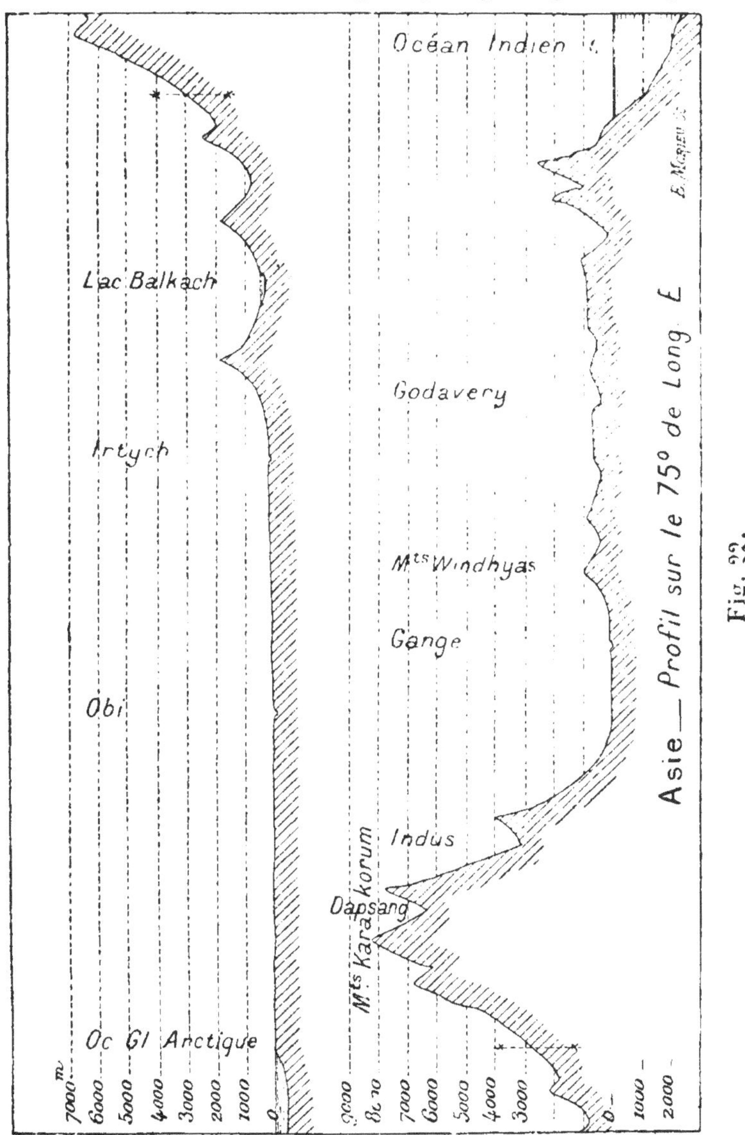

Fig. 22.

séparent des montagnes escarpées riveraines de la mer du **Japon**.

Le relief occidental de l'Asie. — A l'est du plateau de Pamir sont les grandes chaînes ; à l'ouest, le relief se compose d'une série de plateaux successifs.

L'*Hindou-Kouch*, longue chaîne présentant des sommets de 6000 à 7500 mètres et des cols de 4000 à 5000, rattache au Pamir le plateau de l'*Iran*. Ce plateau forme un rectangle d'environ 1 000 mètres de hauteur, fortement déprimé en son centre où s'étend un désert salin. Sa superficie est quatre fois celle de la France (2 200 000 kilomq.). De hautes chaînes en marquent les bords.

Par les monts de *la Perse* au sud, par la chaîne de l'*Elbourz* au nord où le *Demavend* domine la mer Caspienne, il se rattache au *plateau Arménien*. Celui-ci avec ses grands lacs, ses nombreux sommets, est lui-même dominé par le mont Ararat.

Le plateau Arménien joue en plus petit, dans l'Asie occidentale, le rôle du plateau de Pamir dans l'Asie centrale. Vers le sud-est il soutient l'Iran ; vers le nord il se relie au Caucase ; vers l'ouest, il s'appuie au plateau d'Asie Mineure.

Le *Caucase* forme une barrière rigide de 1 200 kilomètres de long, avec les deux hauts sommets de l'*Elbourz* (5646 m.) et du *Kasbeck* (5044 m.), franchissable seulement à ses deux extrémités et au centre par l'étroit défilé de *Dariel*.

L'*Asie Mineure* forme un plateau un peu moins étendu que la France (500 000 kilom. q.), d'altitude médiocre, déprimé comme l'Iran en son centre où s'élève un ancien volcan, le mont *Argée*. Des chaînes côtières, dont la plus importante est le *Taurus* sur la Méditerranée, limitent de tout côté ce plateau.

Les chaînes *de Syrie et de Palestine* (Liban), enfermant entre elles la dépression où le Jourdain vient tomber dans la mer Morte à 395 mètres au-dessous du niveau de la mer, rattachent à l'Asie Mineure l'Arabie : *la plaine de la Mésopotamie*, autrefois si riche, aujourd'hui marécageuse, la sépare du plateau Arménien. L'*Arabie* est elle-même un plateau égalant en superficie le tiers de l'Europe (3 000 000 de kil. q.), entouré de hauteurs sur ses quatre faces, et présentant à l'intérieur de vastes déserts pierreux séparés par les hauteurs du *Nedjed*.

Plaines. — Au nord du grand plateau Central, un espace aussi grand que l'Europe (10 000 000 de kil. q.) est occupé par la plaine sibérienne. Elle est partagée en deux régions de caractère différent par le fleuve de l'Iéniséi ; à l'ouest, c'est une plaine absolument unie, limitée par les chaînons de l'*Oural* peu élevés et assez semblables à notre Jura. En plusieurs points le sol est au-dessous du niveau de la mer (dépression au nord de la mer Caspienne, mer d'Aral) ; à l'est elle est au contraire accidentée et se confond graduellement avec les collines qui prennent fin au détroit de Béring. Une autre plaine moins vaste, mais plus importante à cause de sa fertilité, est la plaine du *Gange* et de l'*Indus* au pied de l'Himalaya ; elle sépare celui-ci du plateau du *Dekhan*, vaste table en forme de triangle, incliné en pente douce de l'ouest à l'est et limité par des chaînes en gradins.

§ III. — L'hydrographie de l'Asie.

Vents, pluies, versants, etc. — D'une manière générale, il y a en Asie deux régions différentes de vents et de pluies. La région des hauts plateaux qui se succèdent de l'est à l'ouest est soumise aux alizés, ou vents constants du nord-est, vents secs et froids. La partie péninsulaire du sud subit l'influence des vents périodiques ou moussons, vents chauds et humides, qu'arrêtent les barrières montagneuses dont sont bordés les grands plateaux au sud. Par suite, toute la ligne des plateaux de Mongolie et du Tibet, de l'Iran et de l'Arabie, marque une suite de régions privées de pluie et arides. Au contraire, la presqu'île des Indes, celle de l'Indo-Chine et même la Chine du sud-est, sont arrosées aussi pendant la saison chaude par les pluies de moussons. De là leur fertilité et leur contraste avec les plateaux dénudés de l'Asie centrale.

La ligne de partage des eaux est assez nettement marquée en Asie par la série des hauts plateaux privés d'humidité qui s'interposent entre le nord et le sud ; ce ne sont pas les **monts Himalayas**, mais le Kouen-Lun qui formerait **une cordillère.**

Godaveri		1437
Tigre		2000
Sir-Daria		2250
Amou-Daria		2500
Euphrate		2860
Indus		2900
Gange		3000
Yang-tsé-Kiang		4050
Mé-Kong		4200
Ieniséi		4300
Hoang-Ho		4700
Amour		5000
Ob-Irtich		5700

Fig. 23. — Longueur en kilomètres des principaux fleuves asiatiques.

Tributaires de l'océan Glacial Arctique. — Dans l'océan Glacial Arctique se jettent l'*Ob*, l'*Ieniséi* et la *Léna*, venant des massifs du Thian-Chan et de ceux qui les continuent dans la direction du nord-est. L'Ob, venu de l'Altaï, parcourt une vallée centrale boisée et finit par un estuaire long de 800 kilomètres, large de 50. Son affluent, l'*Irtich*, n'a pas moins de 4000 kilomètres. L'Ieniséi, un peu moins long, traverse les monts Sayansk, puis se répand dans une large et paisible vallée. L'*Angara*, son principal affluent, sort du *Baïkal* (60 fois aussi vaste que le Léman), alimenté par deux cents rivières; l'Angara rejoint l'Iéniséi après avoir franchi neuf rapides. La Léna coule d'abord dans des gorges boisées et, après une course en plaine, finit par un delta long de 100 kilomètres. Tous ces fleuves ne sont libres d'ailleurs que pendant quelques mois de l'année.

Fleuves tributaires de l'océan Pacifique. — Dans cet océan se déversent les plus grands fleuves de l'Asie. C'est d'abord l'*Amour*, cinq fois aussi long que la Loire, qui sort des montagnes par un défilé de 130 kilomètres, traverse une riche contrée et s'achève par un long estuaire. La mer Jaune a pour principal tributaire le *Hoang-Ho* ou fleuve Jaune, dont la longueur est estimée à 4 700 kilomètres. Après avoir pris naissance au nord-est du Tibet, il sort de la montagne par de formidables cluses et longe les falaises abruptes de la Terre Jaune, célèbre pour sa fertilité. La masse d'alluvions qu'il entraîne avec lui exhausse incessamment son lit; les déplacements de son cours inférieur sont justement célèbres ; en 1851, il s'est rejeté au nord de la péninsule de *Chan-Toung*. « Pour se faire une idée de ces déplacements de cours, qui ravagent un pays égal en superficie à la Grande-Bretagne, il faudrait s'imaginer le Rhin cessant de couler vers la Hollande en aval de Cologne et se dirigeant à travers le nord de l'Allemagne jusqu'à l'embouchure actuelle de la Vistule. » (E. Reclus.)

Moins long que le Hoang-Ho (environ 4 000 kilomètres), le *Yan-tsé-Kiang* ou fleuve Bleu lui est bien supérieur par son débit : à cet égard, il est le quatrième fleuve du monde. Ses sources, encore inexplorées, semblent relativement peu éloignées de celles du Hoang-Ho ; il sort des montagnes par une percée de 200 kilomètres de long ; en quelques endroits, ses rives ne sont qu'à 140 mètres l'une de l'autre. Puis les collines s'ouvrent, le fleuve s'élargit et, bordé de petits coteaux où se pressent villes, villages et pagodes, roule d'abondantes eaux couvertes de flottilles de chalands et de barques, semé d'îles verdoyantes de bambous. Une immense embouchure, où des alluvions ont formé une île

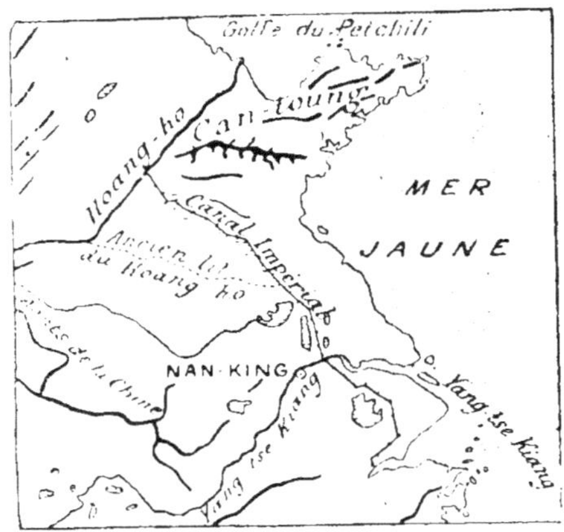

Fig. 24. — Les embouchures du Hoang-Ho et du Yang-tsé-Kiang.

de 1000 kilomètres, termine le fleuve et le rapproche comme à ses sources du Hoang-Ho.

Plusieurs rivières constituent le *Si-Kiang*, importante voie de commerce de la Chine méridionale.

Groupe fluvial indo-chinois. — Avec le *Song-Koï* ou fleuve Rouge, dont les eaux descendues de la montagneuse province du Yunnan forment un fertile delta dans le golfe du Tonkin, commencent les fleuves indo-chinois, tributaires de la mer de Chine et du golfe du Bengale. Le *Mékong*, le *Salouen*, l'*Iraouaddi*, prennent leur source dans les monts qui limitent le plateau du Tibet à l'est, coulent par de longs défilés qui semblent les cluses d'un Jura gigantesque, et s'achèvent par de vastes deltas marécageux. Celui de l'Iraouaddi dépasse en superficie la Suisse tout entière.

Tributaires de l'océan Indien. — Outre l'Iraouaddi.

le golfe du Bengale reçoit les grands fleuves indiens, descendus de l'Himalaya, et ceux du Dekkan.

Le *Gange*, trois fois long comme la Loire, sort à
4200 mètres d'un glacier de l'Himalaya, et se répand
en de nombreux méandres dans la vaste plaine de l'Hindoustan qu'il fertilise de ses alluvions. La *Djemnah*,
ou *Djamouna*, sortie comme lui de l'Himalaya, mais
alimentée par les rivières qui naissent des Vindhya,
rebord septentrional du Dekkan, le suit parallèlement pendant une partie de son cours. Il unit ses embouchures à
celles du *Brahmapoutra*, continuation probable du
Tsang-bo tibétain, qui roule trois fois autant d'eau
que le Danube. Ces deux fleuves réunis forment un
delta coupé de mille canaux, égal en superficie au
septième de la France. Région indécise entre la terre et
l'eau, c'est la patrie du choléra.

Auprès de ces grands fleuves, le *Godaveri*, principale
rivière du Dekkan, qu'il traverse dans toute sa largeur,
atteint encore la longueur de 1445 kilomètres de cours ;
c'est un fleuve de régime inégal passant d'un débit de
60 mètres cubes à plus de 40000 mètres cubes, roulant

Mé-Kong	——————	12000,35000
Indus	——————	1160,12600
Gange	——————	12000,15000
Yang-tsé-Kiang	———————————	22000 en crue
Godaveri	——————————	90,40000

Fig. 25. — Débit en mètres cubes des principaux fleuves asiatiques.
Le premier chiffre représente le débit pendant la saison sèche ; le
deuxième le débit pendant la saison des crues.

tantôt moins d'eau que notre Aude, tantôt quatre fois
autant que le Danube.

Au Gange répond dans la mer d'Oman l'*Indus*. Ce fleuve
prend naissance sur le revers septentrional de l'Himalaya,

à 200 kilomètres à l'ouest des sources du Tsang-bo. Il suit dans le pays de *Kachmir* une longue vallée, en sort après avoir reçu la rivière de *Caboul* dont la vallée a une importance historique comme donnant accès de l'Inde dans l'Asie septentrionale. Puis il coule en plaine jusqu'à son embouchure ; la contrée est sillonnée de lits fluviaux ; les uns emplis, les autres vides ; aussi a-t-elle pris le nom de *Pendjab* ou pays des cinq rivières. L'Indus, qui se termine par un long delta, borde à l'est le désert de *Thar*, pays de dunes où sur l'espace de 500 kilomètres on ne rencontre pas un ruisseau.

Le golfe Persique reçoit, réunies en un seul courant, le *Chott el Arab*, les eaux du *Tigre* et de l'*Euphrate* : le plus long des deux est l'Euphrate, près de trois fois aussi long que notre Loire ; il sort des monts d'Arménie par trois cents rapides répartis sur 150 kilomètres, se rapproche de la Méditerranée, puis redescend à travers la plaine à raison de 0 m. 10 de pente par kilomètre. Auprès de Bagdad, il n'est séparé que par 39 kilomètres du Tigre, à qui l'impétuosité avec laquelle il descend de la montagne a mérité ce nom.

L'Asie Mineure a quelques fleuves de plateaux qui descendent du centre de la péninsule par des rapides, le principal est le *Kizil-Irmak* qui se jette dans la mer Noire.

Enfin les mers fermées de l'Asie reçoivent, elles aussi, d'importants tributaires. En Asie la mer Caspienne, il est vrai, ne reçoit que le *Koura* descendu du Caucase, mais elle recevait autrefois l'*Amou-Daria* qui se jette aujourd'hui dans la mer d'Aral. Cette mer recueille encore le maigre tribut du *Sir-Daria*, dont les eaux comme celles de l'Amour-Daria sont détournées par les riverains dans de précieux canaux d'irrigation.

Lacs asiatiques. — Les lacs de l'Asie sont très nombreux; on doit en distinguer deux espèces. Les uns, et la plupart présentent ce caractère, sont sans écoulement et se trouvent placés soit sur les hauts plateaux, soit dans les steppes; d'autres, comme le Baïkal, sont les réservoirs où les fleuves empruntent leurs eaux. Au rang des premiers, il convient de placer le *Balkach* aux rives désertes, bordé par le steppe de la Faim, dont la superficie égale trente-six fois celle du Léman; la *mer d'Aral*, débris d'une ancienne mer, égale au huitième de la France, mais qui va toujours se desséchant; la *mer Caspienne* elle-même forme un vaste lac, d'une superficie égale aux deux tiers de celle de la France: peu profonde au nord, où elle n'est guère qu'un marécage, elle présente au sud, où elle est environnée de montagnes, des profondeurs de 7 ou 800 mètres. Le plateau de l'Iran contient de vastes marais salins comme ceux de *Hamoun*.

Bassins fermés de l'Asie centrale. — Chacune des deux régions de l'Asie centrale présente son système fluvial : le Tibet a le lac presque constamment gelé du *Tengri-Nor*, et au nord le bassin de *Kou-Kou-Nor*, qui vaut dix Lémans. A l'entrée du désert de Gobi, le *Lob-Nor*, vaste marais quatre fois grand comme le Léman, reçoit le *Tarim*, aux eaux peu abondantes, long comme le Danube.

§ IV. — Les côtes de l'Asie.

L'Asie est, dans le détail de ses contours, très découpée. Mais par son immense développement d'est en ouest, elle oppose une grande épaisseur aux influences océaniques; et l'on a justement remarqué que « nulle part sur le globe, on n'est plus éloigné de toute mer que vers le centre de l'Asie ».

Les côtes de l'Asie sont baignées par l'océan Glacial Arctique, l'océan Pacifique, l'océan Indien et la Méditerranée.

Côtes septentrionales. — Sur l'océan Glacial la côte, terminaison de la plaine sibérienne, est basse et plate ; les découpures y sont larges, et le dessin en est peu varié. La *mer de Kara* est un grand golfe poissonneux et souvent gelé entre la *Nouvelle-Zemble* recourbée en arc de cercle et la presqu'île de *Ialmal*. Puis viennent les longs estuaires de l'*Ob* et de l'*Iéniséi*, véritables golfes allongés. La lourde presqu'île de *Taymir* projette vers le pôle la pointe la plus avancée du continent, le cap *Tchéliouskine* ; le delta de la *Lena* fait saillie sur la courbe générale de la côte. Au large se voient quelques archipels encore peu explorés, tous inhabités, célèbres par les entassements de mammouths et d'arbres carbonisés qu'on y trouve. (*Liakhoff*, îles d'*Anjou*, terre de *Wrangell*.) Aux approches du détroit de Béring, la côte se redresse et le cap *Oriental* dresse au-dessus de la mer des falaises de plusieurs centaines de mètres de hauteur (707 m.).

Côtes orientales. — Les côtes orientales sont beaucoup plus découpées que les précédentes. Le détroit de *Béring*, étroit et peu profond, ainsi nommé du navigateur danois qui le franchit au milieu du XVIIIe siècle, sépare l'Asie de l'Amérique et donne accès au large et profond bassin de la *mer de Béring*. La longue courbe des cent cinquante *Aléoutiennes*, presque toutes volcaniques, la limite vers le sud. De même la vaste presqu'île de *Kamtchatka*, égale en superficie à la moitié de la France (270000 kilom.q) est sillonnée d'une longue chaîne de volcans dont six en activité. Le plus grand égale presque en hauteur le mont Blanc (*Kloutcherskoï* 4804 m.). Cette presqu'île ferme à l'est la mer d'*Okhotsk*, ainsi nommée de son principal port, assez profonde et exposée à de terribles tempêtes. La *Manche de Tartarie* donne accès dans la mer du *Japon*, profond bassin compris entre les falaises qui bordent la côte asiatique, la péninsule rocheuse de la *Corée*, la longue île de *Sakhalin* (950 kil.), *l'archipel Japonais* que relie au Kamtchatka la chaîne des *Kouriles*.

Depuis la Corée jusqu'à la péninsule de Malacca, la côte se modifie. La *mer Jaune* se comble lentement sous les alluvions qu'y apporte le grand fleuve chinois, l'Hoang-Ho : aussi la côte est-elle formée de plages basses. Elle se relève ou tout au moins elle est accompagnée à peu de distance de hauteurs, dans le vaste et lourde péninsule de la *Chine* proprement dite. Au large sont les grandes îles montagneuses de *Formose* et d'*Haïnan*. Les plaines reparaissent au fond du golfe du *Tonkin* ; puis le long des monts de l'*Annam*, la côte redevient rocheuse, découpée (baie de *Tourane*); à partir du delta du *Mékong* jusqu'au cap *Romania*, terminaison de la presqu'île de *Malacca* et extrémité méridionale de l'Asie, les terres basses et marécageuses prédominent et constituent la majeure partie des côtes du golfe de *Siam*. La *mer de Chine* qui borde ces parages est peu profonde sur les côtes de l'Indo-Chine ; mais au large, elle se creuse davantage et atteint des profondeurs supérieures à 3 000 mètres.

Côtes méridionales. — Les côtes méridionales de l'Asie sont celles du continent qui présentent les plus grandes pénétrations de la mer dans le continent asiatique, le golfe du Bengale, la mer d'Oman. Le *golfe du Bengale* en forme de triangle étend des eaux profondes entre la péninsule de Malacca rattachée à l'Indo-Chine par le mince isthme de *Kra*, et l'Hindoustan. Le long de l'Indo-Chine, le littoral est en général montueux, sauf au delta de l'*Iraouaddi*. Sur la côte de l'Hindoustan, notamment au fond du golfe, au delta du Gange et le long de la côte de *Coromandel*, le littoral est bas et couvert de lagunes et d'étangs. Les iles *Andaman* et *Nicobar*, couvertes de forêts de cocotiers si épaisses que ni hommes ni animaux n'osent, paraît-il, s'y hasarder, continuent les chaines de l'*Arrakan* dans la mer. Au sud de l'Hindoustan s'étend l'île de *Ceylan* en forme de poire, montagneuse au centre, bordée d'une plaine au nord, séparée du continent par le détroit de *Palk*. Des écueils forment comme un pont brisé entre l'île et la côte. Les Hindous y voient les débris du pont construit par le singe Hanouman pour venir en aide à son ami le prince Rama, désireux de ressaisir sa fiancée, la belle Siva, qu'un géant son ennemi avait enfermée dans Ceylan.

Le cap *Comorin* termine l'Hindoustan. A l'ouest de ce cap s'étend la *mer d'Oman*, en forme de trapèze. A l'est, par la côte de *Malabar*, elle présente aussi de nombreuses lagunes, mais est suivie à peu de distance par les terrasses du plateau du Dekkan. Elle se continue par la presqu'île de *Goudjerat*, tour à tour île et presqu'île comme notre mont Saint-Michel, la grande île de *Katch*, en partie quelquefois recouverte par les eaux lors des violents cyclones qui soufflent dans ces parages. Après le delta de l'Indus, la côte devient rocheuse et aride le long du golfe d'Oman. Le détroit d'*Ormuz* donne accès dans le golfe *Persique*, plus vaste que la mer Adriatique, mais très peu profond. Le littoral arabique est bas, le littoral persan escarpé. La côte d'*Oman*, puis la côte d'*Hadramaout* terminent par un rivage élevé, bordé d'escarpements et de falaises arides, la péninsule Arabique. Quelques îles accompagnent l'Hindoustan, les *Laquedives* et les *Maldives*, ces dernières au nombre de 175, les unes et les autres en général dues au travail des coraux.

Côtes occidentales. — Du côté de l'ouest, l'Asie présente une large péninsule, l'Asie Mineure. Ses côtes au nord sur la mer Noire sont relativement peu découpées ; elles sont bordées par les falaises qui terminent le rebord septentrional du grand plateau qui constitue l'Asie Mineure. Au contraire à l'ouest, dans la mer de Marmara et dans l'Archipel, la mer, pénétrant profondément dans les terres, y a creusé une foule de golfes, découpé un grand nombre de caps et de presqu'îles, et détaché du continent une foule d'îles (*Mitylène*, *Chio*, *Samos*, *Cos*, *Rhodes*, etc.). Sur le rivage méridional, bordé par les falaises du Taurus, les formes sont plus lourdes ; la Méditerranée, très profonde en cet endroit, n'y a creusé que deux grands golfes, celui d'*Adalia* et celui d'*Alexandrette*. La côte se développe ensuite vers le sud-ouest jusqu'aux bouches du Nil en une longue ligne, le long de laquelle s'allongent parallèlement les chaînes du Liban. Cette partie de la côte est très peu découpée.

§ V. — Climat de l'Asie. — Productions naturelles. — Flore et faune.

Climat de l'Asie. — Le climat de l'Asie, continent massif, large et couvert de plateaux, est au nord et au centre un climat *continental* et excessif : en effet, la mer a peu ou point d'action sur ces régions entourées d'un fort relief qui au contraire accentue l'humidité des pays du sud et de l'est.

Il présente donc des variations considérables selon que les différentes contrées sont plus ou moins rapprochées du pôle ou de l'équateur, plus ou moins élevées, plus ou moins éloignées de la mer. La plaine sibérienne, une partie du plateau Mongol et la Mandchourie ont un climat tout à fait *continental;* chaleurs et froids y sont extrêmes : dans les hivers longs et rigoureux, la température moyenne est de — 40° et le thermomètre descend quelquefois jusqu'à — 62° ; au contraire, dans les étés très chauds et très courts, il monte jusqu'à +38°. Il peut donc y avoir un écart de près de 100° entre l'hiver et l'été ; les saisons intermédiaires, printemps et automne, sont extrêmement courtes. Les pluies sont très rares.

Les mêmes caractères se retrouvent dans l'Asie centrale, parce que si ces régions sont plus rapprochées de l'équateur, elles sont en revanche fort élevées, et les montagnes qui les entourent arrêtent les vents humides et chauds venus des mers. Sur les côtes du Pacifique, dans la Chine orientale et au Japon, le climat redevient plus semblable à ceux que nous connaissons, par suite du voisinage de la mer.

Les pluies deviennent plus fréquentes et plus abondantes ; les saisons se succèdent régulièrement ; les écarts de température sont moins marqués ; dans son ensemble, celle-ci est plus froide en hiver et plus chaude en été de quelques degrés seulement que la température européenne.

Les régions de la Chine méridionale et les grandes presqu'îles de l'Asie ont le climat tropical ; le climat soumis à l'alternance des moussons ne présente guère que deux saisons, la saison chaude en été, et la saison sèche en hiver. La température est à peu près constante ; à Ceylan, il n'y a entre la saison chaude et la saison froide qu'un écart de 2°. Les pluies qui tombent en été déversent des quantités d'eau dont nous ne pouvons en Europe concevoir l'abondance.

Enfin, dans l'Asie antérieure, les climats varient extrêmement suivant les régions, en raison de leur altitude et de leur proximité de la mer. A côté du climat doux et chaud des côtes méditerranéennes de l'Asie Mineure, on trouve par exemple les climats déjà continentaux et excessifs des déserts de l'Arabie Pétrée ou des plateaux de l'Iran.

Productions naturelles : la flore. — Les contrastes du climat rendent en Asie la végétation très variée ; on trouve en Asie des représentants de la végétation des trois zones, froide, tempérée et tropicale. L'Asie septentrionale présente d'abord la végétation polaire, *mousses, lichens, mélèzes nains ;* puis, en s'avançant vers le sud, on trouve, comme en Russie, de vastes forêts dont les essences sont en grande partie les mêmes que celles de l'Europe septentrionale et centrale. Le sud de la Sibérie est déjà propre à la culture des *céréales.*

L'Asie occidentale est le pays des *steppes* et des *pâturages,* surtout dans le voisinage des hautes montagnes ; sur les plateaux de l'Iran et en s'avançant vers la Méditerranée on trouve les plantes de la zone tempérée, les *céréales,* les *arbres fruitiers* peut-être originaires de ces contrées (*pommier, poirier, prunier, cerisier, abricotier, pêcher, groseillier,* etc.), la *vigne* et les plantes plus particulières aux contrées chaudes de la zone tempérée (*maïs, tabac, coton, graines oléagineuses, plantes tinctoriales,* etc.). L'Asie du sud est la région agricole par excellence : le *riz,* le *blé,* le *thé,* l'*opium,* le *coton,* etc., y viennent en abondance ; quelques contrées, notamment l'Arabie, y fournissent les plantes *aromatiques.* Les forêts sont relativement peu considérables, sauf sur le revers méridional des hautes montagnes qui bordent cette région, et tout au sud, dans les contrées tropicales, à Ceylan, dans l'Indo-Chine, on se trouve dans la région des *forêts épaisses.*

La faune. — Les mêmes contrastes se retrouvent dans la faune asiatique. L'Asie septentrionale présente les animaux propres aux régions arctiques : l'*ours blanc*, le *renard polaire*, puis ceux que l'on trouve dans les contrées de la zone tempérée : l'*ours brun*, le *renard*, le *loup*, le *lynx*, l'*once*, le *glouton*, la *loutre*, l'*élan*, le *castor*, le *renne*, le *cerf*, le *chevreuil*, etc. Quelques régions de l'Asie centrale ont une faune d'un caractère plus particulier ; la Mongolie, le Tibet, présentent des *singes*, des *ours*, des *tigres*, des *panthères*, l'*écureuil volant*, le *moufflon*, l'*antilope*. Dans ces régions, les oiseaux sont extrêmement variés ; une espèce qui semble en être originaire, est le *faisan* qui y présente un très grand nombre de variétés.

De même, les pays situés à l'ouest des grandes montagnes et des grands plateaux du centre du continent, paraissent être la patrie du *chameau*, du *cheval* et de l'*âne*. La faune de l'Asie méridionale et de l'Asie orientale est en grande partie la faune des régions tropicales ; on y trouve le *tigre*, le *lion*, la *panthère*, l'*ours*, les *grands singes anthropoïdes* (orang-outang), l'*éléphant*, le *tapir*, le *rhinocéros*, des *serpents* en très grand nombre, des espèces très variées d'*oiseaux*, au plumage en général éclatant, des *insectes* de très grande taille.

Richesses minières. — L'Asie est un des continents les plus riches en produits miniers. Au premier rang viennent les mines des montagnes qui limitent au sud la grande plaine sibérienne (*or*, *argent*, *plomb*, *cuivre*, *graphite*, *fer*, *houille*). La Chine a d'immenses bassins houillers, mais la province la plus fertile en minéraux de tous genres est peut-être le Yunnan (où l'on trouve le *cuivre*, l'*argent*, le *zinc*, le *cinabre*, l'*étain*, la *houille*, le *jade*, le *marbre*, les *pierres précieuses*, etc.). La houille se rencontre encore en Asie Mineure et dans l'Inde : la Transcaucasie fournit le *pétrole* ; les mines de Golconde dans l'Inde donnent des *diamants*, Ceylan des *pierres précieuses*. Enfin dans bien des régions, notamment dans le Turkestan, les voyageurs européens signalent des gisements de tout genre que l'on n'a pas encore commencé d'exploiter.

§ VI. — Populations, races, et religions asiatiques.

On compte en Asie 850 millions d'habitants. Cette population est très inégalement répartie, par suite de la nature du sol ; les régions froides du nord, les plateaux désolés du centre ne sauraient nourrir une nombreuse population. Au contraire, dans le sud et l'est, les conditions meilleures de climat, l'étonnante fertilité du sol, ont permis aux hommes d'y vivre en groupes serrés. La Chine orientale et l'Inde sont les contrées les plus habitées de toute l'Asie, et comptent parmi les contrées du monde où la population est le plus dense. Autour de Canton en Chine, on compte jusqu'à 144 habitants par kilomètre carré ; la Chine présente 14 villes dont la population dépasse 500 000 habitants, l'Inde 20 villes dont la population est supérieure à 100 000 habitants. Au contraire, dans tout le reste de l'Asie, à peine compte-t-on 5 ou 6 villes dépassant 100 000 habitants.

Cette population appartient en majeure partie à la race *mongole* (575 millions), dont les principaux représentants sont les Chinois et les Japonais, à l'est de l'Asie, les Turcomans et les Khirgizes au centre ; au nord, les peuples très variés de la Sibérie se rattachent encore à cette race. Le sud et l'ouest appartiennent aux populations de race *indo-européenne* (Inde, plateaux de l'Iran, Asie Mineure). L'Arabie, la Syrie, la Palestine et la Mésopotamie sont habitées par des peuples de race *sémitique*. Enfin, dans l'Inde et à Ceylan, on compte 40 millions de *noirs dravidiens*, qu'on ne sait à quelle race rattacher.

Les principales religions pratiquées en Asie sont par ordre d'importance : la religion *juive*, la moins répandue ; on ne compte que 500 000 juifs ; le *christianisme*, qui comprend environ 5 millions d'adhérents répartis en petites colonies dans les différentes parties de l'Asie ; les *musulmans* sont au nombre de 130 millions groupés surtout dans l'Asie occidentale et l'Asie centrale. Le *brahmanisme* est pratiqué par la plus grande partie des populations de l'Hindoustan (190 millions). Le *bouddhisme* est la religion des peuples de l'Asie orientale et par suite celle qui compte en Asie le plus d'adhérents (500 millions). Enfin l'on trouve encore en Sibérie des peuples *païens*.

Sujets de devoirs. — 1. Quelles sont les différentes formes de relief que l'on trouve en Asie? — 2. Les plaines et les plateaux en Asie ; leur répartition ; leur importance dans le relief général de l'Asie. — 3. Les déserts asiatiques. — 4. Grouper les fleuves de l'Asie d'après leur longueur, et d'après leur débit. — 5. Comparer les fleuves chinois et les fleuves sibériens. — 6. Distinguer parmi les fleuves asiatiques les fleuves de plaine et les fleuves de montagne. — 7. Les bassins fermés de l'Asie. — 8. Quelles sont parmi les côtes asiatiques les plus utiles à la navigation? — 9. Les îles asiatiques ; sur quelles côtes sont-elles les plus nombreuses ; ont-elles toutes les mêmes caractères? — 10. Quelles différences le climat présente-t-il suivant les différentes régions de l'Asie? — 11. Quelles sont en Asie les principales régions minières ? les principaux pays d'élevage ? etc. — 12. Quel contraste y a-t-il entre les productions du sud de l'Asie et celles du nord de ce continent? — 13. Montrer comment sont groupées les principales populations asiatiques.

CHAPITRE II

Grandes divisions de l'Asie. — En tenant compte des différences de relief et de climat, on peut partager l'Asie en cinq grandes régions :

1° Au nord la grande plaine du Turkestan et de la Sibérie adossée au revers septentrional du massif central. Ce vaste espace appartient aujourd'hui presque tout entier à la Russie.

2° Les plateaux et les déserts du centre de l'Asie.

3° Les régions de relief très varié et de climat plus doux qui bordent le Pacifique à l'est de l'Asie ; ces régions ainsi que le groupe précédent forment presque tout entier l'empire Chinois.

4° L'Asie méridionale, comprenant les deux grandes péninsules de l'Indo-Chine et de l'Inde.

5° L'Asie antérieure, composée de la péninsule arabique, de la Syrie, de l'Asie Mineure, et des plateaux de l'Iran, rattachés les uns et les autres aux montagnes de l'Arménie.

§ I. — Groupe septentrional.

L'Asie Russe comprend : 1° la Sibérie ; 2° les possessions russes dans le Turkestan ; 3° la lieutenance du Caucase.

La Sibérie. — La Sibérie couvre une superficie de 12 millions 1/2 de kilomètres carrés ; elle est à elle seule plus vaste que l'Europe tout entière (10 000 000 kil. q.). Elle se compose : 1° d'une région plate qui s'étend jusqu'au fleuve Iéniséi, région de steppes au sud, de terres cultivables au centre, de marécages glacés pendant la plus grande partie de l'année au nord ; 2° depuis ce fleuve

Fig. 26. — Forêt de mélèzes, dans le nord de la Sibérie.

jusqu'au littoral du Grand Océan, d'une région accidentée, encore peu connue ; 3° au sud, de territoires montagneux, adossés aux chaînes qui se détachent du Pamir (Thian-Chan, Altaï, Sayansk, Iablonoï, Stanovoï, etc.) et couverts de forêts. Les régions s'abaissent graduellement dans le voisinage du Pacifique, sauf dans la péninsule de Kamtchatka couverte de montagnes.

La Sibérie forme une contrée difficilement abordable par mer : les côtes, peu découpées, sont fort inhospitalières sur l'océan Glacial arctique comme sur le Pacifique. Les unes et les autres sont bloquées par les glaces pendant un long hiver.

La plaine sibérienne est sillonnée de grands fleuves, les plus longs et les plus puissants de l'Asie après ceux de la Chine (Iéniséi, Ob, Léna, Amour).

Ce pays est célèbre par la rigueur de ses hivers; le thermomètre y descend jusqu'à 55 et 60 degrés; ce que l'on sait moins, c'est que les chaleurs de l'été y sont aussi cruelles; on a vu le thermomètre monter à Yakoutsk jusqu'à + 38 degrés. Mais si ce climat est rigoureux, il est sain, même pour les Européens.

La Sibérie est encore peu peuplée; on y compte 4 313 680 habitants, soit moins d'un par kilomètre carré. Cette population se compose pour les quatre cinquièmes de colons *russes;* le reste appartient à différentes tribus *mongoles, turques* ou *finnoises,* vivant en général assez misérablement des ressources que leur fournissent la chasse et la pêche. La région où les colons se pressent en plus grand nombre est la *Transbaïkalie,* sur les confins mongols, siège d'un commerce déjà actif avec la Chine. La plus grande ville est *Irkoutsk* (39 226 hab.) qui doit sa prospérité à la même cause. L'ancienne capitale *Tobolsk* (20000 hab.) n'est plus que la quatrième ville; *Tomsk* (36 740 hab.) et *Omsk* (33 760) la dépassent.

Dans cette Sibérie, dont on ne parlait jadis que comme d'un affreux séjour réservé aux seuls condamnés, on reconnaît de plus en plus un pays d'avenir. D'abord elle a dans le sud des *forêts,* si considérables que les colons ne suffisent pas à les exploiter; elle a ses *mines d'or,* d'*ar-gent,* moins exploitées, il est vrai, depuis la découverte des mines de la Californie et de l'Australie; mais on sait aujourd'hui qu'elle possède aussi de la *houille* et du *fer.* Ses vastes plaines nourrissent de nombreux animaux à *fourrures.* Mais la principale ressource de la Sibérie est et deviendra de plus en plus l'*agriculture;* ses provinces méridionales pourront rivaliser bientôt avec les fameuses terres noires de la Russie et fournir comme elles d'abondantes récoltes de blé.

Le commerce se fait encore par la fréquentation de grandes foires annuelles. Les Russes se préoccupent d'ailleurs de le développer en construisant des routes et des chemins de fer. On a commencé les études d'un chemin de fer qui traverserait la Sibérie tout entière.

Turkestan russe. — Beaucoup moins riches sont les possessions russes qui se développent entre la Caspienne, le Pamir, le Thian-Chan et les monts qui leur font suite. Elles couvrent une superficie de 3 millions et demi de kilomètres carrés.

C'est un pays plat, dont la partie qui avoisine la Caspienne est située au-dessous du niveau de la mer. Le climat y est essentiellement continental. Faute d'une humidité suffisante, cette région s'assèche graduellement. Deux véritables déserts, le *Kyzyl-Koum* et le *Kara-Koum*, s'étendent à l'ouest et au sud. Certains cours d'eau même finissent dans les sables.

Le pays est généralement peu fertile, sauf dans le voisinage immédiat des fleuves. Le commerce, qui y est fait en grande partie au moyen de caravanes, s'est développé depuis la conquête russe, surtout depuis la construction d'un chemin de fer transcaspien, menant de la mer Caspienne aux confins de l'Afghanistan.

Ce vaste territoire est peuplé de 5 800 000 habitants, soit de 1 à 2 par kilomètre carré. Cette population se compose de tribus *turques* et *mongoles* partagées en nomades pillards, excellents cavaliers, commerçants et agriculteurs sédentaires, vivant dans les oasis ; puis de colons *russes*, dont le nombre s'augmente sans cesse.

La capitale est *Tachkent* (121 000 hab.), qui avec ses jardins couvre une surface aussi grande que celle de

Paris. La ville la plus importante est ensuite *Samarkand* (33000 hab.) « dans une situation ravissante, entourée d'un mur de verdure, et renfermant d'éblouissantes ruines ». Elle entretient un commerce important de caravanes avec la Chine. Les Russes reçoivent par là le thé et les soieries de la Chine, et envoient leurs produits industriels, qui font concurrence à ceux des peuples maritimes dans l'Asie Orientale.

États indépendants. — Deux khans ou chefs du Turkestan ont conservé sous le protectorat de la Russie une indépendance purement nominale. Le khan de *Bokhara* possède sur la rive droite de l'Amou-Daria un territoire de 205000 kilomètres carrés, peuplé d'environ 1250000 d'habitants, soumis avant l'intervention de la Russie à la cruelle tyrannie de leurs maîtres. La capitale, *Bokhara* (70000 hab.), est le lieu de passage des caravanes indiennes et en même temps une des villes saintes des musulmans. Le khan de *Khiva* commande seulement à 7 ou 800000 habitants. Il obéit comme celui de Bokhara aux instructions des gouverneurs russes du Turkestan, qui ont su respecter la liberté religieuse de ces peuples musulmans.

Lieutenance du Caucase. — La Russie gouverne encore sur les deux versants du Caucase une contrée égale aux huit neuvièmes de la France (470000 kilom. q.), baignée par la mer Noire et la mer Caspienne. C'est la lieutenance générale du Caucase.

Au nord du Caucase s'étendent des steppes ; au sud, le pays est bien arrosé et fertile, il présente d'immenses *forêts*, des *vignes*, des *céréales*, d'abondants gisements de *pétrole*. La population de race blanche, célèbre par sa beauté, dépasse 6000000 d'habitants. La capitale,

Tiflis, « **construite** en amphithéâtre **dans un cirque immense**, formé par des montagnes admirables de lignes et de couleur », est appelée par son heureuse position entre la Caspienne et la mer Noire à un brillant **avenir** (90 000 hab.). *Bakou* sur la mer Noire doit à l'exportation des gisements de pétrole situés dans son voisinage son développement rapide.

Ainsi, par la possession de la Sibérie, du Turkestan et de la lieutenance du Caucase, la Russie étend sa domination sur un espace de 15 à 16 millions de kilomètres carrés, soit sur plus du tiers de l'Asie tout entière.

§ II. — Groupe central et oreintal.

L'empire chinois. — L'empire chinois, situé entre la Sibérie au nord, le Turkestan à l'ouest, l'Inde et l'Indo-Chine au sud, les mers secondaires de l'océan Pacifique à l'ouest, est à lui seul plus grand que l'Europe entière (11 600 000 kilomq. ; 21 Frances). Aussi, occupant une si vaste étendue, se compose-t-il de régions très différentes. Les principales sont : 1° au sud-ouest, le vaste plateau triangulaire du *Tibet*, adossé à l'Himalaya ; 2° entre ce plateau et des monts qui limitent la Sibérie méridionale, les plateaux moins élevés, le vaste désert de *Mongolie*, et le *Turkestan* chinois ; 3° à l'est, la *Chine* proprement dite, la région de beaucoup la plus riche, la plus peuplée, contrée de montagnes moyennes, de collines, de fertiles plaines, de vastes deltas.

Même contraste dans le climat et dans l'hydrographie. Tandis que la Chine centrale et méridionale, pays tropical, d'articulation moyenne, bien exposé aux influences maritimes, jouit d'une température assez constante et assez douce, la Chine septentrionale et la Mandchourie sont au contraire des pays de climat continental; Pékin, sous la latitude de Naples, subit en hiver des froids qui gèlent pour de longs mois le golfe de Petchili, et souffre aussi de chaleurs torrides en été (40°). Dans la Mongolie et dans le Tibet, le climat est plus extrême encore; des écarts de 80 degrés entre la plus haute et la plus basse température y ont été signalés.

L'empire chinois n'a pas comme l'Europe l'avantage de disperser ses eaux dans toutes les directions; il ne possède qu'un versant, tourné vers le Pacifique. Aussi les régions éloignées de cet Océan, la Mongolie, le Thibet, ont-ils de vastes bassins fermés, où se perdent les eaux descendues de l'Altaï, du Pamir ou de l'Himalaya. C'est la Chine, abondamment arrosée par les pluies que les vents amènent du golfe de Bengale, qui possède les plus grands fleuves, le Hoang-ho, le Yang-tsé-Kiang, le Si-kiang, ces deux merveilleuses voies de communication, qui permettent aux navires de remonter jusqu'au cœur de riches provinces. C'est encore la Chine, pays montagneux qui possède la côte la mieux découpée, la plus garnie de presqu'îles et d'îles (Formose, Haïnan ; au nord des bouches du Yang-tsé-Kiang, la côte est au contraire basse et offre peu d'abris.

L'empire chinois est une des régions les plus favorisées de l'univers. Les provinces du nord, du centre et du sud-ouest contiennent des gisements de *houille* auprès desquels ceux d'Angleterre ne sont rien. Le *fer*, le *cuivre*, l'*étain*, se rencontrent aussi en plusieurs contrées ; le Yunnan, qui confine à notre colonie du Tonkin, est une des provinces les plus avancées dans l'exploitation minière.

L'agriculture chinoise compte parmi les plus savantes ; il est vrai que la qualité exceptionnelle du sol y est pour beaucoup. D'ailleurs de toutes les professions l'agriculture est la plus honorée dans « l'empire du Milieu » et l'empereur doit labourer chaque année trois sillons, vêtu en paysan. Le *riz* occupe un huitième de l'espace cultivé. *L'arbre à thé* se plaît dans les régions d'altitude moyenne, loin des pluies surabondantes, loin des zones continentales à température variable. Le thé le plus célèbre est celui du Fo-Kien en face de Formose. La *canne à sucre* prospère au sud du Yang-tsé-Kiang et dans les îles de

Fig. 27. — La Grande Muraille, passe de Nankoou.

Formose et Haïnan. Le *mûrier* est admirablement soigné; *l'oranger*, le *citronnier* forment aussi d'importantes plantations sur les collines de la Chine moyenne. Sur les plateaux du Zetchouen et du Yunnan on développe la culture du *pavot* en vue d'affranchir l'empire des envois d'opium de l'Inde.

Enfin un grand nombre d'animaux domestiques sont élevés en Chine : les *chevaux* sont dressés en troupeaux considérables chez les Mongols et les Mandchous; les *bœufs* dans les provinces chinoises. La *pêche* est un art véritable dans les ports, surtout à Ning-po, et parmi les insulaires de la côte.

L'industrie semble être en décadence. Les fameuses *porcelaines*, les *vases de bronze* sont mieux fabriqués aujourd'hui dans l'Europe qu'en Asie orientale.

Le *commerce* se développera quand le réseau des grandes routes de l'empire sera complété et entretenu avec soin, quand les canaux, œuvre des anciens empereurs, seront remis en état. Des voies ferrées seront même prochainement construites pour relier les principales villes de commerce. Les échanges de la Chine avec l'étranger représentent une valeur de plus en plus considérable : exportation et importation réunies ont dépassé le chiffre d'un milliard depuis quelques années. Les navires européens viennent charger dans les ports chinois la *soie* et le *thé* ; dix-neuf de ces ports sont ouverts aux étrangers. Le mouvement de la navigation y atteint 35 millions de tonneaux : les Chinois se préoccupent de plus en plus de créer une marine commerciale qui assure leur indépendance.

Parmi les peuples européens les Anglais ont la plus grande part aux échanges avec la Chine ; les Américains, les Allemands, les Japonais, viennent ensuite. La France n'occupe que le cinquième rang.

L'empire chinois contient une *population* de 360 millions d'habitants, parmi lesquels 302 millions sont sujets directs ; cette population est très inégalement répartie ; les pays tributaires ou moins immédiatement gouvernés, comme la Mandchourie, la Mongolie, le Tibet et le Turkestan, sont beaucoup moins peuplés que la Chine propre. Le Turkestan et la Mongolie n'ont pas en moyenne un habitant par kilomètre carré. Cette nombreuse population, même dans la Chine proprement dite, appartient à des races différentes ; la religion dominante est celle de *Confucius*, philosophe qui vivait au ve siècle avant Jésus-Christ ; mais les *musulmans* sont nombreux dans les provinces occidentales ; le *christianisme* compte plus d'un million d'adhérents.

Le chef de l'État est *l'empereur* ; la Chine est divisée en provinces dont quelques-unes sont aussi peuplées que nos plus grands États d'Europe ; sur les plateaux et montagnes de l'ouest le *Zet-chouen*, moins étendu que la France, compte 68 millions d'habitants. Le *Chantoung*, péninsule du nord-est, égale à la moitié de l'Italie, en a 36 millions et demi.

Les villes sont des agglomérations auxquelles celles de l'Inde peuvent seules être comparées en Asie. La capitale actuelle, *Péking*, n'est peut-être pas la plus populeuse ; les uns lui attribuent 500 000, d'autres 1 700 000 habitants. Comme la plupart des cités chinoises, Pékin se compose de deux villes, séparés par un mur intérieur fortifié. L'une est la ville commerçante, active, animée, aux rues sales et puantes ; l'autre, la ville officielle, où sont les bureaux des différentes administrations ; là, dans un vaste parc, est le palais impérial inaccessible aux sujets du souverain. *Canton* (1 600 000 hab.), sur le Si-Kiang, fait un commerce extrêmement actif ; sur son fleuve est une véritable ville flottante, composée de jonques de toute sorte ; *Tientsin* (950 000 hab.) sous l'influence des Européens perd de plus en plus son caractère chinois. *Hankéou* (800 000 hab.) est le centre du commerce dans la vallée du Yang-tsé-Kiang ; une importante colonie étrangère, russe et anglaise, y fait des achats de thé ; *Fou-tchéou* (636 000 hab.) est également un marché fort animé ; *Shang-haï* (400 000 hab.), composée maintenant d'une ville anglaise, d'une ville française et d'une ville chinoise, est le point de départ de cinq lignes de bateaux à vapeur qui mettent en relation la Chine et le reste du monde, dont elle a vécu si longtemps isolée.

L'empire chinois s'occupe d'organiser une armée à

l'européenne, et accroît aussi ses forces maritimes, afin de mieux résister que par le passé aux entreprises des Occidentaux.

Près de Canton les Anglais ont occupé et fortifié l'île de *Hong-Kong*, qui est à la fois un vaste entrepôt commercial et une citadelle veillant aux intérêts de la Grande-Bretagne en Extrême-Orient.

Les Portugais possèdent, dans la même région, le port de *Macao*.

Au nord-est de l'empire chinois la *Corée*, péninsule montagneuse de 240000 kilomètres carrés, peuplée d'environ 7 500 000 habitants, a pu conserver une indépendance précaire, grâce à la rivalité des Chinois, des Japonais et des Russes qui désirent également s'en rendre maîtres. Les puissances européennes ont conclu avec la Corée des traités de commerce. La capitale, *Séoul*, est une grande ville de 190030 âmes.

Le Japon. — Le Japon est le plus important des groupes d'îles qui forment à l'est et au sud-est une ceinture au continent asiatique. Il comprend quatre îles principales, *Yéso*, *Hondo* ou *Nippon*, *Sikok* et *Kiou-siou*; le nombre des petites îles groupées autour de ces quatre grandes terres atteindrait 3800, au dire des géographes japonais. La superficie totale est de 380000 kilomètres carrés.

Ces îles sont montagneuses et volcaniques. Yéso a des sommets de 2500 à 3000 mètres; quelques volcans des Kouriles dépasseraient même 4000 mètres. Nippon, où se développent plusieurs systèmes de massifs, a pour point culminant le *Fousi-yama* (3750 m.) : Sikok paraît être moins haute.

Le *climat* du Japon, dont la position à l'est de l'ancien continent rappelle celle des îles Britanniques à l'aile occidentale de l'Europe, est un climat océanique par excellence. Le courant chaud du *Kouro-Sivo* qui longe de près les côtes orientales des grandes îles contribue sans doute àcet adoucissement du climat japonais.

L'archipel du Japon offre des merveilles de dentelures littorales. Les côtes y sont découpées à l'égal de celles de la Grande-Bretagne et de la Grèce. Les ports sont innombrables et excellents.

La flore du Japon est fort riche. Les Kouriles ont des forêts de *bouleaux*, de *peupliers* et de *saules*, Yéso des *chênes;* Nippon cultive l'arbre à *thé*, la *canne à sucre*, le *palmier*. Les *rizières* sont étendues sur les côtes : le *mûrier* et le *cotonnier* réussissent également bien.

Fig. 28. — Le Fousi-yama.

L'*agriculture* et l'*industrie* sont très avancées au Japon. L'abondance des gisements de *houille*, des minerais de *cuivre*, d'or, d'*argent*, de *fer*, de *plomb*, d'*étain*, de *mercure*, promettent à ce pays un beau développement industriel.

D'ailleurs les Japonais savent se plier aux coutumes et s'initier aux procédés de la civilisation européenne. S'ils ont conservé l'art de travailler le bronze connu depuis tant de siècles par leurs ancêtres, ils ont adopté les industries de l'Occident ; ils ont des ateliers de fabrication de machines, des verreries, des horlogeries.

Leur *commerce* s'affranchit rapidement du monopole de leurs initiateurs européens. A cet effet ils ont construit plus de 60 000 kilomètres de routes postales, 2 750 kilomètres de chemins de fer, 14 000 de lignes télégraphiques. Ils possèdent cent cinquante navires à vapeur voyageant sous pavillon japonais, allant à San-Francisco et Hong-Kong. La valeur annuelle du commerce atteint déjà 400 millions. Ils exportent de la *soie*, du *thé*, des *métaux*, importent des *lainages*, des *cotonnades* et des *machines*. La France ne vient qu'au cinquième rang des puissances qui trafiquent au Japon, après l'Angleterre, l'Allemagne et la Russie. Parmi les sept ports ouverts au commerce étranger les principaux sont *Hakodadé*, *Tokio*, *Yoko-hama* et *Nagasaki*.

Le Japon est gouverné par un empereur (*mikado*) qui gouverne assisté de ministres et de chambres comme en Europe. La religion dominante est le *bouddhisme* comme en Chine.

La population y est très dense ; le dernier recensement comptait environ 40 millions d'habitants, ce qui donne une moyenne de 106 par kilomètre carré. Plus de cinquante villes ont une population supérieure à 20 000 âmes.

La capitale est *Tokio*, composée d'une centaine de bourgs et de villages séparés les uns des autres par des jardins et des champs ; c'est une ville industrielle ; imitant les capitales européennes, elle s'est munie de nombreux établissements d'instruction (1 155 000 hab.). *Kioto*, l'ancienne capitale, aujourd'hui bien déchue (289 000 hab.), est supérieure à Tokio par le nombre, l'antiquité et la beauté de ses palais et de ses temples ; *Osaka* (473 000 hab.), coupée de rivières et de canaux, est le port extrêmement animé de Tokio. Mais le port le plus actif est *Yokohama*, qui, il y a trente ans, n'était qu'un misérable village de pêcheurs et compte aujourd'hui 128 000 habitants. C'est aujourd'hui le centre des relations du Japon avec les États-Unis par San-Francisco ; là aboutissent les lignes postales de paquebots français, partant de Marseille et desservant l'Inde, l'Indo-Chine et Shangaï.

Toutes ces villes, construites de légères maisons en bambou, sont habitées par une population qui a séduit presque tous les voyageurs par ses vertus domestiques, sobriété, ordre, propreté, sa joyeuse et bienveillante humeur, son intelligence souple et prompte à l'étude, son sentiment de l'art, commun jusque chez les hommes du peuple.

L'Indo-Chine. — L'Indo-Chine, ainsi appelée par les géographes modernes à cause de sa situation entre l'Inde et la Chine, et des analogies qu'elle présente avec ces deux pays pour sa flore, sa faune et sa population, occupe une superficie de 2 200 000 kilomètres carrés environ, soit quatre à cinq fois celle de la France.

Elle se compose de deux péninsules, soudées l'une à l'autre par l'isthme de *Kra*. Celle du nord encore massive se rattache au plateau tibétain par un large pédoncule ; elle est constituée par une zone de plateaux, que sillonnent de longs fleuves dirigeant leurs vallées étroites, véritables fissures encombrées de rapides, du nord-ouest au sud-est, le *Mékong*, l'*Iraouaddi*, la *Meinam*, le *Salouen*, le *Song-koï*. Autour de cette zone de plateaux se développpent des plaines littorales et des alluvions, dont le volume est rapidement accru par les apports des fleuves. Cette large péninsule s'étend entre le golfe du *Tonkin*, la mer de *Chine*, le golfe de *Siam*, le golfe de *Martaban* et la mer du *Bengale*.

La péninsule du sud est au contraire effilée et s'avance en pointe vers le sud-est pour se terminer au cap *Romania*. Constituée par une chaîne intérieure, dont quelques sommets atteignent 2000 mètres, abondamment arrosée, elle présente en outre une côte fort bien découpée. La rade de Singapour est une des meilleures de ces parages.

Le climat est le climat tropical, lourd et chaud, soumis pour la chute des pluies au régime des vents périodiques ou *moussons* qui par-

Fig. 29. — Bords du Salouen.

tagent l'année en deux saisons, l'une sèche d'octobre à mars ou avril, l'autre pluvieuse d'avril ou mai à octobre. Il faut se garder de croire à l'uniformité absolue de la température en Indo-Chine. Entre la pointe méridionale de Malacca et le Tonkin septentrional, il y a la même distance qu'entre les Baléares et les Shetland (20 degrés de latitude); aussi la moyenne annuelle est de + 28° en Cochinchine et de + 24° au Tonkin ; celle-là a deux saisons tranchées, tandis que celui-ci jouit de saisons de transition entre les extrêmes de chaud et de froid, comme l'automne et le printemps de nos régions.

Les productions de l'Indo-Chine sont des plus variées. Ses richesses métallurgiques ne sont pas encore bien connues. Les régions montagneuses sont couvertes de vastes *forêts* et d'une riche végétation de *bambous*. Mais la principale ressource du pays est le *riz*, extrêmement abondant dans les basses terres des deltas ; ajoutons la *canne à sucre*, le *maïs*, l'*igname*, la *patate*. A ces produits il faut ajouter les troupeaux de *bœufs* et une grande variété d'animaux domestiques.

Les voies de communication manquent encore ; il est probable que l'établissement des Français au Tonkin et en Annam et l'intervention des Anglais dans la Birmanie indépendante donneront une impulsion aux travaux de ce genre. Car ces colons européens cherchent à nouer des relations de commerce avec les provinces de la Chine méridionale et à en attirer les denrées sur leurs marchés indo-chinois.

L'Indo-Chine est peuplée d'environ 34 millions d'habitants, groupés surtout sur le littoral, dans les bassins du Mékong, de la Meinam et de l'Iraouaddi. Ces populations sont de races très diverses ; elles se partagent : 1° en *Annamites*, *Siamois* et *Birmans*, race petite, de teint jaunâtre, parente des Chinois ; 2° en *Cambodgiens*, autrefois prospères, comme l'attestent les ruines de vastes monuments épars dans leurs forêts (Angkor) ; 3° en populations *sauvages*, peu connues, disséminées à l'intérieur ; 4° en *Malais*, principalement dans la péninsule de Malacca.

Plusieurs dominations se partagent l'Indo-Chine, les

unes indigènes, les autres européennes. Le seul État indépendant, véritablement important, est le royaume de *Siam* ; il couvre une superficie de 650 000 kilomètres carrés et compte près de 9 millions d'habitants, dont 1 million de Malais dans les provinces du sud et 1 million de Chinois. C'est un pays fertile en riz, où le commerce est assez actif. *Bangkok*, sa capitale, est une énorme ville de 400 000 habitants, étalant sur les bords de la Meinam ses pagodes étincelantes ; comme à Canton, une partie de la ville est formée de jonques constituant une cité fluviale. Ce pays est de plus en plus soumis à l'influence anglaise ; la France a dû récemment rappeler les Siamois au respect de notre Indo-Chine.

Les autres possesseurs de l'Indo-Chine sont la France et l'Angleterre. La France y possède avec ses riches et fertiles colonies directement administrées du Tonkin et de la Cochinchine, avec les deux pays du protectorat, le Cambodge et l'Annam, un territoire d'une superficie totale de plus de 700 000 kilomètres carrés habité par une population encore mal recensée de 20 à 30 millions.

Le domaine anglais est le complément naturel de l'empire indien. Les Anglais en ont d'abord occupé le littoral occidental pour s'assurer la domination du golfe du Bengale ; puis l'espérance d'attirer vers l'Inde le commerce de la Chine les a poussés à soumettre la *Birmanie* indépendante.

Jusqu'à ces dernières années, les Anglais ne possédaient de la Birmanie que le versant des monts d'Arakan tourné vers le golfe du Bengale et la vallée inférieure de l'Iraouaddi. Depuis 1885, ils y ont joint le reste de la Birmanie, c'est-à-dire tout le bassin moyen de l'Iraouaddi. L'ensemble du pays occupe environ 700 000 kilomètres carrés et est peuplé par 8 millions d'habitants, appartenant à une race pa rentedes Chinois, mais qui a subi fortement l'influence hindoue. La capitale, *Mandalé*, « carré parfait dont l'enceinte de briques, percée de portes au milieu des quatre côtés, est flanquée de tours aux toits dorés », est aujourd'hui au pouvoir d'une garnison anglaise. Des villes plus importantes sont *Bhamo* sur le haut Iraouaddi, au point où le fleuve commence à devenir navigable, et *Rangoon*, aux bouches du fleuve, l'un des grands marchés de riz de l'Indo-Chine.

Les *Colonies du détroit* ou « Strait's settlements » comprennent la partie méridionale de la péninsule Malaise. *Singapour* (184 000 hab.) dans une île, commande le passage entre les mers de Chine et la mer des Indes. Outre le territoire des Colonies du détroit, peuplé de 506 000 habitants, et qui est directement régi, l'Angleterre a sous son protectorat quelques petits États, ceux de *Pérak* et de *Selangor*, etc., etc....

Vers le IIIe siècle avant notre ère, la Chine à l'est, l'Inde à l'ouest, avaient commencé à étendre leur domination sur la péninsule. Elles s'y sont longtemps disputé l'influence; aujourd'hui l'une et l'autre ont dû battre en retraite devant de nouveaux envahisseurs, les Anglais et les Français. L'indépendance des derniers États indigènes devant de tels voisins semble bien précaire, et l'Indo-Chine ne tardera pas à être ouverte tout entière à l'influence européenne.

§ III. — Groupe méridional.

L'Inde. — L'Inde occupe une superficie d'environ 3 800 000 kilomètres carrés, plus du tiers de l'Europe, environ sept fois la France. Elle est située entre le Baloutchistan et l'Afghanistan à l'ouest, le plateau du Tibet au nord, l'Indo-Chine à l'est, et s'avance en pointe entre la mer d'Oman et le golfe du Bengale. Elle se compose de trois régions bien distinctes :

1° D'une zone montagneuse, constituée par les hauts massifs de l'Himalaya, rattachée au reste de l'Inde par une région marécageuse, où fourmillent les tigres, le *Téraï*, puis par une première ligne de hauteurs ;

2° D'une grande plaine où coule le Gange d'un côté, de l'autre l'Indus, la région la plus fertile et aussi la plus peuplée. Cette plaine ne dépasse jamais une élévation de 300 mètres ;

3° D'un plateau triangulaire, qui compose la péninsule proprement dite. La région méridionale porte le nom de plateau du *Dekkan*. Bordé à l'ouest par les *Ghates* occidentales dont le point culminant atteint 2700 mètres, à l'est par les *Ghates* orientales, beaucoup moins élevées (1000 à 1100 m.), il est incliné de l'ouest à l'est, et son altitude varie entre 1000 et 200 mètres. Au nord-ouest, il est séparé de la plaine par une contrée montagneuse, l'Inde centrale, occupée par les *Vyndhya* 2200 m.), et les *Aravalli* (1700 m.).

Cette disposition des régions indiennes explique le caractère des côtes de la péninsule ; au nord elles sont basses et occupées par d'immenses deltas aux extrémités de la plaine ; au centre et au sud, elles forment une ligne continue, médiocrement découpée, parallèle aux chaînes qui bordent le plateau.

La péninsule indienne est par sa position en latitude un des pays les plus chauds du monde. Aussi son climat, principalement dans la vallée du Gange, est-il énervant pour les Européens. Mais du sud au nord le climat devient de plus en plus continental : le Pendjad, au nord-ouest, a les étés du Sahara en juillet où le thermomètre monte à + 57 degrés et connaît la gelée en hiver.

Par suite du voisinage de la mer et de la position en latitude, les pluies sont extrêmement abondantes ; mais elles ne tombent pas également dans toutes les saisons les averses les plus considérables tombent en juillet et en août. Alors les rivières du Dekkan, presque à sec pendant quelques mois, s'enflent et deviennent de terribles torrents. Au contraire les grands fleuves de la plaine, constamment alimentés par les glaciers de l'Himalaya, roulent en toute saison des eaux abondantes.

Le monde indien est riche en productions de toutes sortes. Le bassin *houiller* du nord-est livre déjà autant de combustible minéral que la France, plus de 20 millions de tonnes. Des établissements métallurgiques commencent à se fonder de tous côtés, présageant à l'Inde un **bel** avenir industriel.

Mais sa grande richesse consiste encore dans l'*agriculture*. Le *riz* est cultivé en quantités énormes dans les deltas du golfe de Bengale. Le *coton*, y donne d'abondantes récoltes. Les régions moyennes des plateaux de l'Inde centrale produisent beaucoup de *blé* et envoient déjà leurs cargaisons de céréales en Europe, où elles font concurrence aux arrivages de l'Amérique. Le gouvernement anglais encourage les plantations de *thé* au nord-est, dans le Sikkim en particulier, pour affranchir la Grande-Bretagne, qui en consomme tant, des producteurs chinois. En revanche, il a fait la guerre au même empire pour le forcer à recevoir l'*opium* indien, que produit surtout le Bengale. Les avant-chaînes de l'Himalaya portent des forêts d'arbres de la zone tempérée ; là, autour des domaines où résident les Européens pendant l'été tropical, des stations de santé ou *sanatoria*, on retrouve les arbres fruitiers de nos pays.

La principale industrie de l'Inde est encore celle des *filatures de coton;* on y comptera bientôt un million et demi de broches. Ces fabriques, à leur début, font déjà à celles de la métropole une sérieuse concurrence.

Aussi le commerce est-il très actif; il est d'ailleurs

facilité par l'établissement de nombreuses voies de communication ; les Anglais ont déjà muni leur colonie d'un réseau de voies ferrées de plus de 20 000 kilomètres. Les importations et exportations réunies représentent une valeur d'environ trois milliards et demi de francs, près de la moitié du commerce total de la France. L'Inde envoie en Europe et dans les pays riverains de l'océan Indien du riz et des céréales, du coton, de l'indigo, des graines oléagineuses ; en Chine et dans l'Indo-Chine, son opium. Elle reçoit de l'Europe les produits manufacturés nécessaires à son immense population, tissus, machines, de l'Indo-Chine du riz. Le commerce des caravanes avec la Chine, l'Indo-Chine, les pays de l'Iran et du Turkestan, est aussi un élément de richesse pour l'Inde. Enfin le mouvement de ses ports atteint sept millions et demi de tonneaux ; Calcutta et Bombay sont en relations constantes avec Londres et Liverpool.

Cet immense empire est peuplé de 288 millions d'habitants, c'est-à-dire, en moyenne, autant que la France (71 personnes par kilom. q.). Mais les *peuples de l'Inde* sont divisés par la race et la religion. Les *Hindous* (149 millions), qui sont apparentés, par de lointaines origines, aux peuples européens, et les *musulmans* (40 millions) sont de beaucoup prédominants, les premiers dans la vallée du moyen et du bas Gange, les seconds dans les provinces du nord-ouest. Les Anglais ne sont que 75 000 au milieu de cette multitude, les autres Européens 40 000 au plus. La religion ne sépare pas moins les sujets indiens de la Grande-Bretagne ; les Hindous, adeptes du brahmanisme, sont détestés des 40 millions de musulmans qui vivent à côté d'eux.

Ces divisions rendent plus facile le gouvernement des Anglais. La reine d'Angleterre a été proclamée *impératrice des Indes ;* un *vice-roi* la représente depuis que l'État

Géographie générale. **12**

a remplacé l'ancienne compagnie des Indes et a le pouvoir suprême. Une partie du pays est régie directement : ce sont les *trois présidences* de Calcutta, Bombay et Madras. Enfin dans les États tributaires et vassaux, dont quelques-uns ont jusqu'à dix millions de sujets, le gouvernement anglais place des agents chargés de surveiller la conduite des princes de ces États et de prévenir toute tentative d'affranchissement.

Une forte armée de plus de 100 000 hommes, complétée par des corps de police indigène, veille à la sécurité et à l'obéissance de l'Inde. Cette organisation grandiose, l'entretien de tant de régiments, la construction de routes, de chemins de fer, de canaux d'irrigation, permet à peine, malgré la richesse du pays, d'équilibrer les dépenses par les recettes.

Les plus grandes villes sont : *Bombay* (820 000 hab.), grand port sur la mer d'Oman, dans une admirable position sur une petite île, rattachée au continent par des chaussées. C'est le centre du commerce des cotons. *Calcutta* (810 000 hab.), aussi peuplée que Bombay en comptant les faubourgs, sur l'Hougly, branche maîtresse du Gange, est le débouché de la riche vallée de ce fleuve, la place la plus importante pour le commerce du riz, de l'opium ; résidence du vice-roi, elle entretient avec l'Indo-Chine, la Chine et le Japon, des relations fort actives. Puis vient *Madras* (452 000 hab.), sur la côte de Coromandel, dont les blanches maisons se groupent sur un vaste espace au milieu des champs et des jardins ; *Haïderabad* (415 000 hab.), sur le cours inférieur de l'Indus, fabrique des bijoux émaillés et de remarquables broderies ; *Lucknow* (273 000 hab.), a quelques beaux palais ; *Bénarès* (219 000 hab.), avec ses 1 700 temples, est la cité sainte par excellence ; *Delhi* (192 000 hab.), longtemps capitale de l'Inde sous les différentes dominations qui s'y succédèrent, présente des ruines de toutes les époques, temples, mosquées, tombeaux, fortifications ; *Patna* (165000 hab.) étend au bord du Gange sur une longueur de plus de 20 kilomètres de vastes entrepôts d'opium, de

Fig. 30. — Bénarès, les quais.

blé et d'huile. Combien d'autres villes seraient encore à citer! qu'on pense que l'Inde compte quarante villes de 50 à 100000 habitants, et vingt-quatre de 100 à 800000. Certains districts ont en moyenne 140, 160 et même 170 personnes par kilomètre carré.

L'Himalaya seul abrite encore des peuples vraiment indépendants de l'Angleterre. Le *Népal* ou *Népaul*, grand État montagnard, est resté libre sur le flanc gauche de la plaine du Gange moyen; il commande les passages menant au Tibet. *Katmandou*, sa capitale, est à environ 1300 mètres d'altitude.

Le *Bhoutan*, capitale *Tassisoudon*, est maître de la route entre l'Inde et Lhassa, centre religieux et économique du Tibet. Il est d'ailleurs médiocrement peuplé.

Le district anglais du *Sikkim*, au cœur des montagnes, sépare ces deux États l'un de l'autre et assure à l'occasion la route du plateau aux agents britanniques.

Colonies portugaises et françaises. — Les Portugais, qui ont révélé à l'Europe le chemin maritime des Indes et fondé dans ces parages les premières colonies, n'ont gardé de leur ancien domaine que des comptoirs peuplés d'environ 515 000 habitants, sur la côte de la mer d'Oman. Ce sont les ports de *Diu*, au sud de la presqu'île de Goudjrate, *Damao* sur le golfe de Cambaye, l'îlot de *Salsette* près de Bombay, enfin *Goa* et son territoire. Goa, chef-lieu de ces établissements, petite ville de 20 000 âmes, n'est plus aujourd'hui qu' « une forêt de cocotiers, au milieu de laquelle s'élèvent de nombreuses ruines, les tours et les coupoles d'une trentaine d'édifices religieux » (E. Reclus).

Les cinq villes, *Mahé*, *Karikal*, *Pondichéry*, *Yanaon*, *Chandernagor*, débris du vaste empire français qu'avait créé au xviiie siècle le génie de Dupleix, font également médiocre figure à côté des puissantes cités de l'Inde anglaise.

§ IV. — Groupe occidental ou Asie antérieure.

La transition entre l'Asie centrale et les pays asiatiques riverains de la Méditerranée est formée par l'Arménie, la Mésopotamie et l'Arabie. Le plateau de l'Iran forme comme l'isthme reliant ce cap avancé à la masse montagneuse de l'Asie entre la dépression septentrionale où la mer Caspienne et l'Aral se dessèchent lentement, et les dépressions méridionales occupées par la mer Rouge, le golfe Persique et la mer d'Oman. La région où viennent **se rattacher les grands** plateaux de l'Iran **à l'est, de l'Asie**

Mineure à l'ouest, et au sud la grande vallée du Tigre et de l'Euphrate reliant l'Arabie au reste de l'Asie, est constituée par l'Arménie, aujourd'hui partagée entre la Turquie, la Russie et la Perse. C'est un plateau d'une altitude moyenne de 1500 mètres, surmonté de pics élevés dont le plus considérable est l'*Ararat* (5167 m.), découpé en vallées souvent profondes où miroitent de nombreux et vastes lacs, dont les plus célèbres sont ceux de *Van* et d'*Ourmia*. A l'est de ce lac, se rattache le plateau de l'Iran où l'on trouve trois îlots : l'Afghanistan, le Baloutchistan et la Perse ; au sud du massif Arménien s'étendent la Mésopotamie et l'Arabie qui relient l'Asie à l'Afrique ; à l'ouest, l'Asie Mineure qui unit l'Asie à l'Europe.

Les États de l'Iran. — On comprend sous le nom d'*Iran* un grand plateau de 2 millions 1/2 de kilomètres carrés, d'étendue quatre fois aussi vaste que la France, entre les plaines de la Mésopotamie, le golfe Persique, la plaine de l'Indus et les steppes du Turkestan. A l'est il se relie aux plateaux de l'Asie centrale par l'Hindou-Kouch, à l'ouest à ceux de l'Asie Mineure par les massifs arméniens.

Il est entouré de toutes parts de bordures montagneuses ayant souvent une altitude comprise entre 3000 et 4000 mètres ; la plus remarquable est celle des monts du *Khorassan* et de l'*Elbourz :* le mont *Demavend*, au sud de la Caspienne, mesure 5600 mètres. A l'intérieur du plateau, sur le territoire persan, quelques chaînes égalent les monts des bordures. Du côté de la mer, ces hautes chaînes bordent de trop près le littoral pour que celui-ci ait de bons ports.

Le climat de l'Iran s'explique par ces conditions de relief. A la surface du plateau, qui se trouve souvent à plus de 2000 mètres d'altitude, sévit le climat extrême ou continental ; les pluies et l'influence adoucissante de la mer n'y peuvent parvenir et sont arrêtées par les bordures dont les crêtes surplombent l'intérieur de l'Iran. Au contraire les monts disposés en gradins de l'ouest et du sud-ouest reçoivent une abondante humidité. Là seulement se forment des cours d'eau capables de rejoindre le Tigre, de tomber dans le golfe Persique après avoir franchi la bordure du plateau, ou de confluer dans l'Indus comme le *Kaboul*. A la surface du plateau se développent des lacs sans écoulement, comme le *Hamoun*, et coulent des fleuves qui se perdent dans des steppes ou dans une lagune.

L'Iran est partagé entre trois États indépendants, la Perse, l'Afghanistan et le Baloutchistan.

La Perse en occupe plus de la grande moitié (1 645 000 kilomq.), la partie occidentale dans toute sa largeur avec la plus grande partie du littoral de la Caspienne, du golfe Persique et du golfe d'Oman. De ses 7 millions 1/2 d'habitants, 2 millions au moins sont nomades. La population sédentaire et laborieuse qui se fait encore aujourd'hui remarquer par ses aptitudes artistiques, est fixée dans les provinces montagneuses du nord-ouest, de l'ouest et du sud-ouest, dans l'*Aderbaïjan*, composé des massifs occidentaux de l'Arménie, dans l'ancienne Perse ou *Farsistan*, région fertile et bien arrosée.

Tauris (180 000 hab.), en Arménie, souvent éprouvée par les tremblements de terre, est la ville la plus populeuse. *Téhéran*, la capitale (210 000 hab.), ne vient qu'au second rang. « Presque toute la ville n'est qu'un labyrinthe de rues irrégulières, embarrassées de décombres, coupées de fondrières, nettoyées seulement par les chiens et les chacals » (Reclus). Le port de *Bouchir* (30 000 hab.), sur le golfe Persique, est le centre de l'activité commerciale.

La Perse est gouvernée par un prince appelé *shah*. Elle dispose d'une assez puissante armée, surtout d'une excellente cavalerie, ce qui lui permet de jouer un rôle de quelque importance à côté des grands peuples qui se disputent les abords du plateau de l'Iran.

L'Afghanistan, plus grand que la France (550 000 kilomq.), n'est peuplé que de 4 millions d'habitants, population vaillante, volontiers belliqueuse, encore rude et grossière. Les routes de l'Inde à l'Europe passent sur son territoire, ce qui l'a mis en butte aux tentatives de conquête des Russes et des Anglais. Le ville de *Hérat* (100 000 hab.), sur le *Héri-roud*, est particulièrement visée par les entreprises de ces peuples rivaux : les Russes s'en sont rapprochés par l'occupation de *Merv*, et les Anglais ont aidé, en cas d'attaque, l'*émir* de leurs conseils et de leurs subsides.

Au nord-est du territoire Afghan, à l'extrémité du plateau Iranien, les montagnards du *Kafiristan* forment un petit État autonome.

Le Baloutchistan, grand comme la moitié de la France, ne compte pas même 1/2 million d'habitants. Son *khan*, résidant à *Khélat*, est en réalité sous l'étroite dépendance des maîtres de l'Inde.

L'Iran, dont les peuples ont jadis dominé sur toute l'Asie occidentale, est aujourd'hui menacé par le voisinage des Russes et des Anglais, qui ambitionnent la possession d'un pays plus important actuellement par sa position entre la Sibérie et l'Inde, entre l'Asie russe et l'Asie anglaise, que par son commerce qu'éprouvent gravement de continuelles guerres civiles.

La Mésopotamie. — Au sud-ouest du plateau de l'Iran s'étend la Mésopotamie ; les monts du *Kurdistan* et le plateau de l'*Iran* la limitent à l'est et au nord-est ; à l'ouest entre l'Euphrate et les montagnes du littoral méditerranéen se développent des plateaux continuant ceux de l'Arabie. Cet écran montagneux arrête les pluies ; aussi la Mésopotamie, si rapprochée de la mer, est-elle exposée à toutes les rigueurs du climat continental ; le thermomètre y descend quelquefois en hiver à — 6° et atteint en été + 50°. Les grands fleuves qui la sillonnent, le Tigre et l'Euphrate, ne doivent leurs eaux relativement abondantes qu'aux massifs de l'Arménie et au plateau de l'Iran. Ces deux fleuves font la fortune de cette immense plaine ; il y en a peu dans le monde qui soient plus utiles à l'agriculture et au commerce : ils ont permis l'établissement de villes riches et d'États prospères dans une région environnée de déserts. L'Euphrate, par son cours vers la Méditerranée, est la route nationale entre le golfe Persique et le golfe d'Alexandrette. Vers *Biredjik*, il n'est plus qu'à 160 kilomètres de la Méditerranée. Par eux peuvent passer les denrées de l'Inde emmagasinées à *Bassorah* à son embouchure. Le Tigre est aussi une route indiquée vers l'Arménie et les ports orientaux de la mer Noire.

La Basse-Mésopotamie a déjà quelques-unes des cultures de la zone tropicale : le *cotonnier* y prospère. Les *dattes* y sont aussi un des objets principaux du trafic. Enfin Bagdad et Mossoul fabriquent des étoffes renommées (mousseline).

Ces deux villes, toutes deux construites sur le Tigre, sont les plus importantes : *Bagdad* (100 000 hab.), point de départ des caravanes vers la Perse, *Mossoul* (57 000 hab.), étape de celles qui se dirigent vers Alep, remplacent d'antiques capitales, l'une Ctésiphon et Séleucie, l'autre Ninive.

Arabie. — L'*Arabie*, massive péninsule d'environ 3 millions de kilomètres carrés, est partagée entre la *Turquie*, maîtresse du littoral de la mer Rouge, d'une partie de celui de la mer Rouge et d'une partie de celui de la mer d'Oman, et des *États indépendants* établis soit au centre, soit sur les côtes de la mer des Indes, du golfe d'Oman et du golfe d'Aden. Enfin les *Anglais* y ont occupé au sud-est Aden, et son territoire.

C'est un plateau, véritable continuation du plateau saharien au delà de la mer Rouge, bordé de hautes chaînes côtières en forme de terrasses, sillonné, comme le Sahara, de systèmes montagneux, les uns et les autres encore mal connus.

Par son climat continental l'Arabie rappelle encore les déserts de l'Afrique ; la température y est extrême en hiver comme en été ; comme dans le Sahara on y passe même en quelques heures d'une nuit glaciale à une matinée brûlante.

Mais au sud du 16e degré de latitude l'Arabie appartient à la zone des moussons de la mer des Indes et reçoit surtout des pluies d'été très abondantes. Tel est le cas pour la côte du golfe d'*Oman*, l'*Hadramaout* et l'*Yémen* méridional.

Le littoral est pauvre en articulations. *Djeddah* et même *Aden* et *Mascate* sont des ports médiocres.

Du reste ce vaste pays est parmi les moins favorisés du monde. Les déserts couvrent une bonne partie de l'intérieur du plateau ; ainsi les étendues incultes du *Néfoud* comprennent presque toute la largeur de la péninsule entre l'*Hedjaz*, que baigne la mer Rouge, et la province d'*El-Ahsa* sur le golfe Persique. Les oasis cultivent le *dattier* : sur les côtes poussent des *caféiers*, qui donnent un produit célèbre sous le nom de *moka*. Aussi les peuples ne se sont-ils établis à demeure fixe que sur les côtes ;

les Arabes du plateau, comme les *Wahabites* de la province centrale du *Nedjed*, sont nomades et ne reconnaissent d'autre autorité que celle de leurs chefs de tribu. C'est à peine si les Turcs sont obéis même dans le voisinage immédiat des côtes.

Leur domaine comprend théoriquement une superficie de 560 000 kilomètres carrés : il est divisé en deux vilayets, ceux de l'*Hedjaz*, adjacent à la Syrie, et de l'*Yémen*, sur la côte sud-ouest de l'Arabie. On évalue la population des établissements ottomans à 1 million d'habitants. Le district d'*El-Ahsa*, sur le golfe Persique, dépend du gouverneur de la Mésopotamie, qui commande déjà, dans la Mésopotamie inférieure, à des peuples arabes en grande majorité.

La ville de la *Mecque* (40 à 50 000 hab.) doit son importance aux souvenirs religieux des Musulmans, à la réputation de ses pèlerinages, beaucoup plus qu'à son activité commerciale. Les pèlerins qui viennent s'y sanctifier ou qui vont visiter à *Médine* le tombeau du Prophète débarquent pour la plupart au port de *Djeddah*.

Les *Anglais*, sur la côte méridionale d'Arabie, ont fondé le comptoir et la citadelle d'*Aden*. C'est une ville de 35 000 âmes environ, fort bien située pour commander le détroit de Bab-el-Mandeb et servir d'étape commerciale ou de sentinelle maritime entre l'Inde et l'Europe. Le nombre des navires qui y relâchent est d'ailleurs très considérable; mais la valeur des échanges avec les pays arabes représente une somme médiocre. Les forts de l'îlot de *Périm* complètent ceux d'Aden.

Les *Français* ont des droits sur le territoire arabe de *Cheikh-Saïd;* mais jusqu'à ce jour ils ne les ont point fait valoir.

L'Arabie est donc en majeure partie habitée par des nomades au nombre de près de 4 millions. A l'intérieur les *Wahabites* forment le principal État régulier ; sur le golfe d'Oman le *sultan de Mascate* gouverne une des régions les mieux arrosées de la péninsule. Sa capitale, *Mascate*, est une étape importante du commerce entre Bombay et Bassorah.

Arménie turque. — L'Arménie turque relie l'Asie Mineure au plateau de l'Iran. C'est une région de 200000 kilomètres carrés, avec plus de 2 millions d'habitants. Là sont les sources de l'Euphrate, la haute plaine d'*Erzéroum*, riche et fertile, les bords du grand lac de *Van*. Le relief y est irrégulier et bouleversé par des tremblements de terre ; les volcans y ont aussi recouvert les hautes plaines de vastes coulées de lave.

Les Turcs ont formé de ce fragment de l'Arménie un *vilayet*, celui d'*Erzéroum*. Cette ville de 60000 habitants a une grande importance commerciale et politique : là se croisent des routes de caravane entre le golfe Persique, la mer Caspienne et la mer Noire.

L'Asie Mineure. — L'Asie Mineure est une vaste péninsule couvrant une superficie presque égale à celle de la France (510000 kilom. q.). La mer Noire, la mer de Marmara, l'Archipel et la Méditerranée la baignent au nord, à l'ouest et au sud. — Le *relief* en est assez simple. L'Asie Mineure est, comme l'Iran et les régions qui lui font suite en Asie centrale, un plateau ; la surface de ce plateau atteint une altitude variant de 800 à 1200 mètres environ, relevée ici par des sillons montagneux, creusée là de lagunes et de cuvettes qui ne sont jamais très profondes. Une ceinture de montagnes borde le plateau sur presque tout son pourtour. — L'Asie Mineure appartient à la zone de *climat* méditerranéen ; elle reçoit la plus grande partie de ses pluies pendant les mois d'hiver, de novembre à mars; mais l'intérieur du plateau, garanti par les bordures montagneuses contre l'influence maritime, est beaucoup plus sec, et même quelques steppes et déserts y ont un développement assez considérable. Tel est le désert salé au nord de *Konieh*, presque au centre de la péninsule. De même ce plateau subit des excès de chaud et de froid, de brusques changements de température que ne connaît pas la zone maritime. La région la plus tempérée est celle que baigne l'Archipel; le climat des îles est d'une douceur plus remarquable encore en ces parages.

Les *fleuves* sont caractérisés par leur irrégularité de régime; ce sont en général des torrents décrivant de nombreux méandres soit dans les sillons du plateau lui-même, soit à travers les bordures montagneuses où l'eau a dû se frayer un passage. Tous ont un trait commun, ils charrient une assez grande quantité d'alluvions et forment des deltas.

Les *découpures littorales* de l'Asie Mineure sont en rapport avec le relief. Au nord et au sud, les découpures, golfes ou caps, ne sont pas très profondes; les îles sont rares ou font même tout à fait défaut. Au contraire à l'ouest, entre les chaînes et les massifs montagneux s'insèrent des golfes, comme ceux de *Smyrne* et de *Scala Nova*. Cette articulation est complétée par les îles de *Rhodes*, *Cos*, *Calymnos*, *Samos*, *Chio* et *Métélin* : les ports y sont nombreux et excellents en majorité.

Sauf *Samos* que gouverne un prince indépendant, et *Chypre*, colonie anglaise, l'Asie Mineure est sous la dépendance du sultan et fait partie intégrante de l'empire ottoman. Elle est divisée en dix vilayets ou provinces; le gouverneur général, ou vali, réside à Smyrne.

La population est de 6 millions d'habitants environ, *Turcs* sur le plateau, *Grecs* dans la zone maritime. La côte est la région la plus peuplée.

La capitale, *Smyrne* (225 000 hab.), entourée de villages très populeux, est un des ports les plus actifs du Levant. Sur le bord de la mer est la ville européenne ; sur les terrasses de la côte s'étage la ville turque, sale et misérable. *Trébizonde* (45 000 hab.) est, après Smyrne, le marché le plus actif de l'Anatolie maritime. *Brousse*, un parc presque autant qu'une cité, renferme de beaux monuments qui rappellent le temps où elle fut la capitale de l'empire ottoman avant la prise de Constantinople. A l'intérieur du plateau, *Kaisarieh* (45 à 50 000 hab.), est le rendez-vous et le carrefour des caravanes venant de la vallée de l'Euphrate aux marchés de la mer

Fig. 31. — Brousse, vue générale.

Noire, de la mer de Marmara et de l'Archipel, Samsoun, Scutari et Smyrne. *Amasia*, ville savante, héberge et instruit plus de 2000 étudiants. *Angora*, l'ancienne Ancyre, renferme les débris d'un temple romain sur les parois duquel est gravé le testament d'Auguste.

L'Asie Mineure est une terre très fertile surtout dans sa partie maritime et occidentale. Peu riche encore en produits métallurgiques, faute d'exploitation et de capitaux, elle est restée pays d'*agriculture* par excellence. Ainsi la province de Smyrne donne en abondance des *olives*, des *figues* fameuses, des *raisins*, du *coton*, des *graines oléagineuses*, des *réglisses* dont l'emploi se généralise dans la distillerie européenne. Chios, Samos, Cos, sont plus avancés encore dans l'art de la viticulture et fabriquent des vins renommés.

Mais les voies de communication sont encore incomplètes ou mal entretenues. Les compagnies étrangères, anglaises, ont construit un réseau de 300 kilomètres de chemins de fer qui rend déjà de grands services à l'exploitation agricole ; les principales lignes desservent les provinces occidentales, celles de Smyrne et d'Aïdin, puis au nord-ouest la côte de la mer de Marmara. Les ports sont mal entretenus et mal outillés, sauf celui de Smyrne, construit par une société française.

L'*industrie* est peu développée, sauf l'industrie traditionnelle des *tapis* de Smyrne et de Brousse. Le *commerce* consiste donc surtout en denrées agricoles, figues, raisins secs ou frais, graines, maïs, pavot, vins, réglisse : l'Europe envoie des étoffes et autres produits manufacturés.

Chypre. — *Chypre*, colonie anglaise depuis **1878**, s'allonge au fond du golfe d'Alexandrette. Montagneuse et fertile, elle est tour à tour, « suivant les saisons et suivant les lieux, un enfer et un paradis ». Elle produit des vins justement renommés, le *troène*, arbuste avec les feuilles duquel on fabrique le *henné*, sorte de teinture employée par les femmes d'Orient à se farder. Son nom lui vient de gisements de *cuivre* qu'on y exploitait dans l'antiquité. Les richesses de l'île « parfumée », comme disaient les Grecs, ont de tout temps fait naître la convoitise. Chypre a été tour à tour phénicienne, babylonienne, égyptienne, grecque, romaine, byzantine, arabe, chrétienne sous la domination de princes français, les Lusignans, vénitienne et enfin turque, avant de devenir pour l'Angleterre la gardienne de l'isthme de Suez. L'autre colonie anglaise, dans la Méditerranée, *Malte*, joue le même rôle dans le bassin occidental de cette mer.

La Syrie. — La zone littorale de *Syrie* et de *Palestine* fait suite à l'Asie Mineure. La Palestine est un plateau ; en Phénicie, quelques massifs le sillonnent, annonçant le *Liban* et l'*Anti-Liban*, qui se développent surtout en Syrie. Les chaînes sont aujourd'hui en partie dépouillées de leurs fameuses forêts de cèdres. Le lac de *Génézareth*, la vallée du *Jourdain*, la mer Morte, sont au-dessous du niveau de la mer (190 et 390 m.).

Toute cette côte, bien arrosée, jouit d'un climat maritime, doux et égal. Les pluies sont abondantes, mais la disposition du sol n'a permis la formation d'aucun cours d'eau important.

Les productions de la Syrie sont essentiellement *agricoles* ; les céréales, le blé, le maïs, le millet, la vigne qui donne le célèbre vin d'or du Liban, les orangers, les citronniers, sont la principale richesse des habitants.

Des villes actives et peuplées se sont établies sur la côte. *Beyrouth*, devenue européenne d'aspect, est en relations avec tous les grands ports de l'Europe méridionale, avec Marseille en particulier (85 000 hab.). *Damas* (150 000 hab.), capitale du vilayet de Syrie, envoie à travers le désert de nombreuses caravanes à Bagdad. *Alep* (110 000 hab.), entourée de jardins, dominée par une forteresse qui résista aux croisés, joue le même rôle dans la Syrie septentrionale, avec l'avantage d'être beaucoup plus proche du fleuve, presque à mi-route entre la Méditerranée et la lisière de la haute Mésopotamie.

Sujets de devoirs. — 1. Comparer l'Asie septentrionale et l'Asie méridionale. — 2. Un colon russe vient s'établir sur les bords du lac Baïkal. Quelles difficultés la nature le force-t-elle à combattre? Quelles ressources lui offre-t-elle pour vivre? — 3. Récit d'un voyageur qui va d'Irkoutsk à Canton. — 4. En quoi les villes chinoises diffèrent-elles des nôtres? — 5. Ressources que présente au commerce français l'Indo-Chine. — 6. Quelles différences de tout genre y a-t-il entre la plaine du Gange et le plateau du Dekkan? — 7. En quoi l'Arabie diffère-t-elle des autres pays asiatiques? — 8. Un voyage dans l'Asie Mineure; quel contraste y a-t-il entre les côtes et l'intérieur? — 9. Comparer l'étendue des possessions russes et anglaises en Asie.

CHAPITRE III

§ I.

Situation, dimensions, forme générale de l'Afrique.
— L'Afrique est une vaste péninsule qui ne tient à l'Asie
que par l'isthme de Suez, aujourd'hui percé d'un canal.
Mais la plus grande partie de son territoire est comprise
entre les deux tropiques, c'est-à-dire dans la zone torride :
elle appartient donc à la fois à l'hémisphère boréal et à
l'hémisphère austral. Cependant, grâce à son grand développement du nord au sud, elle compte aussi d'importantes régions dans les zones tempérées boréale et australe, régions qui ont été colonisées par les Européens.

Les bornes de l'Afrique sont marquées, du côté de
l'Asie par la mer Rouge et l'isthme de Suez, du côté de
l'Europe par la mer Méditerranée : observons toutefois
que cette mer est beaucoup plutôt un lien qu'une séparation.

Elle est comprise environ entre le 37ᵉ degré de latitude
nord et le 35ᵉ degré de latitude sud. Elle s'étend donc
en longueur sur 70 à 72 degrés parallèles, depuis le cap
Bon sur la Méditerranée jusqu'au cap de Bonne-Espérance.
En longitude, elle atteint comme points extrêmes le
20ᵉ degré de longitude ouest au cap Vert sur l'océan

Atlantique, et le 50e degré de longitude est au cap
Guardafui sur l'océan Indien, ce qui fait encore à peu
près 70 degrés. Sa superficie est d'environ 30 millions de
kilomètres carrés.

§ II. — Le relief africain.

Caractère général. — L'Afrique est un immense plateau dont les rebords sont formés par des chaînes de
montagnes ; les plaines ne se rencontrent que sur les côtes
et n'occupent qu'une très mince lisière. Le relief africain
se compose d'un vaste plateau au sud de l'équateur, qui
pousse vers le nord-est trois grands bras à travers des
régions moins élevées ; un massif indépendant borde au
nord-est la Méditerranée.

Le plateau austral. — Le *plateau Austral*, d'une hauteur moyenne de 1000 mètres, occupe le triangle qui termine l'Afrique au sud de l'équateur. De hautes montagnes qui suivent de plus ou moins loin la côte sud-est lui
servent de bordure du côté de l'océan Indien. Ces montagnes se relèvent considérablement auprès de l'équateur ; là sont les sommets du *Kénia* et du *Kilimandjaro*
qui dépassent 6000 mètres et, sous le chaud climat de ces
régions, conservent toute l'année leur calotte de neige.
Tout au sud, le plateau est bordé par les hautes terrasses
du *Cap*. La chaîne de montagnes qui limite le plateau
du côté de l'Atlantique, depuis le cap de Bonne-Espérance
jusqu'au fond du golfe de Guinée, est souvent interrompue et ne forme guère que des tronçons. En son centre le
plateau est légèrement déprimé et présente le désert de
Kalahari.

Hauteurs septentrionales. — Au nord de l'équateur,
l'Afrique est occupée en majeure partie par des régions

Monts Nieuweveld
Fl Orange
Sces du Zambèze
Congo
Darfour
Désert Lybien
Barca
Méditerrée
2000 m
1000
0
2000
3000
Afrique — Profil sur le 20° de Long E
Oc Indien
Kilima Ndjaro
Kenia
L. Victoria Nianza
Mfoumbiro
L. Mouta-Nzigue
Congo
Congo
Mts Achango
Gabon
Oc Atlantique
6000 m
5000
4000
3000
2000
1000
0
1000
2000
3000
4000
Afrique — Profil sur l'Equateur
E. Morieu Sc

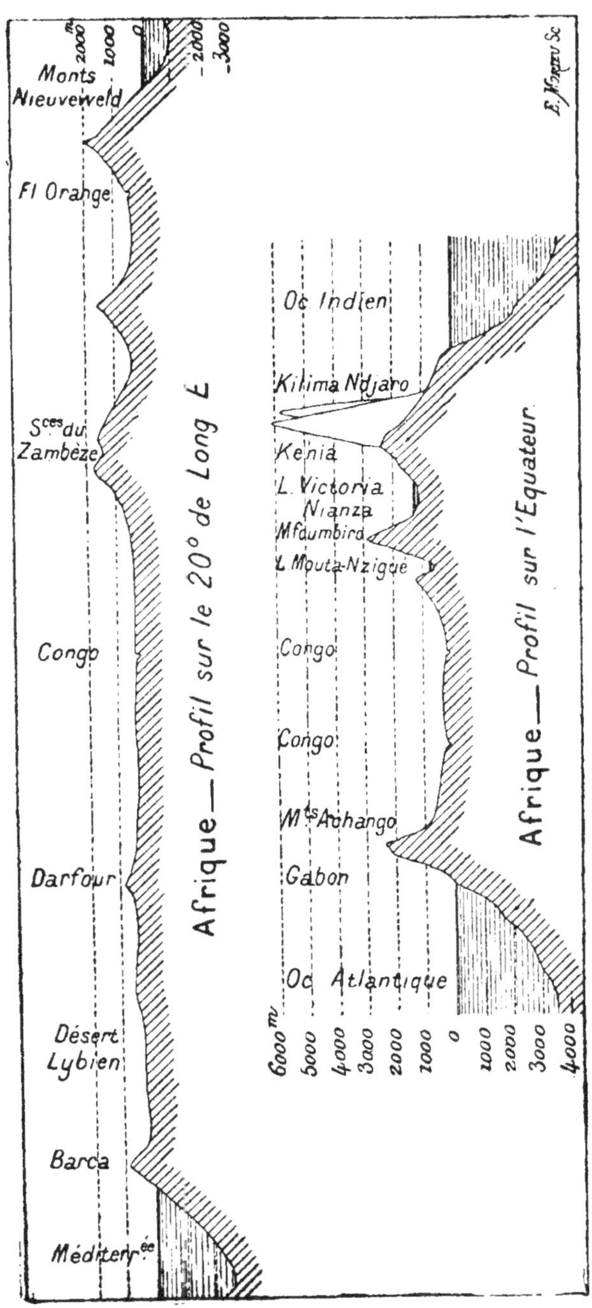

Fig. 32.

situées en moyenne à 500 mètres au-dessus du niveau de la mer. Le grand désert du *Sahara* y couvre une étendue à peu près égale aux deux tiers de l'Europe. A l'ouest, au centre et à l'est, le sol se relève.

A l'ouest, sur le bord de l'Atlantique, se replie entre l'embouchure du Congo et le cap Vert une série de hauteurs, affectant la forme d'une S couchée. Le cours du Niger partage ces hauteurs en deux régions; à l'est de ce fleuve, on trouve un sommet élevé au fond du golfe de Guinée, le mont *Cameroun*, ancien volcan; à l'ouest, les hauteurs vont se terminer au *Fouta-Djalon*, pays peu élevé, mais qui semble remarquablement fertile.

Au centre, à travers le Sahara, s'allonge dans la direction du nord-ouest une suite de plateaux et de chaines. Sur une longueur de 600 à 700 kilomètres s'étendent les roches nues et arides du *Tibesti* où un sommet, le *Tarso*, s'élève à 2400 mètres.

A l'est, le plateau austral se continue d'abord par un important système de plateaux, les *monts du Choa et de l'Abyssinie*, où s'élèvent quelques-uns des sommets les plus considérables de l'Afrique après le Kénia et le Kilimandjaro. Le long de la mer Rouge, la *chaîne arabique* sépare du sillon du Nil le désert de Nubie et le désert arabique.

Quant au soulèvement montagneux de l'*Atlas* au nord-ouest, il forme une série de hautes chaînes parallèles, quelques-unes fort élevées (4500 m.), enfermant entre elles de hauts plateaux. Ces monts sont d'ailleurs beaucoup moins africains qu'européens et se rattachent aux systèmes de la péninsule Ibérique.

Ainsi, en résumé, le relief de l'Afrique se compose de deux soulèvements montagneux, l'un la traversant de l'est à l'ouest, l'autre du nord-est au sud-est, parallèlement à la côte orientale. Au sud, à partir de l'équateur environ, le continent est occupé par un haut plateau qui s'appuie à l'est à la bordure montagneuse du grand soulèvement. Au nord du soulèvement dirigé dans le sens de l'équateur, s'étend un plateau plus bas ; et au nord-ouest, un massif indépendant fait saillie.

§ III. — Hydrographie de l'Afrique.

Vents, pluies, centres de dispersion des eaux, etc. — La plus grande partie de l'Afrique étant comprise dans la zone torride, le régime des pluies tropicales y domine, c'est-à-dire que les contrées situées sous cette zone reçoivent la pluie pendant la saison chaude. La saison froide y est la plus sèche. Il faut faire exception pour la région du nord-ouest appelée *Maghreb* que couvre le massif montagneux de l'Atlas ; le Maghreb, comme les régions méditerranéennes d'Europe, reçoit en hiver son plus fort contingent de pluie. Enfin, contrairement à ce qui se passe en Europe, ce sont, en Afrique, les côtes orientales qui sont le mieux arrosées ; c'est ce qui explique que le Cap, point extrême du sud de l'Afrique, présente l'aspect de la zone tropicale malgré son éloignement de l'équateur.

Deux parties de l'Afrique sont complètement privées d'humidité et forment des déserts : au nord, le Sahara ou grand désert, au sud le Kalahari.

Le trait principal du régime des vents en Afrique est le grand développement des vents alizés ou vents constants des deux côtés de l'équateur. C'est l'alizé du nord-est qui prive d'humidité la région du Sahara, en éloignant les nuages qui apportent l'eau de l'Atlantique.

Les grands cours d'eau de l'Afrique se forment sur les hauts plateaux qui sont les réservoirs des pluies de la zone tropicale. Deux autres centres sont formés par le Fouta-Djalon et par les monts du Cap. D'où qu'ils sor-

tent, ces fleuves présentent presque tous le même caractère. Coulant de terrasse en terrasse sur les plateaux, ils

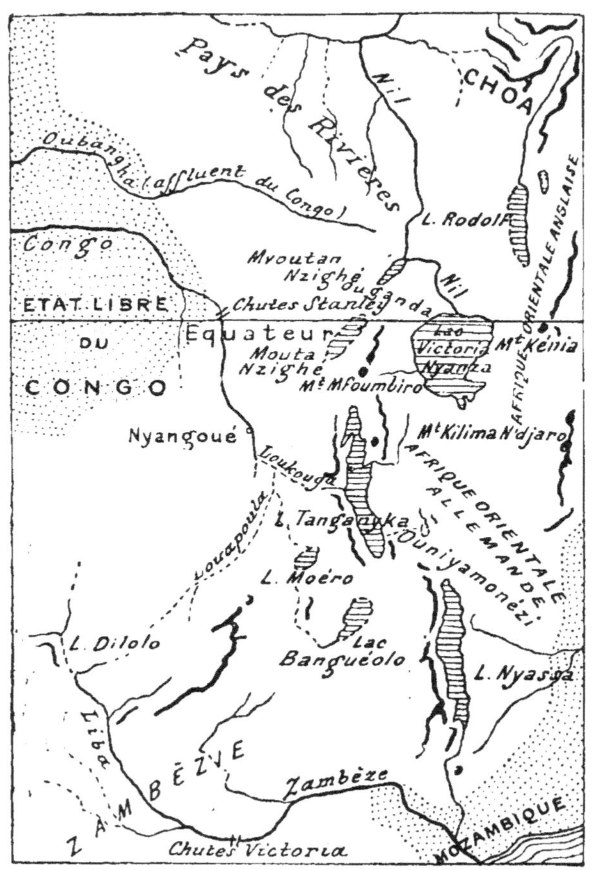

Fig. 33. — Région de formation des grands fleuves africains.

sont, pour la plupart, coupés de cataractes dans leur
cours supérieur et moyen.

Le Nil. — L'Afrique envoie à la Méditerranée le *Nil*. Sept
fois aussi long que la Loire, drainant une région égale au
tiers de l'Europe, le Nil n'est cependant par son débit

que le vingt-septième fleuve. Il naît au sud de l'équateur sur le plateau, et entre dans le *Nyanza* déjà aussi profond que l'Escaut à Anvers (15 m.). Le Nyanza est une mer intérieure égalant en superficie la Belgique et la Hollande réunies (66 500 kilom. q.). Le fleuve, par une suite d'écluses naturelles, vient tomber en cascades dans la longue et étroite fissure qui constitue le *Mvouta-Nzigé* (mer des Sauterelles). Il en sort sous le nom de *Bahr-el-Djebel*, et se dirige, bordé de rives verdoyantes, vers le nord, jusqu'au moment où le *Bhar-el-Ghazal* (fleuve des Gazelles) lui apporte les eaux du pays des rivières. D'immenses tapis d'herbes flottantes obstruent le con-

Fig. 34. — Cataractes du Nil.

fluent des deux fleuves. Sous le nom de *Bahr-el-Abiad* (Nil blanc), il roule vers le nord des eaux opaques et limoneuses ; à *Kartoum*, le *Bahr-el-Azrag* ou *Azrek* (Nil bleu) lui apporte les eaux claires du plateau éthiopien par une suite de cascades, de rapides, d'étroites cluses dans la montagne, de méandres dans la plaine. Le fleuve, après le confluent de l'*Atbara*, cours d'eau souvent à sec en été, ne reçoit plus d'affluent; il décrit une courbe vers l'ouest; mais son cours est alors embarrassé de rapides, se ramifiant à l'infini entre des rocs granitiques sur une longueur variant de quelques kilomètres à 130 kilomètres avec une déclivité qui ne dépasse guère $\frac{1}{1500}$ de la pente. Puis commence le Nil égyptien, coulant dans une étroite vallée dont la largeur varie entre 1 200 mètres et 25 kilomètres. Au delà du Caire deux branches se détachent, l'une à l'est, celle de *Damiette*, l'autre à l'ouest, celle de *Rosette*, formant le *Delta*, région fertile jadis

Fig. 35. — Les sources du Niger.

et peuplée. Le phénomène qui a rendu célèbre le Nil dans l'antiquité est sa crue annuelle, due aux pluies régulières des tropiques. Vers le 10 juin arrivent les « eaux vertes » du haut Nil, auxquelles se mêlent vers le 15 juillet les « eaux rouges » d'Éthiopie. Le 7 octobre le fleuve

a atteint son point culminant; il redescend alors graduellement, enrichissant la contrée d'un limon fertile.

Tributaires de l'océan Atlantique. — Les fleuves du
Maghreb ne sont guère que des torrents, et l'on ne retrouve
plus de grands fleuves, avant le *Sénégal*, tributaire de
l'océan Atlantique. Dans une série de grands bassins que

Fig. 36. — Rapides du Congo.

séparent des cascades, le Sénégal apporte à la mer les
eaux du revers septentrional du Fouta-Djalon. Le *Niger*
lui apporte celles du revers oriental. Né au milieu d'une
plaine dans un bloc, le fleuve se dirige vers le Sahara;
n'ayant qu'une faible pente, il gagne en largeur ce qu'il
perd en vitesse, et s'unit au *Bakhoy* dans un immense labyrinthe de lacs et de canaux bordés de tamariniers et
de palmiers, puis il redescend vers le sud au milieu de
larges plaines; il traverse par d'étroits défilés les montagnes riveraines de la côte, reçoit la *Bénoué* aussi longue
que notre Loire, et finit dans la mer par un delta où, sur

une surface presque aussi grande que la Belgique, palétuviers et mangliers forment un impénétrable fourré.

Parmi les autres tributaires de l'Atlantique, Ogooué, Gabon, Congo, Cunéné, fleuve Orange, l'*Ogooué* n'est qu'un long rapide. Le *Congo* au contraire « est certainement le fleuve africain qui roule la plus grande masse d'eau et même dans le nouveau monde, il n'a de supérieur à cet égard que l'Amazone (50000 m. c., 5 fois autant que le Danube). » Né sur le plateau austral à 1800 mètres, il traverse successivement le lac *Bangouéolo* et le lac *Moéro*, vastes marécages remplis de roseaux. Il reçoit alors par le *Loukouga* les eaux du lac *Tanganyika*, fissure plus longue que la Manche de Calais aux Sorlingues (630 kil.), également plus étroite et plus profonde, bordée de hautes falaises. Le fleuve, désormais large de plus de 1 kilomètre, se dirige vers le nord, franchit 7 cataractes, les *Stanley-Falls* (chutes de Stanley), et pénètre dans la vaste forêt récemment traversée par Stanley. Il décrit une courbe qui reproduit en grand celle de la Loire à Orléans, atteint une largeur de 2 à 4 kilomètres après son confluent avec le *Kassaï;* puis il gagne la mer en franchissant 32 cascades réparties sur une ligne de 275 kilomètres, les *chutes de Livingstone*, tourbillonnant avec une extrême rapidité. Le Congo se termine par un estuaire dont la plus grande largeur est d'environ 10 kilomètres.

Long de 2000 kilomètres, le *Cunéné* a la plus grande partie de son cours dans les terrains du plateau. Puis sur une longueur de 1500 kilomètres la côte ne présente plus d'embouchures importantes avant celle du fleuve *Orange*.

Né à 200 kilomètres de l'océan Indien, ce fleuve parcourt 2140 kilomètres avant d'atteindre l'Atlantique. De nombreuses chutes, des cluses profondes embarrassent son cours.

Tributaires de l'océan Indien. — L'océan Indien reçoit d'abord le *Limpopo*, qui apporte les eaux des terrasses du Transvaal, le *Zambèze* et la *Rovouma*, gracieuse rivière. La branche principale du Zambèze naît dans une région de pente indécise, où il traverse d'immenses plaines, tantôt marais herbeux, tantôt steppes sans eaux, suivant les saisons, puis pénètre dans une région montueuse qu'il franchit par de nombreuses cataractes. La plus célèbre porte le nom de *Fumée tonnante*. Au milieu de forêts superbes, le fleuve, large en amont de 1 kilomètre, se précipite d'une hauteur de 120 mètres dans une fissure large à peine en certains endroits de 125 mètres. Des gerbes de vapeur s'élancent dans l'air jusqu'à 350 mètres. Puis, une fois sorti des montagnes, le fleuve reçoit par le *Chiré* les eaux du *Nyassa*, lac presque aussi long et aussi profond que le Tanganyika. Un vaste delta termine le Zambèze.

Sénégal ————	1700
Zambèze ————	2660
Niger ————	4160
Congo ————	4200
Nil ————	5940

Fig. 37. — Longueur en kilomètres des principaux fleuves africains.

Bassins fermés. — L'Afrique présente aussi quelques bassins fermés. Le Sahara est sillonné de lits fluviaux le plus souvent à sec ; au centre du Soudan, le lac *Tchad*, qu'il faut se garder de comparer aux lacs d'eaux vives et profondes des hauts plateaux, forme une mer intérieure aux eaux peu profondes, semée d'îles basses et sablonneuses, 65 fois égale au lac Léman. Le *Ngami* forme également un bassin fermé sur le plateau austral.

Lacs. — Quant aux lacs, on a vu qu'ils étaient extrêmement nombreux, les uns affectant des formes arron-

dies, les autres occupant le fond de vastes fissures, les
uns plus profonds que telles mers intérieures, les autres
plus dignes du nom de marécages (*Tchad* ou *Tsad*) que
de celui de lacs. Ils occupent à eux seuls 1/150 de la surface totale de l'Afrique.

§ IV. — Les côtes africaines.

Côtes occidentales. — Nulle côte en Afrique, même
la côte méditerranéenne, qui cependant est la plus découpée, ne présente un dessin aussi varié que le littoral
européen ou asiatique. La lourdeur des contours est un
des caractères de l'Afrique ; il est dû à la forme générale
de plateau qu'affecte ce continent.

Au sud du détroit de *Gibraltar*, la côte, terminaison
des hauteurs de l'Atlas, est d'abord rocheuse et est en
quelques endroits escarpée ; puis, jusqu'au cap *Vert*, elle
se replie en une vaste courbe accompagnée de dunes ;
elle est bordée de plaines qui achèvent le Sahara. Au sud
du cap Vert, elle prend la forme d'une S couchée, se dirigeant d'abord vers le sud-est jusqu'au cap *Palmas ;* puis
elle se continue vers l'est jusqu'au mont Cameroun. Ce
grand enfoncement est le golfe de *Guinée*, partagé par le
delta du Niger en golfe de *Bénin* et golfe de *Biafra*. La
côte est basse, humide, chaude et insalubre, ses productions lui ont fait donner les noms de côte des *Graines* ou
côte du *Poivre*, côte de l'*Ivoire*, côte de l'*Or*, côte des
Esclaves. Au sud du mont Cameroun la côte file directement
vers le sud, presque continuellement parallèle au méridien. Elle est en général basse, et à peu de distance en
arrière s'élèvent aussitôt les premiers gradins du grand
plateau africain. Quelques points font saillie, le cap
Lopez, le cap *Frio*. La côte se replie légèrement entre ces
points, sans que les géographes cependant aient pu

donner des noms à ces enfoncements. La côte se termine
au cap de *Bonne-Espérance;* le roi du Portugal Jean II
remplaça par ce nom, attestant l'espérance d'une prompte
arrivée aux Indes que faisait naître cette découverte chez
les Portugais, celui du cap des Tempêtes que lui avait
donné Barthélemy Diaz en 1484. Cependant la pointe la
plus méridionale de l'Afrique n'est point ce cap, mais
celui des *Aiguilles.* Le changement d'aspect de la côte est
dû aux monts du Cap.

Quelques îles accompagnent de loin le littoral africain.
Au nord ce sont des archipels en général montueux et
volcaniques; les *Açores* (du mot portugais *azor,* signifiant
milan), *Madère,* aujourd'hui dépouillée des forêts qui lui
firent donner ce nom (*Madeira* en espagnol signifie
forêt), les *Canaries,* groupe de treize îles dont la principale
est *Ténériffe* avec le pic de *Teyde* (3700 m.), considéré
jusqu'à la fin du xvIII° siècle comme le plus haut sommet
du monde, les îles du *Cap-Vert* dont le climat est malsain.
L'archipel de *Bissagos,* beaucoup plus rapproché de la
côte, fait contraste par ses terres basses avec les îles
précédentes.

Au sud de l'équateur, les îles sont au contraire isolées :
au fond de la baie de Biafra sont les îles de *Fernando-Pô,*
du *Prince,* de *San Thomé,* d'*Annobon,* toutes montueuses,
boisées, fertiles, mais très malsaines. Au large sont les
îlots volcaniques, mais d'un climat sain, de l'*Ascension,*
de *Sainte-Hélène* et de *Tristan da Cunha.*

Côtes orientales. — A l'est du cap des Aiguilles, la
côte se poursuit d'abord dans la direction de l'est, haute
et rocheuse ; puis elle remonte vers le nord-est jusqu'au
cap *Guardafui,* suivant de loin les terrasses orientales
du plateau, dont elle est séparée par une plaine en pente
douce. Elle est elle-même basse, plate, et bordée de

récifs. Les découpures en sont un peu mieux accentuées surtout au sud, où elle présente la baie *Delagoa*. La saillie la plus marquée vers l'est avant le cap Guardafui est le cap *Delgado*; au sud de ce cap est la côte du *Mozambique*; au nord, la côte de *Zanzibar* où le plateau vient presque effleurer la mer.

En face du Zanzibar, est l'île célèbre de *Zanzibar*; au large, le canal de Mozambique sépare de la côte la grande île de *Madagascar* égale en superficie à la France. Madagascar est accompagné d'un cortège d'îles, à l'ouest, les *Comores*, à l'est les *Mascareignes* dont les principales sont *Maurice* et la *Réunion*, les unes et les autres montueuses et volcaniques, les dernières, dominées par des sommets auxquels leur forme a fait donner le nom de pitons. Au nord de Madagascar, un relèvement du sous-sol marin s'accuse par les trente îlots granitiques et corallifères des *Seychelles* et des *Amirantes*, garnies de cocotiers. Enfin à l'est du cap Guardafui est l'île aride et montueuse de *Socotora*.

A l'ouest du cap Guardafui la côte redevient montueuse et se dirige vers le sud-ouest un instant; elle limite de ce côté la massive presqu'île des *Somalis*. Puis le détroit de *Bab el Mandeb* donne accès dans la mer Rouge.

La mer Rouge. — La mer Rouge forme une longue et étroite fissure terminée au nord par deux golfes pointus, ceux de *Suez* et d'*Akabah*, enfermant entre eux la péninsule montagneuse du *Sinaï*, qui appartient à l'Arabie. C'est une des mers les plus curieuses du globe. Longue de 2200 kilomètres, n'ayant dans sa plus grande largeur que 400 à 500 kilomètres, elle présente des profondeurs de 1000 à 2000 mètres. N'étant alimentée par aucun cours d'eau constant, soumise à une haute température, elle renferme des eaux extrémement salées (40/100); l'évaporation y est assez intense pour déterminer un violent courant de l'Océan indien qui remplace ainsi les eaux pompées en énorme quantité par le soleil. Près d'un tiers de cette mer est encombré d'îlots de formation coralligène, longeant en récifs la côte arabique.

Côtes septentrionales. — Cette côte à l'ouest de l'isthme de Suez est d'abord basse et plate ; elle présente le delta du Nil, puis elle conserve le même caractère jusqu'à la lourde péninsule de la Cyrénaïque où elle se relève un instant. Entre la *Cyrénaïque* et la Tunisie, la mer pénètre profondément et forme la mer des *Syrtes*, au rivage bas, sablonneux, semé de récifs et de bas-fonds. A l'ouest de la mer des Syrtes, la côte change complètement. Bordée non plus par le désert, mais par les hauteurs de la puissante chaîne de l'Atlas, elle présente d'abord le cap *Bon* à l'abri duquel est situé le golfe de Tunis. Le cap *Blanc* le ferme au nord et protège contre les tempêtes l'admirable baie de *Bizerte*. Puis jusqu'au détroit de *Gibraltar*, la côte se dirige vers le sud-ouest, montueuse, mais cependant peu découpée.

§ V. — Climat de l'Afrique. — Productions naturelles. — Flore et faune.

Climat de l'Afrique. — L'Afrique, située en grande partie dans la zone torride, en a le climat chaud tantôt absolument sec et désertique, tantôt humide à l'excès ; on a remarqué qu'à latitude égale, ce continent subissait une chaleur plus forte que les autres. Ce fait est dû tant à la grande épaisseur de contours de l'Afrique, peu découpée et peu exposée à l'influence tempérée de l'Océan, qu'à l'action du grand désert dont la masse surchauffée communique aux contrées voisines quelque chose de son climat brûlant.

Mais l'altitude modifie la température. Le massif d'Abyssinie, par exemple, et les étages de l'Atlas, connaissent les hivers rigoureux de la zone tempérée.

Aussi peut-on distinguer en Afrique quelques grandes régions climatériques qui par suite de la position de l'Afrique sous l'équateur se répètent au nord et au sud de cette ligne. C'est d'abord la *région tropicale humide* comprise à peu près entre le 15e degré de latitude nord et le 20e degré de latitude sud. Les pluies y tombent toute l'année, la chaleur y est intense, et les écarts de température n'y sont pas considérables. Au nord et au sud de l'Afrique équatoriale sont les *deux régions du Soudan et du Zambèze;* les pluies y tombent périodiquement; la température encore très chaude y varie davantage suivant qu'on est dans la saison sèche ou dans la saison des pluies. Puis viennent *deux zones de climat tropical sec* à l'excès, le Sahara au nord, le Kalahari au sud; les pluies n'y tombent pas régulièrement, quelquefois le pays reste plusieurs années sans pluie; les écarts de température y sont excessifs; ces régions subissent des chaleurs extrêmement vives et des froids déjà sensibles ($+ 50°$ en été et $- 5°$ en hiver) ; ces oscillations se produisent quelquefois dans le cours d'une même journée. Enfin l'on trouve deux régions de climat encore chaud, mais tempéré par le voisinage de la mer et par l'altitude du relief. C'est au nord la *région méditerranéenne*, au sud la *région du Cap.* Les pluies y tombent régulièrement pendant l'hiver ; le climat y est tempéré et supportable pour les Européens.

Flore de l'Afrique. — La végétation africaine n'est pas la même dans toute l'étendue du continent, elle varie avec les différents climats africains. Au nord, dans la région de climat tempéré, c'est en grande partie les plantes et les cultures propres au bassin méditerranéen que l'on y rencontre (*chênes-lièges*, *lauriers*, *lentisques*, etc., *céréales*, *vignes*, *orangers*, *citronniers*, *oliviers*, etc.). La végétation présente des caractères analogues dans la région du Cap. Les déserts du Sahara et du Kalahari ne sont pas absolument dépourvus de végétation ; on y trouve des *herbes dures*, hautes parfois d'un mètre, des *arbustes épineux* (*tamarix*, *acacias* de diverses espèces) et dans les oasis du Sahara, l'arbre caractéristique de cette région, le *dattier*; il n'existe pas dans le Kalahari.

La végétation exclusivement propre à l'Afrique ne commence guère qu'avec le Soudan ; on y rencontre dans la zone qui borde le désert de vastes *steppes*, « verdoyants pâturages après la pluie, plaines unies et calcinées à la fin de la saison sèche ». Plus au sud commencent les grandes *forêts*, au milieu desquelles « les cultures ne forment plus que des clairières ». Dans l'Afrique équatoriale, un peu en arrière des côtes et le long des fleuves s'étendent d'immenses *forêts*, « fouillis d'arbres et de lianes dont les racines plongent dans un perpétuel marécage ». La plus considérable de ces forêts est celle que Stanley a découverte sur les rives de l'*Arouwimi*, affluent du Congo : suivant lui, elle s'étend sur « une superficie supérieure à celle de la France, de la Belgique, de la Hollande et du Luxembourg réunis ». Les arbres les plus caractéristiques de ces forêts sont l'*arbre à beurre*, le *bambou*, le *bananier*, la *liane à caoutchouc*, le *palmier à huile*, le *cocotier*, l'*arbre à kola*.

Faune de l'Afrique. — On retrouve pour la faune de l'Afrique une répartition à peu près semblable à celle de sa flore ; cette répartition est cependant moins rigoureuse, car les animaux peuvent s'accommoder plus facilement que les plantes des différences de climat. Les régions situées au nord du Sahara ont une faune qui ne diffère pas sensiblement de celle des autres pays méditerranéens ; seulement devant l'homme, les **grands carnassiers** tels **que** le lion, l'ours, ont reculé et se sont **réfugiés** soit sur la limite du désert, soit dans la montagne. La plupart des espèces européennes vivent dans ces contrées, il en est de même dans Afrique australe au sud du Limpopo ; mais les rives de ce fleuve sont infestées par une mouche dont la piqûre fait périr les bestiaux, la *mouche tetsé*. Les déserts, Sahara ou Kalahari, n'ont qu'une médiocre faune ; l'on n'y rencontre guère que la *gazelle*, l'*antilope*, l'*autruche*, et au nord le *chameau*, l'animal domestique le plus précieux du Sahara.

Au contraire le Soudan, la Sénégambie, la Guinée, l'Afrique équatoriale, les rives du Zambèze fourmillent d'animaux de toute sorte ; les steppes, nourrissent la *gazelle*, la *girafe*, l'*antilope*, le *zèbre*, l'*autruche*, et avec eux leurs ennemis, le *lion*, la *panthère* et l'*hyène*. C'est là qu'on trouve de préférence l'*éléphant*, le *rhinocéros*, le *buffle* ; dans les fleuves et les marais, l'*hippopotame*, le *crocodile* ; c'est aussi le pays des grands *singes*, du *gorille*, du *chimpanzé*. En revanche, dans toute la partie équatoriale de ces **contrées**, le *cheval* est rare ou même disparaît complètement.

Richesses minières. — Les richesses **minières** de l'Afrique sont encore peu connues. La *houille* est exploitée dans le Transvaal. Le *fer* se rencontre dans beaucoup de régions, et notamment en Algérie, comme aussi le *glomb*. La *poudre d'or* est apportée par les indigènes de l'intérieur sur les côtes de Guinée et de Mozambique. On a également découvert des gisements d'*or* dans le Transvaal. Enfin le Cap est connu pour ses immenses mines de *diamant.* Jusqu'à présent ce sont donc les métaux précieux qui constituent les plus grandes richesses minière du continent africain.

§ VI. — Populations africaines.

C'est encore en grande partie suivant le climat que sont groupées, en Afrique, les différentes races d'hommes. La moitié de l'Afrique septentrionale est habitée par des peuples de race *blanche*, Européens en petit nombre, *Berbères* et *Arabes*. Il y a encore des blancs dans la vallée du Nil et dans le désert; on y trouve aussi des populations au teint foncé qui ne sont pas cependant nègres, comme les *Coptes*. Toutes ces populations s'étant mélangées en ont formé d'autres comme les *Maures* qui dominent dans le Sahara occidental et sont issus d'un mélange de Berbères, d'Arabes et de Nègres. « L'Afrique tropicale du Soudan au Zambèze est le domaine incontesté de la race *nègre* » et de ses nombreuses variétés ; mais on y trouve aussi des peuples basanés qui ne sont pas nègres, comme les *Abyssins* à l'est, les *Peulh* dans le Soudan et la race mystérieuse des *Pygmées*, de très petite taille, qui vivent sur l'Ouellé, l'Ogooué, et dans les grandes forêts du Congo. L'Arabe, homme des pays secs, supporte mal ce climat, l'Européen moins bien encore. On retrouve encore des Nègres, les *Cafres*, dans l'Afrique australe ; mais on y trouve aussi des populations particulières, comme les *Hottentots* et les *Bushmen*, race d'hommes petits et chétifs. En outre, le climat de l'Afrique australe étant supportable aux Européens, ceux-ci se sont déjà portés en assez grand nombre dans ces régions. Ce sont aussi eux qui peuplent en majeure partie les îles africaines, sauf Madagascar qui est encore peuplée presque exclusivement d'Africains (*Sakalaves*) et de *Hovas*, peuple d'origine malaise.

Sujets de devoirs. — 1. Quelle est la forme de relief dominante en Afrique? — 2. Par quels traits le relief africain diffère-t-il du relief asiatique? — 3. Quels sont les traits communs à la plupart des fleuves africains? — 4. Quelles sont les raisons qui empêchent ces fleuves d'être entièrement utiles à la navigation? — 5. Comparer le climat de l'Afrique et le climat de l'Asie. — 6. Quelles sont les régions de l'Afrique qui peuvent être habitées par les Européens; indiquer pour quelles raisons. — 7. Montrer comment la configuration générale de l'Afrique a empêché une égale répartition de la population sur le continent. — 8. Que veut-on dire quand on appelle l'Afrique le pays noir?

CHAPITRE IV

On a vu que par suite des variations du climat, l'Afrique présentait des régions de caractères différents. En tenant compte de ces différences de climat, on peut y distinguer, au nord, l'*Afrique méditerranéenne*, appelée aussi *Afrique Mineure*, par opposition au reste du continent. Elle comprend le Maroc, les possessions françaises de l'Algérie et de la Tunisie, et la Tripolitaine, qui doivent à la similitude du climat des caractères à peu près semblables. La Tripolitaine se rapproche déjà davantage de la région suivante constituée par la large bande du *Sahara*. Ce désert est flanqué à l'est de la longue vallée du Nil qui met en communication l'Égypte, pays encore méditerranéen à bien des égards, avec l'Afrique tropicale par la Nubie et le Soudan égyptien. Plus à l'est encore est l'Abyssinie qui doit à l'altitude de son relief de se distinguer d'une manière toute particulière des autres régions africaines. La région du Niger et les différentes contrées du Soudan constituent l'*Afrique occidentale*. Sous l'équateur s'étendent les contrées de l'*Afrique centrale* et de l'*Afrique orientale* au climat, aux productions, aux animaux propres aux régions tropicales. Enfin vient l'*Afrique australe*, et un dernier objet d'étude est *Afrique insulaire*.

§ I. — L'Afrique mineure.

Le Maroc. — L'empire du Maroc occupe les hauts massifs qui constituent l'Atlas au nord-ouest du continent africain. Dans le Maroc central et occidental se dresse la chaine dominante, celle du Grand Atlas, qui compte des sommets compris entre 3 600 et 3 900 mètres et dont la crête moyenne s'étage entre 1 200 et 1 500 mètres. Le Maroc, très voisin de la mer, est assez bien arrosé; cependant il présente peu de fleuves qui conservent toute l'année un volume d'eau comparable à celui des moindres rivières de nos pays tempérés; aussi aucun de ces fleuves n'est-il navigable. Le climat, tempéré sur la côte, froid sur les hautes cîmes, est déjà très sec et très chaud sur le revers méridional des montagnes.

L'empire du Maroc, couvrant une superficie de plus de 800 000 kilomètres carrés, est peuplé de 8 millions d'habitants environ, cultivateurs *berbères*, nomades *arabes*, commerçants *maures*. Mais le quart seulement de cette superficie est cultivé par des habitants sédentaires. La capitale est *Fez*, ville de 150 000 âmes; ville sainte pour les musulmans, fouillis de rues pittoresques et sales; mais toute l'activité commerciale est concentrée dans le port de *Tanger*. Par ce port, le Maroc entretient des relations assez actives avec l'Espagne, l'Angleterre, la France et l'Allemagne; il importe des *produits manufacturés*, *étoffes, machines, outils* et exporte des *bestiaux* et des *cuirs*.

La Tripolitaine. — La Tripolitaine qui fait suite à l'Algérie et à la Tunisie contraste singulièrement avec ces régions. C'est un pays de déserts sablonneux, de plateaux rocailleux et sans eau, avec quelques oasis habitables.

Elle comprend environ 1 million d'habitants *musulmans*, fanatiques, en majorité composés d'*Arabes*, sur un territoire d'environ 1 million de kilomètres carrés. C'est une province de l'empire turc. La ville de *Tripoli* (20000 hab.) est importante comme point de départ ou d'arrivée des six ou huit caravanes qui annuellement mettent en relation le Soudan avec la Méditerranée par les oasis du Sahara.

§ II. — Le Sahara. — La région du Nil.

Le Sahara. — Le Sahara sépare le reste de l'Afrique du bassin méditerranéen. Il couvre une superficie d'environ 6 200 000 kilomètres carrés, plus de onze fois égale à celle de la France, si toutefois on peut, dans l'état actuel de nos connaissances, en déterminer exactement le développement.

On a coutume de fixer au nord les limites approximatives des pays de même relief qui le composent aux pentes de l'Atlas : au nord-est, les bords de ses plateaux sont baignés par la Méditerranée ; à l'ouest, ses déserts confinent à l'Atlantique ; à l'est, le Nil marque une interruption de la zone déserte sur un court espace ; au sud, le Soudan au relief plus accentué fait contraste avec le Sahara.

C'est à tort qu'on a cru longtemps la surface du Sahara partout unie et sablonneuse. A la surface du plateau se dressent trois importants massifs, les monts du *Tibesti*, allongés du nord-ouest au sud-est, les monts des *Touaregs*, et les monts d'*Asben* qui forment une véritable région alpestre. A l'ouest, sur les bords de l'Atlantique, et au nord-est, entre la Tripolitaine et la Basse-Égypte, le plateau s'abaisse d'une manière notable. En quelques points, la surface du Sahara est très déprimée et au-dessous du niveau de la mer. Le point culminant des montagnes sahariennes connues est le *Tarso* (2 400 m.) dans le Tibesti.

Le climat est caractérisé non seulement par une forte chaleur, mais par sa grande variabilité, par sa brusquerie. Le voyageur allemand Nachtigal a subi dans le Tibesti des froids très vifs et des chaleurs torrides.

L'eau se rencontre rarement dans le Sahara sous forme

Fig. 38. — Une oasis en Tunisie.

de rivières et de ruisseaux permanents : le plus souvent on est obligé d'appeler à la surface, en forant des puits, les nappes souterraines. Les colons français ont merveilleusement réussi dans cette œuvre et créé de véritables oasis dans le Sahara algérien.

Les régions arides sont du reste fort loin de se ressembler. A l'est le *désert Libyen* est une étendue sablonneuse où le vent pousse et déforme les dunes. Ailleurs ce sont des plateaux argileux qu'on appelle *hamadas;* enfin les *sérir* sont des parties du désert recouvertes de cailloux lisses et de graviers.

La végétation des *oasis* du Sahara, généralement établies dans des dépressions, consiste surtout en *palmiers à dattes*, en quelques pâturages, et champ *d'alfa*[1].

Aussi la population est-elle très clairsemée. On l'évalue à 2 millions ou 2 millions et demi d'habitants, nomades pour la plupart : ce sont les *Touaregs*, ennemis des Européens, qui ont massacré la mission Flatters et s'opposent aux progrès de la civilisation franco-algérienne.

Les oasis ne représentent qu'une superficie de 150 000 kilomètres carrés, soit la quarantième partie du Sahara. Les principaux groupes entre lesquels ont pu se former des confédérations sont ceux du *Touat*, *d'Asben* et du *Tibesti*. Le commerce du Sahara est sans importance; mais un échange assez actif se fait par ses oasis entre le Soudan et l'Afrique méditerranéenne.

États et colonies du nord-est. — La vallée du Nil sépare du désert l'*Égypte*, la *Nubie*, l'*Abyssinie* et le *Soudan égyptien*.

L'Égypte. — L'Égypte proprement dite est six fois plus grande que la France (3 millions de kil. q.) et peuplée de près de 7 millions d'habitants; mais dans cette vaste étendue sont compris bien des déserts, et cette population, très dense, est fixée dans la vallée du Nil, large de quelques kilomètres à peine, et dans son delta. C'est donc un pays très fertile, puisqu'il nourrit tant d'habitants sur un très petit espace : le *maïs*, le *riz*, l'*indigo*, le *coton*, le *tabac*, les *dattes*, la *canne à sucre*, sont les principaux produits de son agriculture savante et prospère. Elle doit cette fécondité du sol aux inondations du Nil qui dépose

---

1. L'alfa est une plante utilisée pour la fabrication des ouvrages de vannerie et de la pâte à papier.

un précieux limon. L'Égypte d'ailleurs vit tout entière du Nil, et suivant le mot du conquérant musulman Amrou au VIIe siècle, elle est, selon que le fleuve est ou non débordé, « un champ de poussière, une mer d'eau douce, un parterre de fleurs ».

Le commerce de l'Égypte est très actif et presque tout entier aux mains des Anglais ; ce pays possède déjà un réseau de 1 600 kilomètres de chemins de fer mettant en relation les principales villes du delta et de la moyenne Égypte. Le Nil même, entre ses cataractes, est une voie de navigation utile. Enfin le voisinage du canal de Suez a beaucoup contribué à sa prospérité.

Les principales villes sont : le *Caire* (375 000 hab.) ; il se partage en une ville européenne régulière et une ville arabe, entremêlement confus de 53 quartiers, aux rues étroites, tortueuses, d'où surgissent les minarets de 250 mosquées. C'est une ville savante, commerciale et industrielle. *Alexandrie* (230 000 hab.) comprend également deux villes, l'une la ville turque dans une péninsule en forme de T, l'autre la ville européenne sur le littoral. C'est un des ports principaux de la Méditerranée ; 3 kilomètres de quais y attendent les navires.

L'Égypte est gouvernée par un vice-roi ou *khédive* nominalement soumis au sultan de Constantinople, mais qui n'est plus aujourd'hui en réalité qu'un instrument entre les mains de l'Angleterre.

La Nubie ; l'Abyssinie ; le Soudan égyptien. — La *Nubie* est un plateau d'une altitude moyenne de 500 mètres que termine sur la mer Rouge une bordure d'arides montagnes. L'*Abyssinie* est un vaste plateau étagé, fissuré de failles profondes, qui présente du côté de la mer Rouge une muraille à pic et s'abaisse dans la direction de l'ouest vers le Nil. Bien des sommets y sont supérieurs à

4000 mètres. Le point culminant est le mont *Wosho* (5060 m.). Aux hautes terres d'Abyssinie se rattachent les hauteurs des pays *Gallas* et *Somalis* qui forment la seule péninsule de l'Afrique orientale. Le *Soudan égyptien* se compose surtout de plaines ondulées avec des plis de terrains d'une médiocre importance.

Ces régions sont déjà soumises au climat tropical. La côte de la mer Rouge est un des pays les plus chauds du monde. A Massaouah, occupée par les Italiens, la moyenne de l'année est supérieure à 31 degrés, celle du mois le plus froid (janvier) à 25 et demi et celle de juin à 37 degrés. Mais dans les régions montagneuses, le climat est beaucoup plus supportable.

Les pluies sont assez abondantes pour que de grands cours d'eau et des lacs importants aient pu se former dans la montagne. Tous ont leur pente vers le Nil où ils viennent confluer. Le plus important est le *Bahr-el-Azrak* ou Nil bleu, qui descend du grand lac *Tana*.

L'*Abyssinie*, étendue sur un espace de plus de 400000 kilomètres carrés, compte 3 millions d'habitants, qui sont des chrétiens de la secte *monophysite*[1], ce qui explique l'empressement avec lequel les voyageurs du moyen âge et du commencement des temps modernes entreprenaient des voyages vers ce pays. Ce peuple est bien supérieur en civilisation aux autres races de l'Afrique ; il a une organisation qui rappelle celle de notre époque féodale, une littérature, des bibliothèques, et ses églises sont décorées de peintures. Les voyageurs lui reconnaissent une vive intelligence, mais peu de goût pour le travail.

Les produits de l'Abyssinie sont des plus variés comme

---

1. On donne ce nom à une secte formée à Alexandrie qui ne reconnait en Jésus-Christ qu'une seule nature, ne le considère uniquement que comme Dieu, et refuse de voir en lui à la fois un Dieu et un homme.

son relief. Le *riz*, le *maïs*, le *coton*, le *tabac*, les *arbres à gomme*, y donnent également de riches récoltes. La capitale du pays est *Gondar*, petite ville de 7 à 8 000 habitants. Les Italiens ont pris possession de la ville de *Massaouah*, sur le littoral de la mer Rouge. La France conserve des droits sur la *baie d'Adulis* ou de *Zoullah*. Jusqu'à ce jour le commerce de l'Abyssinie avec l'Europe n'a pas été d'une très grande importance.

Le *Soudan égyptien*, conquête qu'avaient faite les Égyptiens dans le cours de ce siècle, mais qu'ils ont dû abandonner, malgré le secours des Anglais, depuis que les tribus musulmanes de ces régions se sont soulevées contre eux, mesurait près de 2 millions de kilomètres carrés, avec une population de 11 à 12 millions d'habitants, *nègres* et *Arabes*. *Khartoum* (40 000 hab.) est sa ville la plus considérable. L'Angleterre, l'Italie et la France ont occupé plusieurs villes sur la mer Rouge et le golfe d'Aden. Outre Massaouah, les Italiens possèdent *Assab;* les Anglais *Berbera* et l'île de *Socotora*, qui complètent le redoutable ensemble des fortifications d'Aden et de Périm. La France a dû s'assurer un point de relâche dans ces parages en occupant *Obok*. A 280 kilomètres de la côte est l'importante oasis de *Harrar*. Son altitude (1 700 m.) lui assure un climat sain et des eaux courantes. « Elle est, avec ses 9 500 maisons, la ville la plus peuplée de l'Afrique orientale du Caire à Zanzibar. » Aussi est-ce un centre important de commerce.

§ III. — Afrique occidentale.

Le Soudan. — On désigne sous le nom de *Soudan* l'ensemble des grands États nègres et mahométans situés au centre de l'Afrique, entre le cours moyen du Niger et les provinces occidentales de l'ancien Soudan égyptien.

C'est une zone dont on ne saurait déterminer l'étendue avec exactitude ; à peine sait-on le nombre et la population des royaumes soudaniens.

Le Soudan est un plateau que la dépression du lac Tchad divise en deux parties. A l'est du lac, les parties du Soudan appelées *Ouadaï*, *Darfour*, *Kordofan* et *Sennaar*, se composent surtout de plaines sillonnées

Fig. 39. — Bassin du Niger. Intérieur de la ville de Sokoto.

de quelques plis montagneux dont les plus grandes altitudes atteignent 800 mètres. Le Soudan occidental comprend des massifs plus importants, entre le Niger, le Sokoto et le Bénoué. Quelques sommets y sont voisins de 2 000 mètres.

Le climat du Soudan est encore imparfaitement connu. La ville de Tombouctou semble marquer au nord la limite des pluies tropicales ; cette saison des pluies dure au Soudan de deux à cinq mois, entre juin et octobre ; ces différences s'expliquent par la variété du relief, l'éloignement plus ou moins grand de la mer, la situation en latitude.

Le *Niger* et son affluent le *Bénoué* arrosent et fécondent ces régions, qui semblent remarquablement fertiles. D'abondants gisements *miniers*, dans la région montagneuse, dans la plaine, des *cultures* et de vastes *forêts* sur un sol fertile, mal exploité, une industrie encore peu développée, tels paraissent être les caractères économiques de ces pays.

Les plus peuplés des États du Soudan sont le *Ouadaï*, le *Baghirmi*, qui occupe les pays situés au sud-ouest du lac Tchad, le *Bornou* et le *Kanem*, maîtres des rives du nord, de l'est et de l'ouest, le *Sokoto* et l'*Adamaoua*. Ces deux derniers ont une population d'au moins 12 millions d'habitants. On estime que les États du Soudan sont peuplés d'au moins 40 millions d'habitants de race nègre. Les voyageurs représentent ces populations comme étant en général douces et intelligentes. Elles ont à souffrir de la tyrannie de leurs roitelets occupés dans de perpétuelles guerres à accroître le nombre de leurs esclaves, dont ils font d'ailleurs un trafic lucratif. Quelques villes y ont plus de 100000 âmes, comme *Abeokouta* sur le Niger inférieur. *Tombouctou* est surtout une ville sainte.

Guinée supérieure. — La *Guinée* supérieure se compose des États et des colonies qui bordent le golfe du même nom sur ses côtes septentrionales, plus les possessions européennes de la région du *Sénégal* et de la *Gambie*.

Le pays se compose d'une plaine riveraine du *Niger* arrosée par les affluents de droite de ce fleuve, puis des terrasses sur lesquelles s'appuie au centre et à l'ouest le plateau de *Kong* et que terminent vers le nord-ouest des escarpements isolés. De là sort l'autre grand fleuve de ces régions, le *Sénégal*.

On distingue, dans les pays du Sénégal et de la Gambie, deux saisons : l'une sèche et fraîche, l'autre chaude et humide que l'on appelle hivernage. La saison sèche, plus longue sur les côtes, ne dure guère que trois mois à l'intérieur (décembre, janvier, février); Saint-Louis, sur le Sénégal, connaît des chaleurs de + 45°; le thermomètre n'y descend presque jamais au-dessous de + 8°.

Ces territoires sont partagés entre les Européens et quelques princes indigènes. La France y possède son importante colonie du Sénégal et quelques comptoirs sur la côte de Guinée.

Les *possessions anglaises* comprennent : les comptoirs de la Gambie, dont le centre est *Sainte-Marie de Bathurst*, le pays de *Sierra-Leone*, la colonie de la *Côte d'Or* et celle de *Lagos*, soit en tout près d'un million d'habitants.

Les *Portugais* occupent en face des îles du Cap-Vert quelques comptoirs.

Enfin les *Allemands* ont acquis récemment le territoire de *Togo*, peuplé de 40000 habitants.

Un royaume indigène, celui des *Achantis* (4 millions et demi d'hab.), possède un littoral sur la côte de Guinée; c'est aussi le cas du Dahomey devenu terre française.

La *république de Liberia*, fondée par des nègres affranchis, compte 700000 âmes.

Le commerce des pays de Haute-Guinée est actif. Les Européens viennent y chercher la *poudre d'or*, les *épices*, le *café*, l'*huile de palme*, les *graines oléagineuses*, la *gomme*. Ils y apportent surtout des *étoffes*, *cotonnades* et *lainages*, des *armes*, des *outils* et de la *verroterie*. La valeur des échanges est surtout considérable dans les colonies anglaises de la Gambie (60 millions de francs) et françaises du Sénégal (40 à 45 millions).

§ IV. — **Basse-Guinée; Afrique centrale et Afrique orientale.**

Basse-Guinée et Afrique centrale. — Cette région comprend la côte méridionale du golfe de Guinée et, à l'intérieur de l'Afrique, le domaine du Congo. La France, le Portugal, l'Allemagne, l'Espagne et l'Association internationale s'y partagent une étendue de plus de 3 millions de kilomètres carrés, soit près du tiers de l'Europe, plus de 5 fois la France.

Cette vaste contrée comprend deux régions de nature très différente : 1° la région *littorale*, composée d'une série de terrasses qui s'élèvent graduellement vers l'intérieur du pays ; les larges estuaires des grands fleuves de la région, Ogooué, Gabon et Congo, y tiennent lieu de golfes.

2° La région du *Congo*, pays de grandes plaines boisées et herbeuses, contrastant par son uniformité avec les terrasses de la côte, où se déploie largement le vaste réseau fluvial du Congo et de ses affluents.

Le *climat* dans la région équatoriale est marqué par des pluies surabondantes qui tombent en toutes saisons ; ce régime est celui du domaine moyen du Congo et de la colonie française de l'Ogooué et du Gabon. Dans la zone tropicale de l'hémisphère sud, la saison des pluies est l'été, c'est-à-dire l'espace compris d'octobre à avril ou mai. La côte au sud du Congo doit à l'influence maritime d'avoir deux saisons de pluies. Cette abondance de pluies permet aux fleuves de cette région de compter parmi les plus considérables du monde.

L'*État libre du Congo*, placé sous la souveraineté personnelle du roi de Belgique Léopold II, n'a point de limites exactement fixées, sauf du côté de la France et du Portugal, dont les colonies sont limitrophes au nord et au sud. La superficie approximative de ses territoires est de 2 500 000 à 2 700 000 kilomètres carrés ; sa population, encore mal connue, serait d'environ 14 millions d'habitants. Fondé par l'explorateur Stanley, il a été reconnu successivement par toutes les grandes puissances du monde. C'est un pays neutre où le commerce est libre. Au cas où l'Association qui l'a fondé prendrait fin, la France aurait le droit de l'acquérir avant toute offre d'une autre puissance.

Le Congo est en relations régulières, par lignes de navires à vapeur, avec les ports de Liverpool, Hambourg, Anvers, Rotterdam et Lisbonne.

Fig. 40. — Mont Cameroun.

Déjà des embarcations d'assez fort tonnage naviguent sur le Congo et ses grands affluents ; malheureusement son cours inférieur, qui franchit les terrasses côtières, est inaccessible et embarrassé de cataractes.

Les *colonies portugaises* de Basse-Guinée sont établies

sur les terrasses littorales au sud de l'embouchure du Congo. Le territoire soumis au Portugal dépassait nominalement, avant les récents empiètements de l'Allemagne et de l'État du Congo, 1 million de kil.q. avec de 10 à 12 millions d'habitants. La capitale est *Saint-Paul de Loanda*, lieu d'échanges assez actif.

La *colonie allemande de Cameroun*, très heureusement située dans la région la plus élevée des terrasses littorales de la Guinée, se réduit jusqu'ici à un petit territoire de 3000 kilomètres carrés, peuplé de 60000 habitants.

A ces colonies il convient d'ajouter le territoire, plus grand que la France (au moins 700000 kilom.q.), ajouté à notre domaine colonial par M. de Brazza et ses émules.

La Basse-Guinée et le pays du Congo offrent des aliments variés au commerce européen.

Le sol y recèle de grandes richesses minérales, *or*, *argent*, *cuivre*, *fer*, *charbon*, *pétrole*. La végétation consiste en *bois précieux*, *caoutchouc*, *cotonniers*, *arbres à manioc*, *caféiers*, *cannes à sucre*. La chasse à l'éléphant y fournit l'*ivoire*. Les négociants européens y importent, en échange de ces denrées et de graines oléagineuses, des *tissus*, des *armes*, des *spiritueux*, de la *verroterie*, etc.

L'Afrique orientale. — Dans l'Afrique orientale, les côtes sont en la possession des Portugais, du sultan de Zanzibar et de la Société allemande dite « de l'Afrique orientale » ; à l'intérieur se sont formés de grands États indigènes que les récentes explorations commencent à nous faire connaître.

Cette partie du continent contraste avec le reste de l'Afrique par le nombre et l'élévation de ses montagnes. On peut y distinguer trois grandes régions : 1° à l'est du lac Tanganyika, les montagnes deviennent de plus en plus hautes à mesure qu'on se rapproche de l'Abyssinie. Là se trouvent les plus hauts sommets africains, le *Kénia* (5 486 m.) le *Kilimandjaro* (6 110 m.); 2° entre les lacs Nyassa et Tanganyika s'étend une zone très coupée de montagnes où l'on trouve des sommets de 2 000 à 2 500 mètres; 3° enfin, à l'ouest du Tanganyika la transition se fait entre ces hautes terres de l'Afrique orientale et les plaines du Congo, par une série d'ondulations et de collines.

L'Afrique tropicale du S.-E. reçoit des pluies d'été, c'est-à-dire entre novembre et mai. La chaleur y est très forte, l'élévation du sol compense la situation de cette région en latitude et adoucit un peu la température. En outre la côte de Mozambique reçoit aussi de l'océan Indien quelques pluies d'hiver qui ne dépassent point la lisière littorale.

L'hydrographie de cette région contraste comme son relief avec celle du reste de l'Afrique. Elle se compose de deux éléments : 1° des fleuves dont le plus abondant est le *Zambèze;* 2° de grands lacs, *Oukéréoué*, *Nyanza*, *Tanganyika*, *Bangouéolo*, vastes bassins qui ne peuvent être comparés qu'à ceux de l'Amérique du Nord.

Les États indigènes de l'Afrique centrale ont une réelle importance. Ainsi le royaume d'*Ouganda*, au nord-ouest du lac Oukéréoué, compte 5 à 6 millions d'habitants sur un espace qui n'égale pas le quart de la France. C'est une densité rare en Afrique, sauf dans la vallée du Nil et dans les parties les mieux arrosées du Soudan. Les populations, guerrières et commerçantes qui l'habitent, ont une civilisation rudimentaire qui les place au premier rang des noirs africains.

Le *sultanat de Zanzibar* était, il y a quelques années, le reste de l'État arabe que les Portugais trouvèrent dans ces parages après avoir doublé le cap de Bonne-Espérance. Aujourd'hui, le domaine du prince de Zanzibar sur le continent est aux mains des Allemands, et son île est soumise au protectorat de l'Angleterre. L'île de Zanzibar a conservé quelque importance commerciale. La capitale, qui porte le même nom, est une ville de 80000 âmes, dans une belle position maritime.

Les *colonies portugaises*, aujourd'hui convoitées par l'Angleterre, sont le plus ancien établissement européen dans cette région. La capitainerie générale de *Mozambique* est cependant assez mal peuplée et peu prospère. C'est à peine si l'on compte 300000 habitants pour un territoire de 900000 kilomètres carrés. La capitale, *Mozambique*, est une petite ville de 8 à 10000 habitants.

En face de Zanzibar, l'Allemagne, à la suite d'un accord passé avec l'Angleterre en 1890, a acquis l'immense territoire qui s'étend depuis la côte jusqu'aux lacs Oukéréoué et Tanganyika. C'est un pays deux fois grand comme la France (1100000 kilomq.) mais peu peuplé (800000 hab.). L'exploitation de la partie méridionale a été confiée à une grande compagnie.

L'Angleterre s'est réservé la région qui s'étend au nord des grands lacs jusqu'au Nil et au pays des Somalis inclusivement. Là aussi l'exploitation a été confiée à une grande compagnie.

Les produits de l'Afrique orientale sont le *riz*, la *canne à sucre*, l'*huile de palme*, le *coton*, le *caoutchouc* et les *graines oléagineuses*. Les indigènes apportent de l'*ivoire* dans les comptoirs de la côte, et reçoivent en échange des *tissus*, des *armes* et de menus objets de *verroterie*.

§ V. — L'Afrique méridionale.

L'Afrique méridionale, amincie et exposée aux influences océaniques, est comme le pendant du Maghreb dans l'hémisphère sud. C'est, au delà du désert du Kalahari, une des rares parties tempérées et découpées du continent africain.

Les analogies sont remarquables ; c'est, comme le Maroc et l'Algérie, une région montagneuse, constituée par un plateau d'une altitude moyenne de 1 200 mètres. Les massifs en terrasses qui le couvrent au sud répondent aux hauteurs de l'Atlas du nord. Dans l'un et l'autre pays, les fleuves sont peu importants. Le climat rappelle aussi, dans sa progression du nord au sud, les différents régimes qui se succèdent entre le Sahara et la Méditerranée dans l'hémisphère nord. Si le désert de Kalahari n'a point une température aussi rigoureuse que celle du Sahara, il le doit à sa moindre étendue et au voisinage plus proche de deux océans. Quant à la région proprement dite du Cap, elle jouit d'un climat maritime très caractérisé ; la moyenne de la température au Cap est d'environ 16°. Presque toutes les pluies sont apportées par l'alizé ou vent constant du sud-est venant de l'océan Indien ; ce sont en général des pluies d'hiver ; ainsi au Cap (hémisphère austral), mai, juin, juillet et août sont les mois pluvieux par excellence.

Outre des ressources minérales considérables, mais qui sont encore peu exploitées, ces pays ont les productions végétales des parties chaudes de la zone tempérée. On y cultive, comme dans notre Algérie, la *vigne*, les *orangers*, les *citronniers*, les *céréales*. Mais l'élevage des animaux domestiques, *moutons*, *chevaux*, *chèvres*, etc., y est surtout développé.

La *colonie anglaise du Cap*, jadis hollandaise, a été occupée en 1796 par la Grande-Bretagne, qui a fait ratifier sa prise de possession par les traités de 1815. Depuis cette époque, elle s'est développée au loin à l'intérieur du continent. Elle compte maintenant une population de plus de 1 525 000 âmes sur un territoire de

677 000 kilomètres carrés. Sa plus importante acquisition, celle du *Natal*, au nord-est, est devenue un État particulier et presque autonome.

La colonie du Cap, capitale *le Cap* (40000 hab.), a déjà une population européenne de plus de 300000 habitants. Son commerce dépasse une valeur de 400 millions de francs; 1 800 kilomètres de chemin de fer y ont été construits. Le port du Cap est visité régulièrement par les paquebots de plusieurs grandes lignes anglaises.

La République du *Transvaal*, au nord-est de la colonie du Cap, peuplée de 770000 habitants, dont 120000 blancs, n'est plus que nominalement sous la dépendance du gouvernement britannique; elle reconnaît sa suzeraineté. Ses colons européens sont d'origine hollandaise et ont résisté, souvent les armes à la main, aux tentatives d'assimilation des Anglais du Cap. Le Transvaal est d'ailleurs un pays de grandes ressources; il possède, outre ses fameuses exploitations de *diamants*, les éléments d'une grande prospérité industrielle, la *houille*, le *cuivre*, le *fer*, l'*étain* et l'*or*. La capitale est *Prétoria*. Ce nom rappelle celui du vaillant chef, Prétorius, qui, après l'annexion par les Anglais du Natal en 1843, entraîna ses compagnons par delà les montagnes et alla fonder avec eux l'État nouveau du Transvaal.

L'*État libre du fleuve Orange* est dirigé par des colons de même race, par des *boërs*. Mais il ne compte que 207000 habitants dont 100000 blancs et est avant tout un pays d'agriculture et d'élevage. Sa capitale est *Bloemfontein*.

Dans toutes les colonies qui précèdent vivent aussi en assez grand nombre des hommes de notre race et de notre langue : ce sont des descendants de protestants français qui se sont expatriés au xviie siècle, à la suite de la révocation de l'édit de Nantes.

Une nouvelle puissance coloniale, l'*Allemagne*, a profité de l'état de désunion et de rivalité de ces colonies européennes pour entrer en scène dans l'Afrique australe, Le pavillon allemand a été hissé sur plusieurs points de la côte, entre l'embouchure du fleuve Orange et les colonies portugaises de Guinée. Le centre de ces comptoirs est la baie d'*Angra-Pequena* sur la côte des Namaquas, dans un pays aride et sans eau.

§ VI. — L'Afrique insulaire.

On a coutume de rattacher à l'Afrique les îles qui, de près ou de loin, avoisinent ce continent. Très peu d'entre elles sont en réalité des dépendances de l'Afrique. Toutes ces îles sont maintenant au pouvoir des Européens.

1° Les Portugais et les Espagnols se partagent les archipels du nord-ouest :

Madère, aux Portugais, est très peuplée (135 000 hab., pour 800 kilom. q.). Elle est célèbre par son climat délicieux, par sa richesse en *vins*, que plusieurs fléaux ont beaucoup diminuée.

. Le groupe des *Canaries* est espagnol. On y compte 290 000 habitants pour un groupe de sept îles principales d'une étendue de 7000 kilomètres carrés. Déjà les productions indiquent un caractère plus tropical qu'à Madère ; ce sont : la *canne à sucre*, le *tabac* et même le *café*.

Les *îles du Cap-Vert*, aux Portugais, ont les mêmes cultures, mais sont moins peuplées (110 000 hab.).

2° Dans le golfe de Guinée, les mêmes peuples se partagent un groupe d'îles : les Portugais ont *Saint-Thomas* et l'*île du Prince*, les Espagnols *Fernando-Po*, *Annobon* et quelques dépendances.

3° Au large de l'Afrique, l'Angleterre a occupé les deux postes de l'*Ascension* et de *Sainte-Hélène* ; la première ne compte que quelques habitants (140), la seconde 5 000. Ce sont de précieux points de relâche pour les navires.

4° Le groupe, beaucoup plus important, de l'océan Indien se divise en possessions françaises et anglaises.

La France, qui a colonisé les principales de ces îles, où l'on parle encore sa langue, possède l'île montagneuse et volcanique de *la Réunion*, et tient sous son protectorat le grand continent de *Madagascar* et l'archipel des *Comores*.

L'Angleterre occupe les archipels des *Seychelles*, des *Amirantes*, et l'île de *Sokotora*, qui surveille l'entrée du golfe d'Aden. Mais sa plus riche possession est *Maurice*, l'ancienne île de France, où les colons d'origine française sont en grande majorité. Maurice, plus petite encore que la Réunion, est peuplée de plus de 380 000 âmes. Sa capitale, *Port-Louis*, est un port très actif pour le commerce du *sucre*.

De ces îles, la plus importante est Madagascar, supérieure à la France en superficie (600 000 kilom. q.). Elle est formée de chaînes montagneuses, orientées du nord au sud, enfermant au centre des plateaux dont quelques-uns portent des sommets élevés (*Tsiafaïavona*, 2 630 m.). Au nord-ouest se trouve la grande plaine Sakalave. Le climat est soumis à l'alternance des moussons ; la côte occidentale reçoit des pluies très abondantes et ressemble pour l'élévation et la constance de la température à la côté africaine ; les plateaux sont plus sains ; les zones côtières ne sont habitables pour les Européens que sous les hautes latitudes et dans les régions de fort relief. Les rivières, à l'exception de quelques-unes, ne sont guère que des torrents. La côte septentrionale, bien échancrée, a de bons ports : le plus remarquable est celui de Diégo-Suarez ; la côte méridionale, au contraire, est basse et peu abordable. L'île est très riche ; elle possède de vastes *forêts* renfermant des plantes qui lui sont propres ; de même sa faune présente des animaux qu'on ne trouve pas ailleurs. Sa richesse principale consiste dans l'élevage des *bœufs*, qu'elle exporte en grand nombre déjà à Maurice et à la Réunion. Madagascar est encore peu peuplée, elle ne compte que 3500000 habitants, comprenant des *Malgaches*, nègres originaires d'Afrique, soumis aux *Hovas*, peuple plus civilisé d'origine malaise. La capitale est *Tananarive* (150000 hab.), le port principal *Tamatave*.

Sujets de devoirs. — 1. Comparer l'Égypte et le Maroc. — 2. Les grandes cités africaines dans les pays riverains de la Méditerranée. — 3. Une caravane va de Tripoli à Khartoum. Récit du voyage; indiquer les objets de commerce qu'elle emporte et ceux qu'elle rapporte. — 4. Quelles sont les ressources naturelles qui attirent les convoitises européennes en Afrique? — 5. Un explorateur traverse l'Afrique de Mozambique à Saint-Paul de Loanda. Récit du voyage. — 6. Comparer les colonies des Européens en Afrique. — 7. Les grands États nègres en Afrique. — 8. Les États musulmans en Afrique.

CHAPITRE V

Situation et dimensions de l'Europe. — L'Europe est située tout entière dans l'hémisphère nord de l'ancien continent et en grande partie comprise dans la zone tempérée de cet hémisphère. Elle s'étend de l'est à l'ouest du 13e degré de longitude ouest au 62e degré de longitude est, et du nord au sud du 71e au 36e degré de latitude nord. Sa superficie est d'à peu près 10 millions de kilomètres carrés.

Le relief européen. — L'Europe est formée par une grande plaine qui s'élève autour d'un noyau montagneux, le massif des Alpes. Au nord, à l'ouest, au sud-ouest et au sud-est se trouvent quelques systèmes de montagnes, les uns complètement isolés des Alpes, comme les montagnes scandinaves, les autres plus ou moins directement rattachés au noyau central, comme les Pyrénées, les Apennins, ou les montagnes de la péninsule des Balkans.

Les *Alpes* s'étendent du sud-ouest au nord-est sur une surface d'environ 220000 kilomètres carrés, depuis les environs de Gênes sur la Méditerranée jusqu'auprès de Vienne sur le Danube. On les partage en trois grandes

1. On a réduit ici au strict nécessaire les notions relatives à l'Europe, un volume tout entier de la collection étant consacré à l'étude de cette partie du monde.

régions : 1° les *Alpes occidentales* depuis le col de Cadibone sur la Méditerranée jusqu'au mont Blanc (4810 m.); 2° les *Alpes centrales* dont le nœud est au Saint-Gothard; de là se détachent vers le sud-ouest les *Alpes Lépontiennes;* vers le nord-ouest, les *Alpes Bernoises*, et vers le nord-est les *Alpes Rhétiques*, qui terminent au col du Brenner cette section ; 3° les *Alpes Orientales* dont le noyau est formé par les *Alpes Noriques*. Les Alpes présentent de nombreux passages: les plus importants sont ceux du *mont Cenis*, du *Saint-Gothard*, du *Brenner* et du *Semmering* à l'extrémité orientale de la chaîne.

La vallée du Danube sépare des Alpes les montagnes allemandes. Autour du *Fichtel Gebirge* (1030 m.) rayonnent vers le nord-ouest les plateaux de *Thuringe*, vers le sud-ouest, les plateaux de *Franconie* et de *Souabe*, auxquels se relie la chaîne de la *Forêt-Noire;* au nord-est les monts *Métalliques* continués par les faibles collines de *Moravie* et des *Sudètes;* enfin au sud-est le *Böhmerwald*. La plaine hongroise rattache aux Alpes la chaîne des *Karpates* qui s'appuie au sud-est sur le plateau de *Transylvanie*. Du côté de l'Adriatique, les *Alpes Dinariques* relient aux Alpes les montagnes *turques* et *grecques;* au nœud du *Tchar-Dagh* se détachent à l'est les plateaux des *Balkans*, au sud, la *chaîne du Pinde*. Au delà du col de *Cadibone*, les Alpes se continuent en Italie par la chaîne médiocrement élevée des *Apennins*. Enfin les montagnes françaises rattachent indirectement aux Alpes les *Pyrénées* continuées par les monts *Cantabres;* à ces montagnes s'appuient les plateaux espagnols, que la plaine du Guadalquivir sépare au sud de la chaîne élevée de la *Sierra Nevada*.

Au nord de cette région montagneuse s'étend une vaste plaine qui relie l'Europe et l'Asie ; absolument plate des bouches de l'Escaut à celles de l'Elbe, elle présente en Russie quelques hauteurs, les collines de *Valdaï*.

Le plateau granitique de *Finlande* relie cette plaine aux montagnes *Scandinaves*, sortes de grands plateaux. Les montagnes d'Islande présentent un volcan toujours en activité, l'*Hékla*. Quant aux montagnes de la Grande-Bretagne, ce sont de petits groupes de collines isolés les uns des autres.

Vents, pluies, centres de dispersion des eaux en Europe. — Dans l'Europe occidentale soufflent surtout les vents pluvieux et chauds du *sud-ouest*, venus des régions équatoriales de l'Atlantique; dans l'Europe orientale et septentrionale, le vent du *nord-ouest*, en général, sec et froid. Les vents apportent en Europe une grande quantité de pluies; toutes les régions européennes reçoivent des pluies en plus ou moins grande quantité; nulle part la sécheresse n'amène la formation de véritables déserts. Les centres de dispersion des eaux en Europe les plus importants sont les Alpes et surtout le Saint-Gothard, d'où rayonnent tous les grands fleuves de l'Europe centrale, et au centre de la plaine russe, les hauteurs de Valdaï, d'où partent les plus grands fleuves russes. La ligne de partage des eaux est constituée par les petites collines qui sillonnent la plaine russe jusqu'aux Karpates, les montagnes de l'Allemagne du Sud, les Alpes du lac de Constance au lac de Genève, le Jura, les Cévennes françaises, les Pyrénées, les monts Ibériques jusqu'au détroit de Gibraltar.

Les fleuves européens. — La plaine russe envoie à l'océan Glacial arctique et à la mer Blanche de longues rivières, gelées pendant huit ou neuf mois de l'année; les plus importantes sont la *Duna* et la *Petchora*.

L'océan Atlantique reçoit, par lui-même ou par ses

dépendances, une grande partie des fleuves européens. La mer Baltique absorbe environ deux cent cinquante cours d'eau, dont les plus remarquables sont les torrents suédois (*Tornea-elf, Dal-elf*), puis l'abondante *Néva*, la *Dwina*, le *Niémen*, la *Vistule* et l'*Oder*. Dans la mer du Nord se jettent quelques-uns des plus grands fleuves de l'Europe, l'*Elbe* descendu des plateaux bohémiens, puis après l'*Ems* et la *Weser*, médiocres fleuves de plaine, le *Rhin*, impétueux fleuve de montagne en Suisse, large et puissant fleuve de plaine en Allemagne, grossi d'importants affluents, l'*Aar*, déversoir des grands lacs suisses, le *Neckar*, le *Main*, sinueuses rivières, la *Moselle*, au flot clair et limpide. Aux embouchures du Rhin se joignent celles de la *Meuse* et de l'*Escaut*, tous deux abondants ; auprès de ces fleuves, les cours d'eau de l'Angleterre (*Tamise, Humber*) et de l'Écosse (*Tay*) ne sont que des ruisseaux. Le principal fleuve de l'Irlande, le *Shannon*, apporte à l'Atlantique les eaux de nombreux lacs de cette île.

L'Espagne envoie à l'Atlantique le *Minho*, le *Douro*, le *Tage*, le *Guadiana*, le *Guadalquivir*, qui, malgré la longueur de leurs cours, ne sont, par leur débit, que de médiocres fleuves.

La Méditerranée ne reçoit également de l'Espagne comme de l'Italie que de médiocres cours d'eau, comme l'*Èbre* en Espagne, l'*Arno* et le *Tibre* dans la péninsule italique. Au contraire, la mer Adriatique recueille avec le *Pô*, grossi de ses affluents (*Tessin*, *Adda*, *Mincio*), et l'*Adige* une grande partie des eaux tombées sur les Alpes.

Les fleuves de la péninsule des Balkans ne sont guère que des torrents dont le plus important est la *Maritza*. Il n'en est pas de même du grand tributaire de la mer Noire, le *Danube*, qui par sa longueur (2800 kil.), par la superficie des terres qu'il arrose (Allemagne méridionale, Autriche, Hongrie, Roumanie, etc.), par son cortège d'affluents, l'*Inn*, la *Drave*, la *Save*, la *Theiss*, par son débit plus de deux fois supérieur à celui des fleuves français réunis, mérite bien d'être considéré comme le premier des fleuves de l'Europe centrale.

La mer Noire reçoit encore les grands fleuves de la plaine russe, le *Dniester* et le *Dniéper*; au milieu des roseaux de mer d'Azov se perd le *Don*. Enfin, c'est dans une mer fermée, la mer Caspienne, que se jette le plus long des fleuves européens, la *Volga*, grossie de l'*Oka* et de la *Kama*.

Lacs. — L'Europe possède un grand nombre de lacs, les uns, lacs de montagnes, comme les lacs alpestres (lac de *Genève*, lac de *Constance*, lac des *Quatre-Cantons*, lac *Majeur*, lac de *Côme*, lac de *Garde*), les autres, lacs de plaine, comme les grands lacs russes (*Ladoga*, *Onéga*, *Ilmen*, *Peïpous*).

Côtes de l'Europe. — L'Europe est baignée par l'*océan Glacial Arctique*, l'*océan Atlantique* et ses dépendances. Sur l'océan Glacial Arctique, la côte, basse et plate, offre une large découpure, la *mer Blanche*, peu profonde et gelée pendant les deux tiers de l'année; deux presqu'îles la limitent, au nord-est la presqu'île de *Tanga*, au nord-ouest, celle de *Kola*. Le cap *Nord* est la pointe la plus avancée de l'Europe vers le nord. La côte devient découpée en entailles profondes (*fiords*). Au large on trouve l'archipel *Lofoden*, et plus au nord les terres glacées du *Spitzberg*.

Les côtes occidentales de l'Europe sont baignées par l'*océan Atlantique*, la *mer du Nord* et la *mer Baltique*. La mer du Nord est bordée de côtes élevées au nord, basses au sud : elle baigne la presqu'île de *Jutland* et forme sur la côte méridionale de larges anfractuosités, le *Dollart* et le *Zuyderzée*, où les navires se glissent entre les cent cinquante îles de l'archipel Danois. Une série de détroits (*Skager-Rack, Cattégat, Sund*) donne accès dans la mer Baltique, peu profonde, qui se ramifie en trois golfes, le golfe de *Botnie*, celui de *Finlande* et celui de *Riga*. Des profondeurs de l'océan Atlantique se dressent un grand nombre de terres : au nord, la montagneuse et volcanique *Islande*, les *Feroër*, les *Shetland*, les îles *Hébrides ;* l'*Irlande*, séparée de la Grande-Bretagne par la *mer d'Irlande*, enfin la Grande-Bretagne, que baigne au sud la *Manche*, formant un étroit bras de mer entre elle et le continent. Entre les côtes de France et d'Espagne, de vastes profondeurs constituent le golfe de *Biscaye*. La côte, plus découpée au nord qu'à l'ouest, présente le cap *Finistère*, la belle rade de *Lisbonne*, le cap *Saint-Vincent*, puis le large golfe de *Cadix*.

Le détroit de Gibraltar donne accès dans la *Méditerranée*, vaste bassin d'une superficie de 2 millions et demi de kilomètres carrés. Elle se divise en deux cuvettes que réunit un isthme sous-marin entre la Sicile et la Tunisie. Le bassin occidental est compris entre l'Espagne, la France, l'Italie, la Tunisie, l'Algérie et le Maroc. La côte européenne présente d'abord en Espagne de larges golfes enfermés entre le cap de la *Pointe d'Europe*, de *Gata*, de *Palos*, de la *Nao*, le cap *Creus ;* puis le golfe du *Lion*. Les côtes françaises et italiennes sont en général plus découpées que la côte espagnole. L'Italie présente l'admirable rade de *Naples* dominée par le volcan du *Vésuve*. Quelques grandes îles appartiennent à ce bassin : ce sont les *Baléares*, la *Corse*, la *Sardaigne*, l'île d'*Elbe*, l'archipel de *Lipari* et la *Sicile* séparée de l'Italie par le détroit de *Messine*.

Le bassin oriental de la Méditerranée est compris entre la *Sicile*, la *mer Ionienne*, la *Morée*, la *Crête*, la côte *asiatique* et la côte *africaine*. Cette seconde partie de la Méditerranée est plus profonde et plus découpée que la précédente. Les différentes régions ont reçu différents noms : c'est d'abord la *mer Ionienne ;* largement ouverte entre l'Italie et la Grèce, elle présente le grand golfe de *Tarente*, puis, sur la côte grecque, l'archipel des îles *Ioniennes*, renommées pour la douceur de leur climat. Elle donne accès, par le canal d'*Otrante*, dans la *mer Adriatique*, longue, étroite, peu profonde, bordée à l'ouest de côtes basses, à l'est de côtes découpées et d'archipels nombreux. L'*Archipel* est de toutes les dépendances de la Méditerranée la plus découpée ; les îles y sont extrêmement nombreuses, qu'elles ferment la mer au sud comme *Cerigo*, *Candie*, *Karpathos*, *Rhodes*, qu'elles en occupent le centre, comme les *Cyclades* ou les *Sporades*, ou qu'elles bordent les côtes comme l'*Eubée*. La mer découpe dans les terres un grand nombre de golfes (golfe de *Salonique*) et de presqu'îles (*Chalcidique*). La *mer de Marmara*, entre le détroit des *Dardanelles* et le *Bosphore*, est un étroit canal qui relie l'Archipel à la mer Noire, bordée à l'ouest de côtes basses et plates, à l'est de rivages rocheux et escarpés. La presqu'île de *Crimée* marque la séparation entre ces deux littoraux. Enfin le détroit de *Kertch* fait pénétrer dans la mer d'*Azov*, qui n'est guère qu'un vaste marais.

Climat de l'Europe. — Grâce à l'action directe de l'océan Atlantique et par l'intermédiaire des mers qu'il plonge au nord et au sud dans la masse du continent européen, celui-ci jouit en grande partie du climat maritime. Mais, à mesure que l'on s'avance vers l'est et que l'on se rapproche de l'Asie, les pluies dues au voisinage

de l'Océan deviennent moins fréquentes et les différences de température entre les deux saisons chaude et froide
deviennent plus extrêmes.

Flore de l'Europe. — Les végétaux européens ne sont
pas de taille gigantesque comme ceux des pays tropicaux
bien arrosés ; mais ils ne sont pas moins variés. Grâce aux
conditions spéciales du climat européen, ils présentent
cette particularité de s'avancer plus loin vers le pôle que
dans aucun autre continent : les céréales et la vigne se
récoltent encore en Europe sous des latitudes où ces
plantes ne poussent plus ni en Asie ni en Amérique.

L'Europe septentrionale présente d'abord les végétaux
communs aux régions voisines des pôles, *mousses*, *lichens*, chétifs arbrisseaux tels que le *rhododendron* et le
saule nain. Puis viennent les *forêts*, composées, dans
l'Europe septentrionale, de *bouleaux*, de *pins*, de *sapins*,
de *mélèzes*, arbres qu'on ne retrouvera plus dans l'Europe
centrale et méridionale que sur les pentes des hautes
montagnes ; les forêts de l'Europe centrale présentent
le *frêne*, l'*érable*, le *tilleul*, le *chêne*, le *peuplier*, le *châ-
taignier*; les vergers nous montrent le *poirier*, le *noyer*,
le *pommier*, le *cerisier*. L'Europe centrale est aussi la
grande région de culture des *céréales* et de la *vigne*.
Mais sur les rives de la Méditerranée, la végétation commence à se modifier ; dans les forêts, moins vastes qu'au
nord, on trouve le *chêne vert*, le *chêne-liège*, le *pin para-
sol*, le *cyprès*, l'*if*, le *platane*, le *sycomore*, le *myrte*, les
lentisques, le *laurier-rose*; dans les vergers, le *figuier*,
l'*oranger*, le *citronnier*, le *mûrier*; parmi les céréales,
prennent place le *maïs* et le *riz* La transition se fait ainsi
de la végétation européenne aux végétations des parties
du monde voisines de l'est et du sud.

Faune de l'Europe. — Toutes les régions de l'Europe

Géographie générale.   16

ne présentent pas les mêmes animaux. Les contrées les plus septentrionales présentent les animaux ordinaires de ces pays, *phoque, morse, ours blanc, renard polaire, loutre de mer, martre zibeline, hermine;* comme oiseaux, le *plongeon,* le *goéland,* le *pingouin,* la *mouette,* le *pétrel,* l'*orfraie,* la *perdrix blanche.* Cependant dans le reste de l'Europe les différences de climat, sauf entre la plaine et la montagne, ne sont en général pas assez marquées pour que les animaux ne puissent passer d'un pays à un autre. Aussi retrouve-t-on à peu près partout les mêmes espèces; parmi les carnassiers, l'*ours brun,* le *lynx,* le *renard,* le *loup,* la *belette,* la *loutre,* la *fouine,* le *blaireau;* parmi les pachydermes, le *sanglier;* comme ruminants, le *cerf,* le *chevreuil,* le *daim;* parmi les rongeurs, le *lièvre,* l'*écureuil,* le *lapin;* comme oiseaux, le *milan,* l'*épervier,* la *buse,* la *perdrix,* le *geai,* la *pie,* le *corbeau,* l'*alouette,* le *faisan.* Les reptiles les plus répandus sont la *vipère* et la *couleuvre.* Aux régions méditerranéennes appartiennent la *martre de Sardaigne,* la *chèvre sauvage de Crète,* le *mouflon.* On ne trouve que dans les régions montagneuses le *bouquetin,* la *marmotte,* le *chamois,* l'*aigle* et le *gypaète barbu.* Les animaux domestiques sont extrêmement nombreux; l'élevage des *chevaux,* des *bœufs* et des *moutons* est en Europe extrêmement important.

Richesses minières. — Les mines en Europe ne sont ni aussi nombreuses ni aussi riches qu'en Asie et surtout en Amérique. Néanmoins, comme c'est le continent où elles sont le mieux exploitées, elle arrive pour la production de quelques minéraux au premier rang. C'est elle qui fournit le plus de *houille* et de *fer;* elle a encore quelques gisements importants de *cuivre,* de *plomb,* d'*étain,* de *zinc,* de *mercure,* de *platine.* Mais elle ne présente qu'un très petit nombre de gisements de métaux précieux.

Populations, langues et religions de l'Europe.

Avec ses 345 millions d'habitants, l'Europe est la partie du monde la plus peuplée relativement à sa faible superficie. La majeure partie de cette population appartient à la race indo-européenne, et se répartit en trois groupes : 1° le groupe *gréco-latin* (*Français, Espagnols, Italiens, Portugais, Roumains*); 2° le groupe *germanique* (*Allemands et Scandinaves*); 3° le groupe slave (*Russes, Tchèques, Polonais*, etc.). Aux peuples indo-européens, il faut ajouter les derniers débris des *Celtes* en Bretagne, en Écosse et en Irlande.

L'Europe présente quelques peuples qui n'appartiennent pas à la race indo-européenne; ce sont les *Israélites*, dispersés dans toute l'Europe, puis, les *Hongrois*, les *Turcs* et les *Finnois*, qui tous trois se rattachent à la race *mongole*.

Enfin, un petit peuple qu'on ne sait encore rattacher à aucune autre race, les *Basques*, sont groupés au sud-ouest de la France et dans la partie espagnole des Pyrénées occidentales.

Langues de l'Europe. — Les trois groupes indo-européens parlent des langages ayant entre eux des ressemblances lointaines. Les Hellènes parlent encore aujourd'hui le *grec ;* les peuples d'origine latine emploient des idiomes dérivés du *latin*. Les peuples de race germanique parlent des langues qui se rattachent toutes à d'anciens dialectes *germanique* . Les peuples slaves parlent le *russe*, le *polonais*, le *bulgare*, toutes langues ayant à peu près même origine. Les Israélites parlent la langue du pays où ils se trouvent, mais conservent dans leurs cérémonies l'usage de l'hébreu. Enfin les peuples de race mongolique, Magyars, Turcs, Finnois, ont chacun leur langage, différant complètement des langages parlés par les peuples indo-européens. Il en est de même des Basques.

Religions européennes. — Les religions professées en Europe sont le *christianisme ;* les chrétiens européens se partagent : 1° en *catholiques romains* (Italie, Espagne, France, Belgique, Irlande, Suisse, Allemagne du Sud, Autriche-Hongrie) ; 2° en *protestants* (l'Allemagne du Nord, la Hollande, l'Angleterre et l'Écosse, les États scandinaves) ; 3° en *chrétiens grecs* (Russie et États de la péninsule des Balkans). On trouve encore en Europe des *israélites*, quelques millions de *mahométans* (Turquie, péninsule des Balkans, Russie méridionale) et parmi les Tartares riverains de la mer d'Azof et de la mer Caspienne, 200 000 *païens*.

Sujets de devoirs. — **1.** Comparer l'Europe à l'Asie et à l'Afrique ; situation astronomique : dimensions ; forme du relief ; fleuves ; climat, etc. Chacune de ces divisions peut elle-même au besoin faire l'objet d'un devoir spécial. — **2.** Déterminer les caractères généraux du relief européen. — **3.** Diviser les fleuves européens, en fleuves de montagnes, fleuves de plateaux et fleuves de plaines. — **4.** Montrer en quoi les côtes de l'Europe sont supérieures à celles de l'Afrique. — **5.** Comparer la mer du Nord et la mer Baltique. — **6.** Les îles européennes. — **7.** Quelles différences y a-t-il entre le climat de l'Europe et celui de l'Afrique? — **8.** Quel est de l'Afrique ou de l'Asie celui des continents qui vous paraît le plus habitable pour un Européen?

CHAPITRE VI

On peut partager en quatre groupes les États européens : d'abord au nord et à l'est, un premier groupe, *groupe septentrional* et *oriental*, formé par la Russie, la Suède et le Danemark.

Avec l'empire d'Allemagne, limitrophe de la Russie et de la mer Baltique, commence le groupe *central*. L'Autriche-Hongrie, touchant à l'Adriatique en un point, sert de transition entre l'Europe occidentale et l'Europe méditerranéenne. La Suisse est contiguë à l'un et à l'autre de ces deux États.

Un troisième groupe, le groupe *méridional*, borde la Méditerranée, et diffère sensiblement des précédents par son climat, ses productions et ses populations. Il est formé au sud-est par les États de la péninsule des Balkans, au sud-ouest par l'Italie, l'Espagne et le Portugal.

Enfin au nord-ouest est le groupe des pays riverains de la mer du Nord, Hollande, Belgique, Grande-Bretagne. C'est le groupe *occidental*.

Empire Russe. — L'empire de Russie forme une immense plaine de 5 500 000 kilomètres carrés de superficie, bordée sur quatre côtés de hauteurs, et légèrement renflée au plateau de Valdaï ; de ce point part l'immense réseau des fleuves qui sillonnent la Russie. Cette vaste plaine est soumise au climat continental ; la saison chaude et la saison froide y sont également rigoureuses.

95 millions d'habitants, Slaves en majeure partie, peuplent la Russie; la religion dominante est le christianisme gréco-russe; la langue la plus répandue est le russe. Le gouvernement est une monarchie absolue.

L'Empire russe se partage en quatre parties : 1° la *Russie d'Europe*, qui comprend les plus grandes villes de l'empire, *Saint-Pétersbourg* (860000 hab.), fondée par Pierre le Grand, *Moscou* (750000 hab.), l'ancienne capitale des tsars, *Odessa* (240000 hab.), le port le meilleur et le plus actif de la mer Noire; 2° le royaume de *Pologne*, avec *Varsovie* (440000 hab.), pour capitale au centre d'une riche région agricole; 3° le grand-duché de *Finlande;* 4° le gouvernement du *Caucase*, subdivisé en deux territoires, celui d'Europe et celui d'Asie.

Les *bois*, groupés en vastes forêts au nord de la Russie, les *céréales*, cultivées au centre dans la région des terres noires, un des grands « magasins » à blé du monde, le *lin*, le *chanvre* constituent les principales richesses du sol russe. Les *steppes* du sud nourrissent de grands troupeaux de *chevaux*. La région transcaucasienne offre des *forêts* vigoureuses, des *arbres fruitiers*, la *vigne*, l'*olivier*, le *mûrier*. La Russie présente en outre de vastes bassins *houillers* dans la région du Don ; d'abondants gisements de *pétrole* sur les rives de la mer Caspienne, des mines précieuses de *fer*, de *cuivre*, d'*or* dans l'Oural. Aussi la Russie, qui il y a vingt ans était encore un pays exclusivement agricole, tend-elle à devenir un pays industriel. Elle fait surtout un grand commerce avec ses possessions d'Asie, et les échanges se font encore dans des *foires*, dont les plus célèbres sont celles de *Nijni-Novgorod*.

Suède et Norvège. — La Suède et la Norvège forment une péninsule montagneuse de 760000 kilomètres carrés entre l'océan Atlantique et la mer Baltique. Le littoral, bas sur la mer Baltique, est au contraire très découpé sur l'Atlantique. Le climat est relativement tempéré, grâce aux courants chauds de l'Atlantique, qui longent la côte de Scandinavie.

La population est d'environ 6 800 000 habitants, d'origine germanique, en majeure partie protestants luthériens. La Suède et la Norvège forment chacune un royaume constitutionnel; l'union ne tient qu'à la personne du roi.

Les villes les plus importantes du royaume sont, en Suède, *Stockholm* (250 000 hab.) bâtie sur des îlots à l'entrée du lac Mœlar; *Upsal; Göteborg;* en Norvège, *Christiania* la capitale, et *Bergen*, le plus grand port norvégien.

Le *pêche* est la grande ressource des populations côtières. Le sol fournit peu de choses à part les *forêts*, quelques *céréales* (*avoines*) et des *pommes de terre*. La Norvège a de beaux *pâturages*. L'industrie consiste surtout dans l'extraction du *fer* des mines de la *Dalécarlie*.

Le royaume de Danemark. — Composé de la péninsule du *Jutland*, des trois grandes îles de *Seeland*, de *Fionie*, de *Laaland* et de l'archipel qui les entoure, le Danemark occupe une superficie de 39 000 kilomètres carrés et est peuplé de 2 300 000 habitants d'origine germanique, professant presque tous le protestantisme luthérien. Le gouvernement est une monarchie héréditaire et constitutionnelle. La capitale, *Copenhague* (120 000 h.), est un grand port militaire et le siège d'un commerce actif. Le voisinage de la mer a fait de ce peuple d'actifs et habiles marins ; la présence de vastes prairies dans le Jutland a permis le développement de l'agriculture (culture des *céréales*, nombreux *bestiaux*).

L'empire d'Allemagne. — L'empire d'Allemagne

occupe une superficie de 540000 kilomètres carrés. Il se partage en trois grandes régions : 1° l'*Allemagne du Sud*, pays de plateaux et de collines ; 2° l'*Allemagne moyenne* « où courent des chaînes boisées de médiocre hauteur » ; 3° la vaste *plaine* monotone de l'*Allemagne du Nord*. De grands fleuves, le Danube au sud, le Rhin à l'ouest, le Weser, l'Elbe, l'Oder, la Vistule, arrosent l'empire. Le climat varie sensiblement suivant les régions et les altitudes ; il est plus rigoureux à mesure qu'on va de l'ouest à l'est dans l'Allemagne du Sud : l'altitude croissante rend le climat plus excessif du nord au sud.

49 500 000 habitants, en grande majorité de race allemande, peuplent cet empire. La langue est l'*allemand*, imposé d'ailleurs à tous les sujets de l'empire. Deux religions se partagent l'Allemagne ; au nord, le protestantisme ; au sud, le catholicisme.

L'empire Allemand est une monarchie fédérative constitutionnelle constituée par la réunion de 26 États sous la direction du royaume de Prusse, dont le prince porte héréditairement le titre d'empereur. Les principaux de ces États sont : 1° le royaume de *Prusse*, le plus vaste (348000 kilom. q.) et le plus peuplé (29 958000 hab.). La capitale et celle de tout l'empire est *Berlin*, la quatrième ville du monde par sa population (1 580000 hab.). Les autres grandes villes sont le port très actif de *Dantzig*, *Breslau*, centre commercial important, la très vieille ville de *Magdebourg*, *Cologne*, aujourd'hui le centre d'une importante région industrielle.

2° Le royaume de *Bavière* (5595 000 hab.), avec sa capitale *Munich*, justement célèbre par ses brasseries et ses musées (351 000 hab.).

3° Le royaume de *Würtemberg* (2 000000 hab.), dont la capitale, *Stuttgart* (140000 hab.), fait un important commerce de librairie.

4° Le royaume de *Saxe* (3 500 000 hab). Sa capitale, *Dresde* (290 000 hab.), doit à ses musées une juste réputation. *Leipzig* (357 000 hab.) est un des centres du commerce de la librairie allemande.

5° Le grand-duché de *Bade* (1 657 000 hab.) a pour capitale *Karlsruhe*.

6° L'*Alsace-Lorraine* (1 600 000 hab.), notre chère et fidèle Alsace-Lorraine, couvre de ses vignobles et de ses riches cultures les pentes boisées des Vosges et une partie du plateau Lorrain. Les Allemands s'enorgueillissent d'avoir joint à leur empire ses trois grandes villes, *Strasbourg*, *Mulhouse* et *Metz*.

Le reste de l'Allemagne est occupé par de petites principautés quelquefois moins grandes que les plus petits de nos départements. Il faut encore signaler les villes libres, *Brême* et *Hambourg*, le premier port commercial de l'Europe après Londres (570 000 hab.).

Les principales régions agricoles de l'empire (Haute-Bavière, Allemagne moyenne, vallée du Rhin, Allemagne du Nord) fournissent des *céréales*, du *vin*, des *pommes de terre*, du *lin*, du *chanvre*, de la *betterave*, du *houblon*, et nourrissent de nombreux troupeaux de *bestiaux* et de *moutons*. Ses mines de *houille*, de *fer*, de *cuivre*, de *plomb*, de *zinc*, font de l'Allemagne un grand pays industriel, la Saxe, la Silésie, la Westphalie sont pour l'*exploitation minière*, la fabrication des *machines*, l'industrie de la *laine* et du *coton*, les régions les plus importantes.

La Suisse. — La Suisse ou Confédération helvétique couvre une superficie de 41 000 kilomètres carrés. Son territoire se compose d'une région montagneuse constituée par les différents massifs des Alpes rayonnant autour du Saint-Gothard, et d'une région de plateaux et de plaines s'étendant en avant des Alpes jusqu'au Rhin.

Des grands glaciers de la Suisse découle une grande partie des eaux douces de l'Europe (Rhône, Rhin, Inn, Tessin). La Suisse doit à son altitude et à l'orientation de ses grands massifs un climat généralement rigoureux.

La Suisse est peuplée de 2 917 000 habitants d'origine allemande, française et italienne. Ces trois langues sont d'ailleurs parlées en Suisse. La religion dominante est le protestantisme ; mais les catholiques sont nombreux. Le territoire de la Confédération suisse est divisé en 22 cantons ; *Berne* (47 000 hab.) est la capitale fédérale ; mais les villes les plus importantes sont *Zurich* (97 000 hab.), ville d'industrie, *Genève* (78 000 hab.) et *Bâle* (74 000 hab.).

La Suisse est un remarquable pays d'*élevage ;* elle nourrit de nombreux *troupeaux*. Les principales industries sont celles de l'*horlogerie* et du *tissage ;* en outre, les Suisses, placés entre l'Europe du nord et l'Europe du sud, font un grand commerce de *transit*.

L'Autriche-Hongrie. — L'empire austro-hongrois a une étendue de 625 000 kilomètres carrés ; il se compose de régions de natures très différentes ; au nord, le *plateau bohémien*, à l'ouest, les *vallées alpestres ;* au centre, la vaste *plaine hongroise ;* à l'est et au nord-est, la région montagneuse des *Karpates*. Le Danube réunit toutes ces régions et en recueille les eaux. Les pluies et le climat varient extrêmement ; humide et tempéré en Bohème, en Moravie, dans les Karpates, il est au contraire rigoureux dans les Alpes, excessif en Hongrie.

La population est de 41 385 000 habitants appartenant à des races très différentes ; on y compte des Slaves en majorité, de nombreux Allemands, des Hongrois ou Magyars, des Roumains, des Italiens, des Albanais, des Grecs et des Turcs. Les religions ne sont pas moins nombreuses ; on trouve dans l'empire des catholiques en majorité, puis des catholiques grecs, des protestants, des juifs et quelques musulmans. L'empire est constitué par deux États, l'empire d'Autriche et le royaume de Hongrie, ayant même souverain.

Les principales villes dans l'empire d'Autriche sont *Vienne* (1365000 hab.), « l'une des plus somptueuses et des plus belles cités de l'Europe », *Prague* (182000 hab.), la riche capitale de la Bohême; sur la Méditerranée, *Trieste* (157500 hab.), l'un des ports les plus commerçants de la Méditerranée. En Hongrie, on remarque surtout *Budapest* (490000 hab.), la capitale composée de deux villes, Buda et Pest.

Les principales richesses de l'empire austro-hongrois sont constituées par ses immenses *forêts*, les vastes champs de *céréales* de la Hongrie et de la Bohême, les *vignobles* de Hongrie, les *troupeaux* des régions alpestres et les *chevaux* de la plaine hongroise. Il faut y ajouter de nombreuses mines de *houille* en Bohême où l'industrie, notamment celle de la *laine*, se développe beaucoup. Le commerce est très actif et s'exerce surtout avec la péninsule des Balkans et l'Orient.

États de la péninsule des Balkans. — La péninsule des Balkans couvre une étendue de plus de 500000 kilomètres carrés. C'est une des régions les plus montagneuses de l'Europe. Les contrastes d'humidité et de climat entre les différentes régions sont considérables. La Roumanie, la Serbie, la Bulgarie au nord sont soumis à un climat continental dans toute sa rigueur; au contraire, le climat s'adoucit déjà en Roumélie, grâce au voisinage de la mer. Enfin, la Grèce doit aux innombrables découpures de ses côtés un climat assez tempéré.

La multiplicité des divisions naturelles a produit le morcellement politique. Les races qui peuplent la péninsule sont très variées et très mélangées. On y trouve des Slaves, des Bulgares, des Roumains, des Albanais, des Grecs, des Turcs. Politiquement la péninsule des Balkans est partagée en plusieurs États, la Turquie et ses pays vassaux, la Roumanie, la Serbie, le Monténégro et la Grèce.

1° L'*empire turc* (326 000 kilom. q.) comprend en Europe les possessions immédiates de *Roumélie*, de *Macédoine* et d'*Albanie*, la province autonome de *Roumélie orientale*, aujourd'hui unie de fait à l'État bulgare, la principauté théoriquement tributaire de *Bulgarie*. On compte 8 500 000 habitants de races et de religions très différentes; la religion grecque est de beaucoup la plus répandue. Le gouvernement est une monarchie absolue. Les villes principales sont *Constantinople* (8 à 900 000 hab.), la capitale, dans une admirable position sur le Bosphore, la coquette ville d'*Andrinople* (70 000 hab.), et *Salonique* (150 000 hab.), important port de commerce au fond du golfe de même nom.

2° La *Bulgarie* et la *Roumélie*, réunies depuis 1885, forment un petit État en théorie vassal de la Porte, en pratique parfaitement indépendant (3 155 000 hab.). *Philippopoli* (33 000 hab.) est la capitale de la Roumélie orientale; *Sofia* (30 000 hab.), celle de la Bulgarie.

3° La *Roumanie*, sur la rive gauche du Danube, forme depuis 1881 un royaume constitutionnel, peuplé de 5 millions 1/2 d'habitants, appartenant en grande majorité à l'Église grecque. La capitale est *Bucarest* (195 000 hab.).

4° Le royaume constitutionnel de *Serbie*, indépendant depuis 1878, est peuplé d'environ 2 162 000 habitants, appartenant pour la plupart à la religion grecque. La capitale est *Belgrade* (55 000 hab.).

5° Le *Monténégro* forme une petite principauté montagneuse peuplée de 200 000 habitants presque tous de religion grecque, presque tous bergers.

6° Le royaume de *Grèce* (65000 kilom. q.) occupe la partie méridionnale de la péninsule et une partie des îles de l'Archipel. Sa population est d'environ 2 millions d'habitants, appartenant en majorité à la religion grecque. *Athènes*, la capitale du royaume, a 108000 habitants. Le *Pirée*, relié à Athènes par une voie ferrée, est redevenu son port (35000 hab.).

Les *forêts* de Roumanie, les *céréales* de Roumélie, de Roumanie et de Serbie, les *vins* de Grèce, les *oliviers*, les *citronniers*, les *orangers* et les *grenadiers* des rives et des îles de la Méditerranée, le *petit bétail* en Roumélie, en Serbie et en Grèce, constituent les principales richesses de la péninsule des Balkans. L'industrie est encore très peu développée, quoique la péninsule présente des bancs de *lignite*, de la *houille*, du *pétrole*, du *fer* et du *plomb*. Dans les ports, le commerce, presque entièrement aux mains des Hellènes et des israélites, est assez actif.

Le royaume d'Italie. — L'Italie (295000 kilom. q. comprend une partie continentale, le bassin du Pô, entourée de montagnes, et une partie péninsulaire, traversée par la chaîne de l'Apennin, arrosée par de petits fleuves dont les plus importants sont le Tibre et l'Arno, tributaires de la mer Tyrrhénéenne. Le climat, encore rigoureux dans la plaine du Pô, est rafraîchi par le voisinage de la mer dans la région méditerranéenne.

Le royaume d'Italie est peuplé de 30350000 habitants, descendant presque tous des anciens latins et presque tous également catholiques. Le gouvernement est une monarchie constitutionnelle.

Les villes importantes sont nombreuses; les principales sont *Naples* (536000 hab.), qui doit sa réputation à son activité commerciale et à la beauté du pays qui l'entoure; *Milan* (425000 hab.), l'une des grandes villes industrielles de l'Italie ; *Rome* (436 000 hab.) redevenue la capitale du royaume depuis 1870 ; *Turin* (329 000 hab.), centre d'un commerce important avec la France et l'Europe occidentale ; *Palerme* (272 000 hab.) ; *Gênes* (210 000 hab.), tous deux ports très actifs ; *Florence* (190 000 hab.) ; *Venise* (159 000 hab.), célèbres par la beauté de leurs monuments.

L'Italie est par excellence un pays *agricole*. Elle a de vastes *forêts* ; elle produit en abondance des *céréales*, des *vins*, des *oliviers*, des *orangers*, des *citronniers*, des *plantes industrielles* (*chanvre, lin, coton, mûrier*). La vallée du Pô nourrit des *bêtes à cornes*, et l'Italie méridionale de nombreux troupeaux de *moutons*. La *pêche* sur les côtes est fructueuse. L'industrie, faute de houille, est encore peu développée ; les principaux établissements industriels (*pâtes alimentaires, coton, laine, soie, verreries, porcelaine, mosaïques*) sont groupés dans la vallée du Pô.

Le royaume d'Espagne. — L'Espagne occupe à peu près les cinq sixièmes de la superficie totale de la péninsule ibérique, soit 499 700 kilomètres carrés. Elle est formée de deux grands plateaux, au nord la Vieille-Castille appuyée aux monts d'Asturie et des Cantabres, traversée par le Douro, et la Nouvelle-Castille, s'appuyant au sud à la Sierra Morena, traversée par le Tage et le Guadiana. Au sud-ouest, s'étend une large plaine sillonnée par le Guadalquivir, et dominée au sud par les hauts sommets de la Sierra Nevada ; au nord-est, la plaine de l'Èbre appuyée aux Pyrénées. Une chaîne côtière relie ces deux plaines. Les autres cours d'eau espagnols, le Minho au nord-ouest ; le Segura, le Jucar et le Guadalaviar, tributaires de la Méditerranée, sont médiocrement importants. Le climat varie suivant les régions ; tempéré sur la côte nord, il est excessif sur les plateaux ; dans la plaine du

Guadalquivir et sur la côte sud-est, il présente les plus grandes analogies avec le climat du Maghreb africain.

Le royaume d'Espagne compte 17 565 000 habitants, Basques, Galiciens, Castillans, Catalans, Aragonais, souvent d'origine très diverse et conservant encore aujourd'hui leur caractère original. Presque tous sont catholiques. Le gouvernement est une monarchie constitutionnelle.

Les villes les plus importantes sont *Madrid*, la capitale actuelle (470 000 hab.), *Barcelone* (272 000 hab.), importante cité industrielle et commerciale ; *Valence* (170 000 hab.) port actif ; *Séville*, une des rares villes industrielles de l'Espagne.

L'Espagne a des productions fort variées ; au premier rang se place le *froment*, puis viennent la *vigne*, l'*olivier*, l'*oranger*, le *citronnier*, le *mûrier*. Autour de Séville prospèrent le *dattier*, le *cotonnier*, la *canne à sucre*, le *riz*. L'*élevage* est important ; le littoral septentrional nourrit des *bêtes à cornes*, et les plateaux de nombreux *moutons*. L'Espagne a de riches mines de *houille*, de *fer*, de *plomb*, de *cuivre* et de *mercure*. Néanmoins l'*industrie* est encore peu active.

Le royaume de Portugal. — Le Portugal couvre à peine la sixième partie de la péninsule ibérique, soit près de 92 000 kilomètres carrés. Sa géographie physique rappelle beaucoup celle de l'Espagne ; d'abondantes pluies, dues aux vents océaniques du sud-ouest, rendent le climat plus tempéré. La population est de 4 700 000 habitants, catholiques pour la plupart. Le gouvernement est une monarchie constitutionnelle héréditaire.

Les deux villes les plus importantes et les plus peuplées du royaume sont *Lisbonne* (242 000 hab.), la capitale, avec un port immense et sûr aux bouches du Tage, et *Porto* (106 000 hab.), qui doit son activité au commerce des vins et des denrées agricoles de la région du Douro.

C'est un pays *agricole* on y cultive la *vigne*, l'*olivier*, l'*oranger*. L'*élevage* est peu important ; l'*industrie* presque nulle. La mer est pour le Portugal une autre ressource ; la *marine* de ce petit pays est im   rtante et son commerce en progrès.

Le royaume de Belgique. — Située au nord-ouest de l'Europe, la Belgique couvre une superficie de 29 454 kilomètres carrés : c'est une grande plaine sillonnée de grands fleuves jusqu'au cours de la Meuse ; à l'est de ce fleuve sont les collines ardennaises. Le climat, modéré dans la plaine, est déjà plus rigoureux dans la partie montagneuse. Le royaume de Belgique, extrêmement peuplé, compte 6 130 000 habitants, les uns d'origine germanique et parlant le *flamand*, les autres, se rattachant par la langue et l'origine à la France, ce sont les *Wallons ;* les uns et les autres profondément catholiques. Le gouvernement est une monarchie constitutionnelle.

Les villes les plus importantes sont *Anvers* (232 000 hab.), l'un des plus grands ports de l'Europe occidentale ; *Bruxelles* (180 000 hab.), capitale du royaume ; *Gand* (150 000 hab.) et *Liège* (153 000 hab.), villes industrielles.

Pays de *culture* et d'*élevage*, la Belgique a de vastes champs de *céréales* et nourrit de nombreux troupeaux de *bestiaux*. Mais elle doit la plus grande partie de sa richesse à ses mines de *houille* (Mons et Charleroi) et à ses différentes *industries* (*machines*, *brasseries*, industrie du *lin*, du *coton*, de la *laine*).

Le royaume de Hollande. — Le royaume de Hollande est une grande plaine de 33 000 kilomètres carrés, située en plusieurs endroits au-dessous du niveau de la mer et qu'il a fallu défendre par des digues. Le voisinage de la mer rend le climat tempéré. La population est de 4 620 000 habitants, elle est d'origine germanique et parle un dialecte germanique; elle comprend deux tiers de protestants et un tiers de catholiques. Le gouvernement est une monarchie constitutionnelle.

La capitale officielle est *La Haye*, résidence royale (165 000 hab.); mais les deux villes les plus importantes sont les ports d'*Amsterdam* (426 000 hab.) et de *Rotterdam* (216 000 hab.).

La Hollande est surtout un pays *agricole* et *maritime* Les grasses prairies nourrissent des *bestiaux* estimés; l'*industrie* est restreinte; en revanche, le *commerce* de la Hollande avec ses colonies est très actif.

Les Iles Britanniques. — Le royaume-uni d'Angleterre, d'Écosse et d'Irlande se compose de deux grandes iles, puis des archipels des Hébrides, des Orcades et des Shetland, au nord; des iles de Man et d'Anglesey dans la mer d'Irlande, des Sorlingues ou Scilly au sud-ouest, de l'ile de Wight au sud, les iles anglo-normandes sur la côte de France, en tout une superficie de 315 000 kilomètres carrés.

Le relief est peu important; les côtes sont extrêmement découpées; le pays arrosé par des pluies fréquentes; aussi les rivières, quoique très courtes, roulent-elles des eaux extrêmement abondantes; le climat est doux et tempéré.

La population, formée de Celtes et de Germains, est de 37 880 000 habitants, en majeure partie protestants; l'Irlande est catholique. Le gouvernement est une monarchie constitutionnelle.

Les villes sont extrêmement nombreuses et très considérables; les plus importantes sont: *Londres* (4 211 000 hab.), la plus grande ville du monde; les grands ports de *Liverpool* (517 000 hab.) et de *Glasgow* (658 000 hab.), *Man-*

chester (505 000 hab.), ville d'usines, *Dublin* (245 000 hab.), capitale de l'Irlande; *Édimbourg* (263 000 hab.), capitale de l'Écosse.

Les gras pâturages de l'Angleterre nourrissent de nombreux troupeaux de bêtes à cornes et de chevaux. L'industrie est encore supérieure à l'agriculture; l'Angleterre a les mines de *houille* les plus vastes et les mieux exploitées; des mines de *fer*, de *cuivre*, de *plomb*, d'*étain* et de *zinc*; toutes les industries sont représentées en Angleterre (hauts fourneaux de *Birmingham*, aciéries de *Sheffield*, fabriques où l'on prépare le *cuivre* à *Swansea*, cotonnades de *Manchester*, *draps de laine* de *Leeds*, etc.); et les débouchés qu'il faut à une fabrication aussi intense, l'Angleterre les trouve dans ses nombreuses colonies et dans les différentes parties du monde, avec lesquelles elle fait un commerce de plus de 15 milliards.

Sujets de devoirs. — 1. Comparer les différents États européens au point de vue de la superficie, — de la population, — du commerce, etc. — 2. Quels sont en Europe les pays qui doivent la plus grande partie de leurs richesses à l'agriculture? — à l'industrie? — 3. Quelles sont les grandes régions industrielles de l'Europe? — 4. Décrire un voyage de Saint-Pétersbourg à Trieste. — 5. Par quels caractères la Russie se distingue-t-elle du reste de l'Europe? — 6. Quels avantages fournit à l'Angleterre au point de vue commercial sa position insulaire? — 7. Dire quelles sont les ressources fournies à l'industrie par les pays riverains de la Méditerranée. — 8. Un voyageur fait connaître les souvenirs et les impressions que lui ont laissés les grandes villes de la Méditerranée. — 9. Un consul fait connaître au gouvernement français quelques-unes des ressources que présentent à notre commerce les pays européens riverains de la Méditerranée.

CHAPITRE VII

Aperçu général. — L'Océanie n'est pas, à proprement parler, un monde à part : étendue sur un très vaste espace, dans toutes les régions du Grand Océan, elle comprend des îles de toutes dimensions et de toutes natures. Au sud-est et à l'est de l'Asie, les grandes îles Malaises sont une dépendance de ce continent et forment le lien entre l'Asie et l'Australie. Cette terre immense n'est pas plus séparée de l'Asie par les petites Méditerranées de l'archipel Malais que l'Afrique de l'Europe par notre Méditerranée. Aussi beaucoup de géographes ont-ils coutume de désigner les îles grandes et petites qui font suite au monde chinois et indo-chinois sous le nom d'*Asie australe* ou « *Australasie* ».

Mais, outre ce groupe, l'Océanie se compose d'un grand nombre d'autres îles semées à la surface du Pacifique dans les deux hémisphères, très différentes de climat, de flore, de faune, et ne se rattachant par leur voisinage à aucun continent. Elles reposent sur plusieurs plateaux sous-marins et ont été formées les unes par des soulèvements séculaires, les autres par des éruptions volcaniques, un grand nombre enfin par l'accumulation de récifs coralliferes.

On a essayé de les classer en plusieurs catégories par

l'étude des peuples qui les habitent. De là les noms de *Malaisie* et de *Mélanésie*, suivant qu'elles sont habitées par des Malais ou par des nègres. On y a ajouté l'appellation de *Micronésie*, que l'on applique aux agglomérations de *petites îles*, et celle de *Polynésie*, que l'on applique aux nombreux archipels à l'est de l'Australie.

Mais c'est là une classification insuffisante, car la connaissance des populations océaniennes n'est pas encore poussée assez loin pour qu'on puisse fonder une division sur l'ethnographie. La considération du climat ne permet point davantage d'établir des régions naturelles, puisque l'extension des îles océaniennes en latitude du sud au nord est extrêmement considérable.

Les Européens ayant occupé ou colonisé la plus grande partie de l'Océanie, on peut étudier successivement le domaine de chacune des grandes puissances maritimes.

Colonies anglaises. L'Australie. — Les Anglais viennent au premier rang par l'étendue des territoires océaniens qu'ils occupent comme par le nombre des colons qu'ils ont envoyés dans ces parages. L'Australie est la plus florissante de ces colonies.

Elle rappelle par ses contours l'Afrique méridionale. Ses proportions sont comparables à celles de l'Europe, car elle a une superficie de 7 700 000 kilomètres carrés ; sa longueur d'est en ouest atteint presque 3 800 kilomètres, son développement du sud au nord plus de 2 000 en moyenne.

Le système montagneux de l'Australie n'est pas encore parfaitement connu ; on peut dire cependant dès aujourd'hui que l'élévation la plus remarquable de ce continent est une cordillère qui se dirige du nord au sud, comme les soulèvements américains, dans la région orientale et assez près de la côte. On la désigne sous plusieurs noms,

sous ceux d'*Alpes aus-
traliennes* au sud, de
montagnes Bleues plus au
nord, de *chaînes de Li-
verpool* et de chaîne de
la *Nouvelle-Angleterre*.
Toute cette cordillère est
composée de plusieurs
chaînes parallèles : elle
est peu élevée : le mont
Kosciusko, le plus remarquable de tous ces som-
mets, n'atteint que 2152
mètres.

Mais ce qui domine
dans l'Australie, c'est un
vaste plateau de grès
dont la superficie oc-
cupe presque les trois
quarts du continent. Sa
hauteur est peu consi-
dérable : il présente l'aspect d'un désert où ne
croissent que des bou-
quets d'acacias nains.
Vers le centre, cepen-
dant, est une petite ré-
gion d'oasis.

L'Australie, très éten-
due du nord au sud, est
soumise à plusieurs ré-
gimes de climat. La par-
tie septentrionale reçoit
les pluies tropicales et

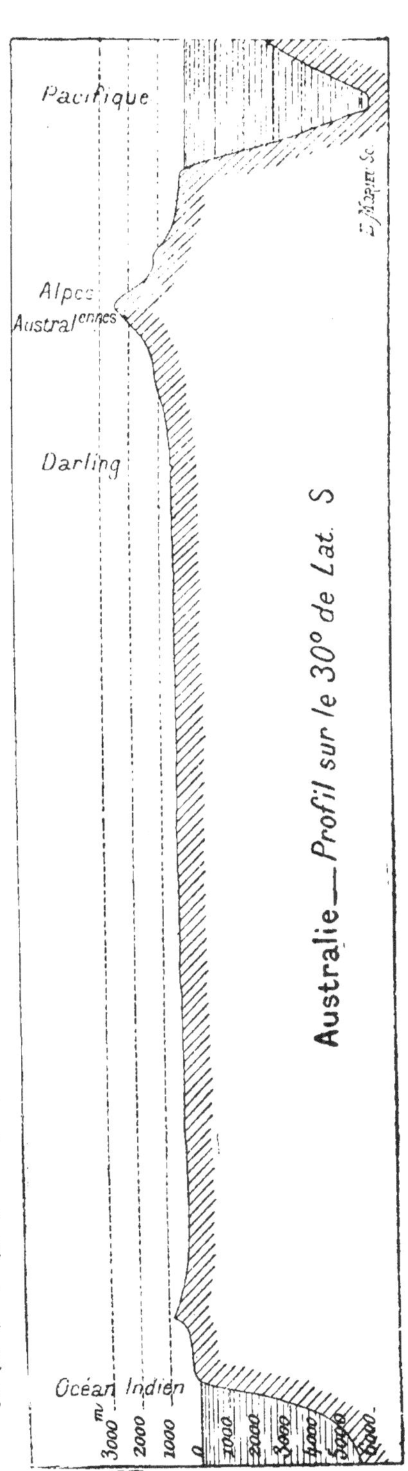

Australie — *Profil sur le 30° de Lat. S*

Fig. 41.

les pluies de moussons de l'océan Indien ; c'est donc une région bien arrosée et favorable à la culture. L'intérieur du pays subit au contraire l'influence des vents alizés du sud-est ; c'est un pays dénué de toutes ressources et absolument inhabitable. En revanche, le sud-est de l'Australie jouit d'un climat analogue à notre climat méditerranéen. Aussi les régions de l'Australie où la colonisation européenne peut prospérer sont l'extrême nord et les pays de montagnes de l'est et du sud-est.

La sécheresse est le grand danger du continent australien dans ses parties méridionales ; il est arrivé plusieurs fois que le vent brûlant du désert a détruit en quelques heures, en les desséchant, les moissons sur pied et les fruits sur les arbres.

Fig. 42. — Forêt australienne.

Les fleuves côtiers compris entre la cordillère et la côte orientale de l'Australie, comme le *Fitzroy*, n'ont pas un cours très considérable, mais sont abondants et favorables à la navigation. Au contraire, à l'intérieur, les systèmes fluviaux sont mal marqués et incertains; ici un affluent reste en route et ne rejoint pas le fleuve faute de pente ; là, ce sont des lacs qui reçoivent les cours d'eau, comme cela arrive dans la région du lac d'Aral en Asie.

Le *Murray*, qui se jette au sud dans l'océan Indien, devient moins abondant à mesure qu'il se rapproche de la mer. Un grand nombre de ses affluents de droite, venus des montagnes du nord-est, expirent sur le plateau avant d'avoir pu l'atteindre.

A l'intérieur, le plateau australien, comme le plateau africain, est couvert de lacs ou de lagunes, de flaques d'eau stagnante et de marais. Tels sont les lacs *Eyre*, *Cooper*, *Gregory*.

Les principales articulations du littoral australien se trouvent naturellement à l'est, où la bordure montagneuse touche de près la mer, y envoie des rameaux, y forme des golfes et des lacs.

L'Australie est séparée de la Nouvelle-Guinée au nord par le détroit de *Torrès*. Le golfe de *Carpentaria* est enfermé par la *presqu'île de Carpentaria* et par la péninsule d'*York*, qui se termine sur le détroit de Torrès par un cap de même nom. Au sud, le détroit de *Bass* s'ouvre entre l'Australie et la Tasmanie. Le golfe *Spencer*, les baies d'*Adélaïde*, de *Melbourne*, de *Sydney*, sont les découpures les plus remarquables des côtes. Au nord-est se développe, sur une longueur de plus de 1 500 kilomètres, la *Grande-Barrière*, véritable mur madréporique. Mais on peut dire d'une manière générale que l'Australie rappelle le continent africain par la pauvreté de ses articulations côtières.

Les productions de l'Australie sont très variées et très riches. Parmi les minéraux, on doit citer avant tout l'*or*, qui, s'il n'a pas enrichi tous les avides chercheurs venus de l'Europe, a du moins assuré par cette abondante émigration l'avenir de la colonie. C'est en 1851 que l'appât de la découverte du métal précieux attira en quelques mois plus de 40 000 personnes. Les principales mines sont celles de *Ballarat* dans l'État de Victoria. Depuis le jour de la découverte, l'Australie a livré au commerce du monde une valeur de près de 6 milliards en or. Mais les métaux industriels n'y sont pas moins abondants : la *houille* de la Nouvelle-Galles est déjà l'objet d'une exploitation active. Le *cuivre*, l'*étain* et le *fer* existent aussi en mines considérables.

L'exploitation agricole y est encore une cause de richesse : et c'est grâce à l'élevage des animaux domestiques que l'Australie entretient avec l'Europe un commerce considérable. Les *bœufs* et les *moutons*, importés de la mère patrie à la fin du siècle dernier, s'y sont multipliés avec une prodigieuse rapidité. L'Australie envoie à nos manufactures une grande partie des *laines* qui y sont traitées.

Les *voies de communication* ont été créées, dans ce pays de colonisation si récente, vite et avec intelligence. Cependant, les 12 000 kilomètres de voies ferrées que compte l'Australie sont encore bien insuffisants pour le développement du *commerce :* car les échanges y dépassent déjà une valeur annuelle de 2 milliards. La majeure partie de ce commerce se fait avec la Grande-Bretagne et ses colonies, avec l'Inde et avec l'île Maurice. Les ports australiens sont en relations régulières avec la métropole par deux lignes de paquebots, l'une desservant d'abord l'Afrique occidentale et la colonie du Cap, l'autre passant par le canal de Suez et la Pointe-de-Galles, au sud de l'Inde. Les *Messageries maritimes* de France envoient aussi leurs navires en Australie par Mahé des Seychelles ;

c'est une traversée de 40 jours environ par le canal de Suez.

La population australienne, en y comprenant celle de la Tasmanie, est de 3 728 000 habitants : les indigènes, au nombre de quelques milliers, vivent misérablement et sont appelés à disparaître au milieu de l'afflux des colons européens. L'origine de cette belle colonie remonte à l'année 1788, où sir Arthur Philipp débarqua à Botany-Bay un millier de condamnés. C'était l'emplacement de Sydney.

Aujourd'hui l'Australie est divisée en six provinces, la *Nouvelle-Galles du Sud*, l'*État de Victoria*, le *Queensland*, l'*Australie méridionale*, l'*Australie occidentale* et la *Tasmanie*. La Nouvelle-Galles du Sud et l'État de Victoria sont de beaucoup les plus peuplés et comptent chacun près d'un million d'habitants.

Les deux plus grandes villes de l'Australie sont les ports de *Melbourne* (491 000 h.) et de *Sydney* (383 000 h.) : leurs excellentes rades font la plus grande partie du commerce australien.

Malaisie anglaise. — Dans la Malaisie, l'Angleterre a pris possession d'un territoire au nord de la grande île de *Bornéo*. Elle a complété ainsi son ancienne colonie de *Labouan*, précieuse comme station navale dans les mers de Chine, à cause de ses mines de houille. C'est en tout un territoire de 57 000 kilomètres carrés avec 150 000 habitants.

Nouvelle-Guinée. — La Nouvelle-Guinée a été annexée bien plutôt qu'occupée par les colons australiens, ce qui n'a pas empêché l'Allemagne d'en prendre sa part quelque temps après. C'est une île montagneuse, où quelques sommets dépassent 4 000 mètres, propre aux cultures tropicales, mais encore peu peuplée.

Nouvelle-Zélande. — La Nouvelle-Zélande est bien autrement importante. Grande comme les deux tiers de la France, devant à une structure très montagneuse sa riche articulation côtière, elle jouit en outre d'un climat admirablement tempéré qui favorise l'immigration des Européens. Aussi compte-t-elle déjà 626 000 habitants, et plusieurs villes comme *Auckland* (30 000 hab.). Son commerce est des plus actifs. C'est l'agriculture qui fait sa richesse comme celle de l'Australie orientale ; cependant on y exploite aussi des mines d'or. Sa capitale est *Wellington*.

Colonies hollandaises de Malaisie. — Les Hollandais possèdent la plupart des îles de *l'archipel de la Sonde*, *Sumatra*, *Banca*, *Billiton*, *Java*, *Madoura*, *Lombok*, *Sumbava*, *Florès*, la plus grande partie de *Bornéo*, *Célèbes*, les *Moluques*, la partie occidentale de la *Nouvelle-Guinée* et la moitié de *Timor*. C'est un empire colonial de 1 850 000 kilomètres carrés.

Le relief y est très varié ; quelques-unes de ces îles sont médiocrement élevées et plongent sous la mer par des pentes douces ; d'autres se dressent brusquement en hautes montagnes d'une mer profonde. Il en est enfin qui tiennent le milieu comme Bornéo et Sumatra, et où les plaines se mélangent aux montagnes.

Il est toutefois une distinction à établir entre toutes ces îles : une véritable fosse de séparation de grande profondeur coupe des grandes îles de la Sonde les groupes des Moluques, Célèbes, et des petites îles de la Sonde. Sauf cette ligne de démarcation, les mers qui se développent entre ces archipels sont de faible profondeur ; il est rare qu'entre plusieurs îles du même groupe, la sonde descende à plus de 90 mètres. C'est comme la Manche entre la France et l'Angleterre. Toutes ces étendues ma-

rines ont des noms particuliers, *mer de Java, mer de Banda,
mer de Soulou*, ou de *Célèbes*. Les détroits sont nombreux
et ramifiés à l'infini : on cite le détroit de la *Sonde*, entre
Sumatra et Java, de *Manka* entre Bornéo et Célèbes, le
passage des Moluques entre les Célèbes et Moluques.

Le *climat* de l'archipel de la Sonde, que la ligne équatoriale traverse, est humide et chaud, sauf dans les régions de hautes montagnes. La température moyenne y
est de + 27°. Le régime des pluies est déterminé par les
moussons dont le changement est souvent accompagné
de tempêtes ou typhons. La saison sèche dure d'avril à
octobre au nord de l'équateur et d'octobre en avril dans
l'hémisphère sud.

On peut dire que la *flore* et la *faune* des iles Malaises
est comme une transition entre l'Australie et l'Asie. Les
forêts vierges, dont beaucoup ont déjà disparu devant les
excès de la colonisation, donnent les bois précieux de la
zone tropicale, *ébène, acajou, teck* ou bois de fer, bois de
santal. Mais les Européens ont surtout donné leurs soins
aux cultures industrielles, à celle du *riz* sur les côtes
basses et humides, à la *noix muscade*, au *camphrier*, au
clou de girofle. La Malaisie produit aussi des *noix de coco*
et des *choux palmistes*.

Les *animaux* sont analogues à ceux de l'Inde et de
l'Indo-Chine: Bornéo et Sumatra ont dans leurs forêts
l'*éléphant* et le *tigre royal;* les *orangs-outangs* se rencontrent à Bornéo en grand nombre. Les habitants se livrent
à l'élevage des *bœufs*, qui sont très employés comme
bêtes de somme dans les zones marécageuses du littoral.

Les *races* humaines se sont mélangées dans ces iles. On
croit que la population primitive se composait de nègres
océaniens et que les *Malais* conquérants ne les ont soumis
qu'au xiiᵉ siècle. Aujourd'hui, les noirs *Papous* et *Alfou-
rous*, dont quelques-uns pratiquent encore l'anthropo-

phagie, ne se trouvent plus en grand nombre qu'en Nouvelle-Guinée, à Djilolo et à Céram. Ailleurs, la population est mêlée d'éléments hindous et arabes. Le domaine colonial des Hollandais est peuplé de plus de 30 millions d'habitants sur 35 que compte tout l'Archipel.

Ils ont divisé l'Archipel en 13 provinces subdivisées elles-mêmes en 40 résidences. On distingue : 1° les *possessions directes*, Java et Madoura ; 2° les *possessions extérieures* comprenant les autres îles, les pays protégés ou tributaires. À la tête de l'administration, est le *gouverneur général*, assisté du *Conseil des Indes*.

Sumatra (449 000 kilom. q.), soit les quatre cinquièmes de la France, est presque tout entière au pouvoir des Hollandais ; seul, le *sultan d'Atché* a pu conserver quelque indépendance. L'île est traversée par une haute chaîne de montagnes dont quelques sommets dépassent 3 500 mètres ; ces sommets sont pour la plupart des volcans, les uns éteints, les autres actifs. Les habitants sont au nombre de près de 6 millions. Sumatra est riche en *houille* et en *métaux*, encore peu exploités. Elle expédie surtout en Europe du *poivre* en grande quantité et des *bois*.

Banka, sur la côte sud-est de Sumatra, possède de riches mines d'*étain* exploitées par des mineurs chinois ; *Billiton*, sa voisine, vit de la même industrie.

Java est une île élevée et montagneuse. Elle contient environ 50 volcans, dont 30 en activité ; quelques-uns de ces cônes d'éruption dépassent la hauteur de 500 mètres. C'est peut-être la plus riche des îles de la Sonde ; elle produit beaucoup de *riz*, de *sucre de canne*, de *vanille* et *d'indigo* dans les terres basses des côtes : les régions de hauteur moyenne donnent un riche produit, le *café* (80 millions de kilogr. par an) ; aussi possède-t-elle déjà 900 kilomètres de chemins de fer et elle exporte ses produits pour une valeur de 250 millions de francs. Avec *Madoura*, qui en dépend, elle contient 23 millions d'habitants et 30 000 colons européens. *Batavia* (105 000 hab.) est la capitale des établissements hollandais, étendant sur une longueur de 20 kilomètres les riches maisons de ses négociants, les palais du gouvernement, les établissements scientifiques au milieu de la végétation luxuriante des jardins et des parcs. La rade de *Sourabaya* est le grand arsenal néerlandais de ces mers.

Bornéo, plus grande d'un tiers que la France (734 000 kilom. q.), est très différente de Java et de Sumatra par

Fig. 43. — Vue de Bornéo.

son relief. A quelque distance des côtes, qui sont généralement basses, le pays devient ondulé et couvert de montagnes d'une hauteur moyenne de 600 à 1 000 mètres ; au centre, quelques pics atteignent même 3 000 : on n'a pas encore trouvé de volcans à Bornéo. Cette grande ile, encore mal exploitée, contient de la *houille*, de l'*or*, de l'*antimoine* et quelques autres métaux. Les principales cultures y sont celles du *poivre*, du *sucre*, et de l'*indigo ;* ses *forêts* fournissent des bois de construction et de teinture. Mais la population y est très clairsemée, puisqu'on y compte à peine un million d'habitants. Outre les Hollandais, qui régissent un grand nombre d'États vassaux, et les Anglais établis au nord, un sultan indépendant possède au nord un territoire assez étendu.

Célèbes, découpée en quatre péninsules, est montagneuse et volcanique : outre l'exploitation de ses *forêts*, elle doit à des *mines d'or* assez riches une certaine prospérité (1 million d'hab.).

Les *petites îles de la Sonde*, *Timor*, partagée entre les Portugais et les Hollandais, *Florès*, *Lombok* et *Bali*, encore mal exploitées, fournissent surtout au commerce des *bois* de construction et d'ébénisterie.

Les *Moluques* sont importantes par la culture des *épices*, *noix muscade*, *poivre*, etc... Le centre de ce commerce est à *Ternate*.

Colonies espagnoles. — Les colonies espagnoles des *Philippines* sont aussi une partie de la ceinture insulaire de l'Asie, et se développent sur une longueur de plus de 1 500 kilomètres entre les archipels hollandais de la Sonde et l'île de Formose. Elles se composent d'une douzaine de grandes îles et d'un grand nombre de petites. Elles couvrent une superficie d'environ 300 000 kilomètres carrés, avec une population de 7 millions d'habitants.

La plus grande et la plus peuplée des Philippines est *Luçon* ou *Manille*, île volcanique qui contient la capitale de tous les établissements, *Manille*, ville de 154 000 âmes. Le commerce du *sucre* et du *tabac* y est très actif.

L'île de *Mindanao*, l'archipel des *Vizayas*, sont beaucoup moins riches. L'Espagne vient de soumettre à son autorité les États indigènes qui avaient jusqu'ici conservé une certaine indépendance. De cette colonie des Philippines dépendent les groupes des *Carolines*, des *Mariannes*, et les îles *Pelew*, qui sont mal peuplées et peu fertiles.

Colonies françaises, américaines, allemandes. — Les colonies des autres États européens en Océanie sont beaucoup moins importantes.

La France a pris possession

Fig. 44. — Vue des îles Philippines.

de la Nouvelle-Calédonie, de Taïti, des îles Marquises, des Toubouaï, des Tuamatou et des Gambier.

Les *États-Unis d'Amérique* ont occupé au centre du Pacifique le groupe des îles *Tonga*, de l'*Union*, *Gilbert*, *Christmas*, etc... Ce sont des postes de ravitaillement au centre du Pacifique, et non des colonies proprement dites, car tous les ilots de ces archipels sont peu étendus et de médiocre valeur.

L'empire d'*Allemagne* a hissé son pavillon sur une grande étendue de la côte de la *Nouvelle-Guinée* au nord-est. Une tentative pour occuper les Carolines a échoué devant l'énergique protestation des Espagnols. Allemands, Anglais et Américains se partagent une sorte de protectorat sur les îles *Samoa*.

États indépendants. — Les États indépendants sont rares en Océanie. Nous avons vu que dans les archipels hollandais et espagnols de la Malaisie quelques sultans

Fig. 45. — Vue de l'archipel havaïen.

malais se maintenaient encore libres et résistaient à la colonisation européenne. Mais cette résistance devient chaque jour plus difficile; et le protectorat y marque la transition vers l'obéissance réelle.

Au centre du Pacifique, le royaume de *Havaï* ou des îles *Sandwich* (17 000 kilom. q. et 90 000 hab.) est pros-

père, grâce à la présence d'un grand nombre de colons
européens. Sous leur influence, la population s'est con-
vertie au protestantisme, et s'est donné un gouvernement
à l'européenne. La culture de la canne à sucre et du riz,
l'élevage, font la richesse de cet archipel volcanique.

La capitale, *Honolulu* (23000 hab.), est un port de commerce actif, fréquenté par les navires américains, anglais
et allemands.

Conclusion. — L'énumération de tant de colonies européennes montre que, dans le courant de ce siècle,
l'Océanie est devenue plus encore que l'Afrique un pays
européen. Les indigènes n'ont pu résister à cet envahis-
sement de peuples plus actifs et mieux armés. Un petit
nombre de tribus soutient encore la lutte en Australie,
dans la Nouvelle-Guinée et la Nouvelle-Zélande, où la
race intelligente et fière des Maoris s'est efforcée sans
succès d'entraver la colonisation anglaise. Mais partout
ailleurs, l'indigène s'efface devant le blanc ; déjà les Tas-
maniens ont cessé d'être ; de 70000 habitants au xviie siècle, la population des Mariannes est aujourd'hui réduite
à 1 500. Ainsi disparaît également de l'histoire l'intéressante population des archipels orientaux, la race polynésienne, dont les premiers explorateurs dans ces régions
vantaient avec raison la vive intelligence, l'humeur in-
souciante et joyeuse.

Sujets de devoirs. — **1.** Quelles ressemblances présentent
l'Afrique et l'Australie? — **2.** Ressources que fournissent les îles
Malaises au commerce européen. — **3.** Les îles Malaises sont-elles
des terres océaniennes ou des terres asiatiques? — **4.** Vie d'un colon
anglais en Australie. — **5.** Pour quels motifs peut-on dire que
l'Océanie est devenue européenne?

CHAPITRE VIII

Situation et dimensions. — Le continent de l'Amérique du Nord, qui s'étend depuis l'isthme de Panama qui le sépare de l'Amérique du Sud, jusqu'aux terres polaires, comprend des régions de l'hémisphère boréal situées dans les trois zones tropicale, tempérée et glaciale. La superficie (22 millions de kilom. q.) est plus que double de celle de l'Europe.

§ I. — **Le relief de l'Amérique du Nord.**

Le relief. — Le relief de l'Amérique du Nord se distingue nettement de celui de l'ancien continent. Les montagnes de l'Amérique du Nord ont une direction générale du nord au sud. Le massif principal occupe toute la région occidentale de l'Amérique du Nord, depuis le détroit de Béring jusqu'à l'isthme de Panama. Ce massif est composé, dans sa partie septentrionale, de plusieurs chaînes parallèles très rapprochées les unes des autres ; puis vers le 30ᵉ degré de latitude nord, il se divise en deux chaînes divergentes, dont l'une, serrant de près la côte, porte le nom de chaîne des *Cascades*, puis de *Sierra Nevada* ; l'autre, à l'est, est appelée *Montagnes Rocheuses*. Ce soulèvement se termine dans l'Amérique centrale. Le pic le

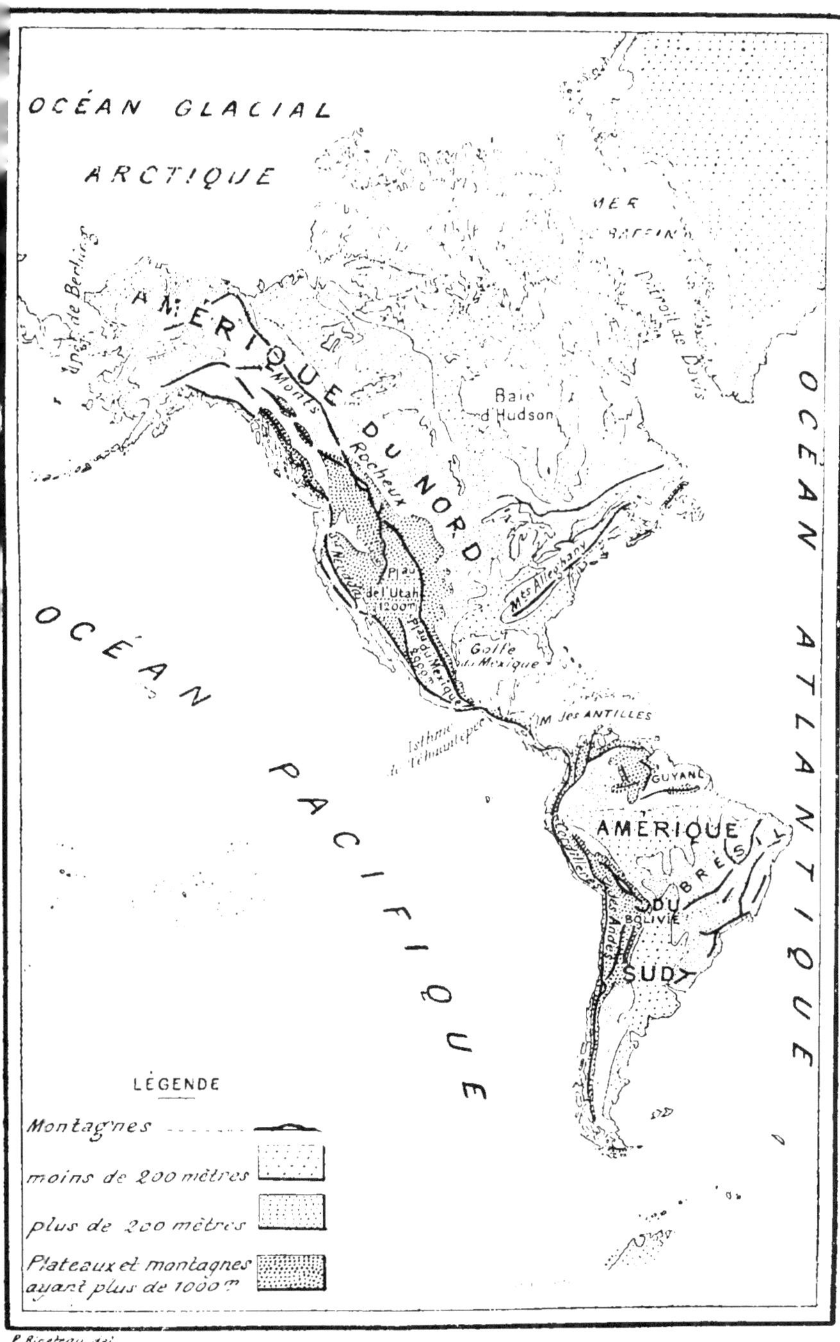

Fig. 46. — Relief des Amériques.

plus élevé de toute cette série de montagnes est le mont *Brown* (5 300 m.).

Dans la partie orientale de l'Amérique se dresse le massif moins considérable et moins haut des *Alléghanys*, qui, par la disposition de ses chaînons parallèles, rappelle notre Jura.

Entre la Sierra-Nevada et les chaînes qui lui font suite d'une part, et d'autre part les Montagnes Rocheuses, sont encaissés deux remarquables plateaux, le plateau de l'*Utah*, et celui du *Mexique*. L'un mesure 1 200 mètres, l'autre plus de 2 000 d'altitude moyenne. Citons aussi, au sud-est des Montagnes Rocheuses, celui du *Texas*, dont le niveau est presque parfaitement horizontal et uni.

L'Amérique du Nord est constituée, dans sa partie centrale, par une immense plaine qui se continue presque sans interruption du nord au sud, de l'océan Glacial et de la baie d'Hudson jusqu'au golfe du Mexique, entre les Montagnes Rocheuses et les Alléghanys.

Volcans. — En plusieurs régions, ce relief a un caractère volcanique très marqué. L'Amérique du Nord compte plusieurs volcans disposés en une ligne qui forme la série orientale du grand cercle de feu de l'océan Pacifique. Au nord, les îles *Aléoutiennes* et la terre d'*Alaska* comptent plus de cinquante cratères ; le mont *Saint-Élie* (4 600 m.), au nord du massif américain, est d'origine volcanique. Il en est de même du mont *Rainier* dans les montagnes des États-Unis. Il existe aussi sur le plateau du Mexique tout un groupe de volcans considérables, parmi lesquels le *Jorullo*, sorti du sol en 1759. Le plus élevé de cette région est le *Popocatepetl*, dont le nom signifie montagne fumante.

§ II. — Côtes de l'Amérique du Nord.

Le littoral. — L'Amérique du Nord est largement baignée par trois océans, l'océan Glacial au nord, l'océan Atlantique à l'est et, à l'ouest, le Grand Océan, dont le bassin s'interpose entre elle et l'Asie.

La côte septentrionale est celle qui présente les plus grands enfoncements de la mer dans les terres. La baie d'*Hudson*, plus vaste que la mer du Nord, terminée elle-même par la baie *James*, sépare de l'Atlantique la massive péninsule du *Labrador*. Son nom est celui du navigateur anglais qui la découvrit au commencement du XVIIe siècle. D'étroits bras de mer séparent de la côte d'immenses archipels qui constituent les terres polaires. Tous portent les noms des explorateurs qui les ont reconnus. Le détroit d'*Hudson*, puis celui de *Davis* donnent accès dans la grande baie de *Baffin*, le chemin du pôle nord. Cette baie, véritable mer assez largement ouverte au sud, sépare de l'Amérique le *Groenland*, vaste continent, dont l'intérieur, presque entièrement ignoré, semble couvert de montagnes et de glace. Le Groenland est une colonie danoise. De même que la côte asiatique correspondante, cette côte est embarrassée pendant les deux tiers de l'année par les glaces.

Sur l'océan Atlantique, la côte jusqu'au cap *Hatteras* est assez remarquablement découpée. Elle présente le long estuaire du *Saint-Laurent*, fermé par la grande île de *Terre-Neuve*. Après la presqu'île de la *Nouvelle-Écosse*, viennent des baies sur lesquelles ont pu s'établir les grands ports des États-Unis, le golfe du *Maine* (Boston), la baie de *Delaware*, la baie de *Chesapeake* (Baltimore). Au sud du cap Hatteras, la côte termine la plaine qui s'étend à l'est des Alléghanys, puis la vaste plaine centrale, aussi devient-elle basse, fréquemment marécageuse. Son principal accident est la péninsule de la *Floride*, terminée par le cap *Sable*, composée elle aussi de terres basses. Le canal de la Floride sépare les *Grandes Antilles* du profond golfe du *Mexique*, que ferme au sud la péninsule marécageuse et insalubre du *Yucatan*. De vastes lagunes, le delta du *Mississipi*, y embarrassent la côte.

Tout autre est la côte de l'océan Pacifique. Bordée par le plateau mexicain, elle est rocheuse. La mer y forme le long golfe de la *Californie*, accompagné par la presqu'île du même nom que termine le cap *San Lucas*. A partir de ce cap, la côte forme une haute muraille, se repliant en une courbe dont la convexité est tournée vers l'Océan. Le point le plus occidental est le cap *Mendocino*. Des baies profondes s'y sont creusées; dans l'une d'elles est l'admirable port de *San Francisco*. Le cap *Flattery* marque un enfoncement de la côte, qui jusqu'à la presqu'île d'*Alaska* devient extrêmement découpée. Elle présente de nombreuses articulations analogues aux fiords norvégiens, de grandes îles montagneuses (*Vancouver*, ainsi nommée du marin qui l'explora à la fin du xviiie siècle), des archipels (*archipels du Prince-de-Galles*).

L'Amérique se termine de ce côté par la vaste presqu'île d'*Alaska*, dont l'extrémité occidentale se prolonge par la longue chaîne des îles *Aléoutiennes*, fermant ainsi la mer de *Béring*.

§ III. — Hydrographie de l'Amérique du Nord.

Les vents et les pluies. — L'Amérique du Nord s'ouvre largement par sa plaine centrale aux vents glacés du pôle dont l'influence est tempérée, il est vrai, par la présence de mers intérieures issues de l'océan Atlantique, et de la masse d'eau douce de ses lacs.

Une grande partie de ses terres est d'ailleurs comprise dans la zone des vents variables. Entre les deux bourrelets montagneux des Montagnes Rocheuses et de la Sierra Névada, les vents pluvieux ne peuvent pénétrer ; aussi s'est-il formé dans cette région un désert, le *désert d'Utah*. Le même phénomène se produit dans la partie la plus encaissée du plateau du Mexique.

Dans la zone tropicale du golfe du Mexique règnent les pluies périodiques de la saison chaude. Cette même région est exposée à des vents violents nommés *ouragans* qui y exercent souvent leurs ravages.

Versants. Fleuves et lacs. — La plus grande quantité des eaux courantes de l'Amérique du Nord est issue d'une même région, de la grande plaine centrale qui s'étend avec un niveau peu varié de l'océan Glacial au golfe du Mexique. La ligne de partage des eaux est si peu marquée, que souvent il y a communication entre les sources des

Saint-Laurent		1135
R. G. del Norte		2352
Youkon		3000
Mackenzie		3500
Mississipi		5882

Fig. 47. — Longueur en kilomètres des principaux fleuves de l'Amérique du Nord.

fleuves qui s'écoulent dans des directions différentes. La pente est insuffisante pour marquer une ligne de partage des eaux. Ainsi, le Mississipi prend sa source dans un pays marécageux et lacustre et gagne le golfe du Mexique, tandis que le fleuve Rouge, issu de la même origine, verse ses eaux à l'océan Glacial.

Les principaux fleuves de l'Amérique du Nord sont :

Le *Mackenzie*, tributaire de l'océan Glacial, qui reçoit

ses eaux de plusieurs lacs et longe dans une partie de son cours l'extrémité orientale des Montagnes Rocheuses.

Dans l'océan Atlantique débouche : le *Saint-Laurent*, émissaire des grands lacs qui lui fournissent un énorme volume d'eau. Ce fleuve a plus de 50 kilomètres de large, au moment où il verse ses eaux à l'Océan ; traversant plusieurs terrasses montagneuses à la sortie du lac Érié, il

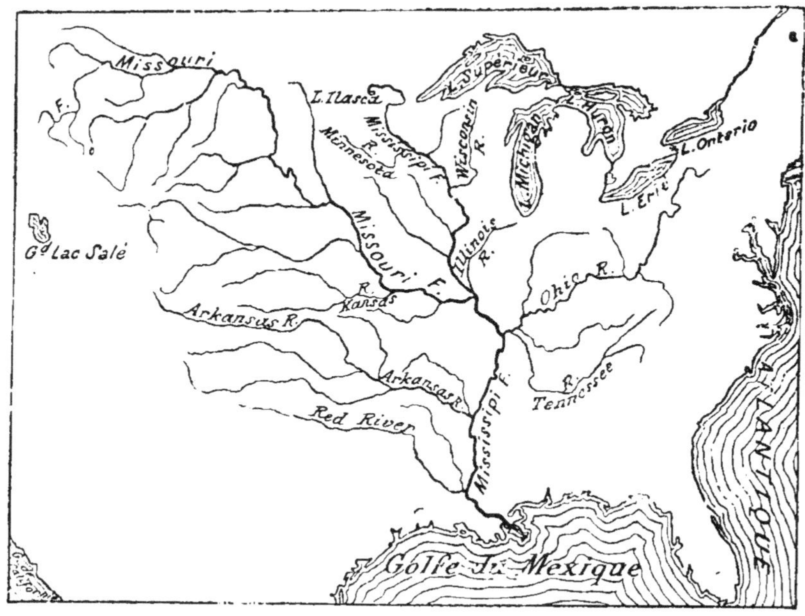

Fig. 48. — Le Mississipi et ses affluents.

forme des cataractes au nombre desquelles est la célèbre *chute du Niagara*. Les plus grands navires peuvent le remonter jusqu'à Québec ; là, sa profondeur est de 40 mètres.

L'Atlantique reçoit encore quelques fleuves moins considérables, descendus des monts Alléghanys. Parmi eux l'*Hudson*, la *Delaware*, la *Susquehannah* et le *Potomac*, longs encore de 500 à 800 kilomètres, sont importants parce que leurs eaux abondantes et profondes permettent aux navires de les remonter.

Le golfe du Mexique a pour tributaire le *Mississipi* (7275 kil.), le plus long fleuve du monde et l'un des plus abondants. Avec ses grands affluents, il offre une longueur de plus de 32000 kilomètres de voies navigables aux bateaux à vapeur ; il en porte plus de 500 sur ses eaux. Sa source est dans le petit *lac d'Itaska*, à 500 mètres environ au-dessus du niveau de la mer. Mais la véritable origine du fleuve, sa source la plus éloignée, est celle du *Missouri*, affluent de 4000 kilomètres, qui prend naissance à une altitude de

Fig. 49. — Cañons du Colorado.

plus de 1300 mètres dans les Montagnes Rocheuses. Les plus grands tributaires sont ensuite l'*Arkansas* qui lui vient à droite comme le Missouri des Montagnes Rocheuses. A gauche, il se grossit de l'*Illinois* et de l'*Ohio*.

Le delta du Mississipi commence déjà à se développer

dans un bas pays à 300 kilomètres de l'embouchure. Ce delta occupe un espace de 32000 kilomètres carrés; et les alluvions empiètent sur la mer d'environ 300 mètres par an.

Le grand fleuve a dans son cours inférieur des profondeurs comparables à celles d'une mer, 30 ou 40 mètres le plus souvent, quelquefois 100. C'est par excellence un fleuve de plaines, roulant avec lenteur, entre des rives plates et monotones, des eaux embarrassées de troncs d'arbres, dont les branches en s'enchevêtrant forment des îles flottantes.

Le golfe du Mexique reçoit le *Rio Grande del Norte*, long de 2400 kilomètres. Les fleuves qui se jettent dans le Pacifique ont un tout autre caractère, puisqu'ils ne traversent que des régions montagneuses. Le principal d'entre eux, le *Colorado*, descend du *plateau de l'Utah*, à travers des cluses ou cañons où la rive surplombe quelquefois de 1000 mètres au-dessus de l'eau du fleuve : son cours, tant à cause de l'irrégularité du relief que de celle du climat, ne peut être d'aucune utilité à la navigation. Il se jette dans le golfe de Californie. Parmi les autres tributaires du Pacifique, les uns, comme le *Sacramento* et la *Columbia*, sortent des régions montagneuses où ils ont pris naissance par de longs et étroits défilés; les autres, perpendiculaires au rivage, n'ont qu'un cours très restreint.

Enfin la péninsule d'Alaska est traversée par l'admirable *Youkon*, trois fois et demie long comme notre Loire (3000 kil.), atteignant quelquefois une largeur de 1 à 2 kilomètres.

Lacs. — L'Amérique du Nord compte un grand nombre de lacs; ils sont répartis en groupes, communiquant souvent les uns avec les autres et se déversant par des émissaires dans l'océan Glacial et dans la baie d'Hudson; on cite le lac du *Grand-Ours*, de l'*Esclave* et le lac *Winnipeg*. Mais le groupe le plus important est celui des cinq lacs canadiens, lacs *Supérieur*, *Michigan*, *Huron*, *Érié* et *Ontario*. Le *lac Supérieur* (84,000 kilom. q.) égale presque en superficie la sixième partie de la France; il est plus grand que tous les pays arrosés par la Seine et ses affluents. Le *Michigan* (62 000 kilom. q.), le

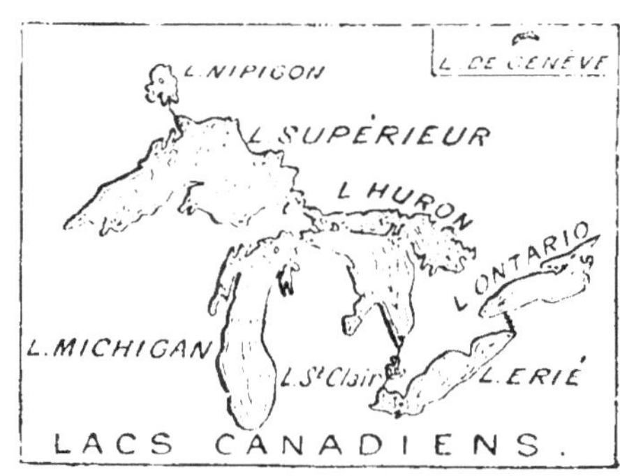

Fig. 50. — Superficie comparée des grands lacs canadiens et du lac de Genève.

Huron (61 000 kilom. q.), le grand *lac des Esclaves* (31 000 kilom. q.), le *Winnipeg* (25 000 kilom. q.), le lac *Érié* (25 000 kilom. q.), l'*Ontario* (20 000 kilom. q.), sont après lui les plus développés; l'ensemble de ces nappes d'eau couvre une surface égale aux trois cinquièmes de notre pays. Si on les compare au lac de Genève, on trouve que le lac Supérieur est 140 fois aussi étendu, le Michigan 100 fois, le Huron 98 fois, le lac des Esclaves 55 fois, l'Érié 45 fois, l'Ontario 32 fois. Le niveau de ces lacs est compris entre 183 mètres d'altitude (lac Supérieur) et 75 mètres (lac Ontario). Leur émissaire est le gigantesque fleuve *Saint-Laurent* (3 550 kil.). La jonction entre la série de lacs qu'il traverse se fait par des rapides dont le plus célèbre est le *Niagara*, qui jette du lac Érié au lac Ontario une masse de 500 000 mètres cubes à la minute d'une hauteur de plus de 50 mètres. Aussi le Saint-Laurent, à 350 kilomètres de son embouchure, mesure-t-il déjà plusieurs kilomètres de largeur.

§ IV. — Climat de l'Amérique du Nord. — Productions naturelles. — Flore et faune.

Climat. — La plus grande partie de l'Amérique du Nord est située dans la zone tempérée boréale ; son extrémité nord touche à la zone glaciale ; au sud, le Mexique et l'Amérique centrale, puis l'archipel des Antilles, sont des régions tropicales. Mais bien des causes contribuent à modifier le climat. Dans la plaine centrale, l'influence des vents du nord, qu'aucun obstacle montagneux n'arrête, se fait sentir très loin vers le sud. Aussi cette plaine est-elle beaucoup plus froide, à latitude égale, que les contrées correspondantes d'Europe. La côte orientale est également plus froide que la côte européenne qui lui fait face, parce que le courant chaud du Gulf-Stream s'en éloigne et se détourne, tandis que les courants glacés du pôle la baignent et apportent jusqu'à la hauteur de Terre-Neuve des icebergs. L'élévation du massif des Montagnes Rocheuses et de la Sierra Névada rend très rigoureux le climat de la moitié occidentale de l'Amérique. Les contrées de la zone tropicale sont soumises à l'action océanique dans l'archipel des Antilles ; au Mexique et dans l'Amérique centrale, la rigueur de la saison chaude est adoucie par l'altitude des plateaux. En somme, le climat continental règne surtout dans la grande plaine du centre et sur les plateaux.

Flore. — La végétation de l'Amérique du Nord est très variée par suite de la position en latitude du continent qui s'étend des terres polaires à l'équateur. Les régions riveraines des mers polaires présentent la végétation propre aux régions arctiques avec quelques plantes particulières. Les chaines côtières présentent de vastes forêts, où les arbres sont en général les mêmes que ceux de nos régions ; la Californie se distingue par ses conifères gigantesques, les *sequoia*, qui sont avec les eucalyptus d'Australie les arbres les plus grands et les plus vieux du monde. La flore des prairies est spéciale : elle présente des *graminées* courtes et sèches, puis en avançant vers le sud, des plantes grasses, *cactus* et *agaves*, qui annoncent la végétation mexicaine. Celle-ci est dans les parties basses surtout exubérante ; les *cactus*, les *palmiers*, les *orchidées*, les *lianes*, les *fougères* y prennent un développement extraordinaire ; les forêts fournissent le *bois de Campêche*, l'*acajou*, le *santal*, etc. Sur les pentes des plateaux, des *chênes* toujours verts constituent de préférence les forêts.

Les plantes cultivées sont extrêmement nombreuses. Le *blé* n'est nulle part cultivé avec autant de succès qu'aux États-Unis. Le *maïs* y est également produit en quantité énorme, comme aussi au Mexique. La *vigne* réussit très bien en Californie. Le *coton*, la *canne à sucre*, le *café*, le *tabac* sont les produits des régions plus chaudes de l'Amérique, des provinces méridionales des États-Unis. Le Canada et les États-Unis envoient aussi à l'Europe les bois de construction exploités dans leurs immenses forêts, l'Amérique centrale, l'*acajou*.

Faune. — A ce point de vue, l'Amérique du Nord se partage en deux régions distinctes. Jusqu'au Mexique la faune est à peu près la même que celle de l'Europe, à quelques animaux près. C'est ainsi que le *dindon*, le *serpent à sonnettes*, l'*alligator*, certains poissons sont propres à l'Amérique du Nord. Avec la faune du Mexique commence la véritable faune américaine, qui est celle de l'Amérique centrale et de l'Amérique du Sud. La faune de l'Amérique du Nord fournit encore de grandes richesses aux habitants. Le commerce des fourrures est prospère au Canada ; on y chasse l'*ours blanc* et le *castor* dans l'extrême Nord. Les États-Unis élèvent plus d'animaux domestiques, *chevaux*, *bœufs*, *moutons*, *porcs*, que les plus grands États d'Europe, sauf la Russie.

Enfin, pour donner une idée de la richesse des mers américaines en poissons, il suffit de citer l'île de Terre-Neuve : ses pêcheries de *morue* attirent de véritables escadres d'Angleterre, de France et d'Amérique. Le *hareng* et le *maquereau* peuplent ainsi les parages voisins de l'embouchure du Saint-Laurent.

C'est au nord de l'Amérique qu'on pêche le plus la *baleine*.

Richesses minières. — L'Amérique du Nord est peut-être le premier pays minier du monde. Les mines d'*or* de Californie sont célèbres dans le monde entier, comme les mines d'*argent* du Mexique. Le *mercure*, le *cuivre*, le *plomb*, le *fer*, la *houille*, le *pétrole* se recueillent en quantités immenses aux États-Unis. Le Mexique présente d'abondants gisements de *soufre*.

§ V. — Races de l'Amérique du Nord.

Races. — La race indigène des *Peaux rouges*, qui habitait l'Amérique du Nord avant sa découverte par les Européens, ne compte plus aujourd'hui que des représentants peu nombreux. Cette partie du nouveau continent est maintenant peuplée d'hommes de race *anglaise* en très grand nombre, de descendants des colons *espagnols* dans le Mexique et l'Amérique centrale, et de *Français* (1 million 800 000 individus) au Canada.

Les terres polaires sont habitées par des tribus d'*Esquimaux*. Ces peuples ont une civilisation rudimentaire ; ils vivent surtout de la chasse à l'ours blanc et de la pêche du phoque.

L'Amérique du Nord compte une population d'environ 70 millions d'habitants.

Observations générales. — Si on compare l'Amérique du Nord aux autres parties du monde, le premier trait qui frappe l'esprit est la disposition de son relief. Dans l'ancien continent, surtout en Europe et en Asie, le relief est le plus souvent disposé à peu près parallèlement à l'équateur; au contraire dans le nouveau continent le relief s'allonge dans le sens du méridien. Aussi pour la disposition des péninsules, ce continent ne peut-il avoir des analogies avec le reste du monde comparables à celles que présentent à cet égard l'Europe et l'Asie. Toutefois on ne saurait accorder à cette comparaison qu'une valeur toute générale; car il s'en faut de beaucoup que tout le relief d'Europe et d'Asie (sans parler de l'Afrique) soit orienté d'ouest en est, que toutes les montagnes américaines se développent du sud au nord.

Les côtes, quoique moins bien découpées que celles de l'Europe, sont encore supérieures en longueur à celles de l'Asie et surtout de l'Afrique (45000 kilomètres). Ses fleuves peuvent justement rivaliser avec ceux de l'Asie; le Mississipi en dépasse même plusieurs par sa longueur, par son débit; mais les fleuves tropicaux d'Asie recueillant leur énorme débit sur des étendues beaucoup plus restreintes, sont donc, en proportion, très supérieurs au Mississipi.

Enfin, l'Amérique du Nord connaît, comme l'Asie, le climat glacial du nord, le climat torride des régions tropicales, les écarts du climat continental.

En un mot, l'Amérique du Nord forme une contrée originale, présentant cependant d'assez notables analogies avec les deux continents septentrionaux de l'ancien monde.

Sujets de devoirs. — 1. Décrire les régions traversées par le chemin de fer du Pacifique. — 2. Grouper les différents fleuves de l'Amérique du Nord d'après leurs caractères. — 3. Quelle ressemblance l'Amérique du Nord présente-t-elle avec l'Europe ? — 4. Quel contraste de climat y a-t-il entre l'Amérique du Nord et l'Europe ? — 5. Décrire la plaine centrale américaine.

CHAPITRE IX

Aperçu général. — Le continent de l'Amérique du Nord est partagé entre trois États principaux, l'*Amérique anglaise* ou *Canada*, qui en occupe les régions septentrionales et toute la largeur, les *États-Unis d'Amérique* au centre, et au sud la République du *Mexique*. Il a été peuplé en majorité par des colons d'origine européenne qui ont dépossédé rapidement, depuis la découverte du Nouveau Monde, les anciens indigènes.

§ I. — Le Canada.

Le Canada (Dominion of Canada) ou Amérique anglaise. — Le Canada occupe les contrées polaires de l'Amérique du Nord, sauf la terre d'*Alaska* au nord-ouest, qui appartient aux États-Unis, puis une partie tempérée au sud-est vers les bouches du Saint-Laurent. Il s'étend sur une superficie de 8 300 000 kilomètres carrés, égale aux quatre cinquièmes de l'Europe, quinze fois égale à celle de la France

Il se compose : 1° à l'ouest, d'une région montagneuse, comprenant un plateau enserré entre les montagnes côtières de la Colombie et les Montagneuses Rocheuses ; 2° d'une vaste plaine commençant sur les bords de l'océan Glacial Arctique, limitée à l'est par quelques collines qui dominent le Saint-Laurent. Il n'est accessible par mer en tout temps que sur la côte si bien découpée du Pacifique, et par l'estuaire du Saint-Laurent, ses côtes au nord étant le plus souvent embarrassées par les glaces. De même ses grands fleuves tributaires de cet océan lui sont peu utiles, mais cet inconvénient est compensé par la présence des grands lacs qui constituent pour le Canada une véritable Méditerranée.

Le climat du Canada est *continental* par excellence, les étés y sont chauds et les hivers y sont rigoureux. Toutefois, il paraît prouvé que le grand développement des lacs y contribue à adoucir la température. Néanmoins, à égale latitude, les contrées voisines de l'Atlantique sont encore plus froides que le littoral du Pacifique où les vents de mer ont une réelle influence.

Fig. 51. — La rivière Fraser.
(Colombie anglaise.)

Le Canada est riche en *produits minéraux* ; le Nouveau-

Brunswick et la Nouvelle-Écosse possèdent d'abondantes mines de *houille* ; à l'ouest, on extrait de l'*or* dans les montagnes de la Colombie anglaise. Mais l'*agriculture*, la *chasse* et la *pêche* fournissent les principales ressources. On y cultive le *blé* dans la région qui avoisine les lacs ; de hardis chasseurs vont, comme en Sibérie, poursuivre les animaux à fourrure sous les hautes latitudes. L'*élevage* des animaux s'y est rapidement développé comme l'agriculture. Enfin les *pêcheries de Terre-Neuve* et du *golfe de Saint-Laurent* sont les plus fructueuses de l'univers. L'*industrie* commence à devenir active dans les pays de l'est, grâce à l'abondance de la *houille*. Un réseau de 17 000 kilomètres de chemins de fer y assure des communications faciles. La marine du Canada (1 250 000 tonneaux) est supérieure d'un cinquième à celle de la France ; ce fait s'explique d'ailleurs par l'activité des échanges entre les villes riveraines des lacs, beaucoup plus que par les relations avec les pays étrangers. Le commerce y atteint une valeur d'environ 1 milliard.

La population est faible encore pour une si grande étendue ; il est vrai qu'une bonne partie du territoire canadien est inhabitable ou impropre à la culture. On y compte 4 830 000 habitants. N'oublions pas que dans ce nombre sont compris 1 800 000 Français qui ont conservé nos coutumes et notre langue, malgré plus d'un siècle de domination anglaise. Ils n'ont pas oublié leur origine et aiment toujours leur ancienne patrie.

D'ailleurs le Canada, divisé en huit provinces, a le droit de se gouverner lui-même, a ses représentants et jouit d'une grande autonomie. La capitale de la Confédération est *Ottawa*, ville de 45 000 habitants. Les deux villes les plus commerçantes, *Québec* (63 000 hab.), et *Montréal* (216 000 hab.), sur le Saint-Laurent, sont peuplées par une majorité de gens de langue française.

Terre-Neuve a son parlement particulier et ses institutions propres. La capitale est *Saint-John* (40 000 hab.).

Les ports du Canada, Québec en particulier, sont en relations régulières avec la Grande-Bretagne par une ligne de paquebots dont la tête est à Liverpool. Il est question d'établir un service entre le Havre et Québec, sous pavillon français.

Les possessions anglaises d'Amérique sont complétées par le petit archipel des *Bermudes*, au large de la côte des États-Unis, excellent arsenal et lieu de ravitaillement pour les escadres dans l'Atlantique.

§ II. — Les États-Unis d'Amérique.

États-Unis d'Amérique. — Les *États-Unis d'Amérique* occupent une superficie beaucoup plus grande encore que celle du Canada (9 330 000 kilom. carr.), et un sol beaucoup plus riche. Ils ne sont inférieurs en superficie que de 67 000 kilomètres carrés à l'Europe et valent preque dix-huit Frances.

Leur structure rappelle en plus grand celle du Canada. A l'ouest, un vaste plateau bordé à l'ouest et à l'est de hautes chaines de montagnes; au centre, une plaine s'abaissant par des gradins successifs jusqu'à la large vallée du Mississipi; à l'est, un relèvement montagneux constitué par les Alléghanys. Mais les côtes sont bien plus découpées que celles du Canada, et à l'intérieur les rivages méridionaux des grands lacs, l'immense réseau fluvial du Mississipi et de ses affluents facilitent les relations des différentes régions de ce vaste territoire.

Le *climat* des États-Unis d'Amérique est très varié. Leur territoire, en effet, est très développé du nord au sud, entre la *péninsule de Floride* qui confine au tropique du Cancer et les provinces du nord-ouest situées à près de 25 degrés plus au nord. Les plateaux de l'ouest sont tout à fait comparables aux hauts steppes d'Asie pour leur climat continental; et même au nord-est, près de l'Atlantique, on subit à la fois de grandes chaleurs et de grands froids. Les territoires voisins du Bas-Canada ont, par exemple, les étés de Paris et les hivers de Saint-Pétersbourg. Sur les *plateaux du Colorado*, il n'est pas rare que la température varie en une seule journée de 35 degrés. La côte de l'océan Pacifique jouit au contraire d'un climat relativement froid surtout en été. Le climat de la plaine centrale se rapproche du climat européen.

Les *productions* du sol des États-Unis sont si variées, que cette puissante République peut sans inconvénient fermer son territoire par des droits de douane aux importations étrangères. Toutes les richesses, minérales, végétales, animales, y existent sans exception. Les gisements de *houille*, qui produisent déjà 100 millions de tonnes de combustible, cinq fois plus que ceux de la France, sont les plus étendus de l'univers avec ceux de la Chine. Pour la production du *pétrole*, les États-Unis rivalisent avec la Russie. L'*or* et l'*argent* de la *Californie* donnent chaque année un produit de plus de 400 millions. Le *fer*, le *cuivre*, le *zinc*, l'*étain*, le *mercure* ont été reconnus en filons de grande richesse et sont exploités. Même variété pour les végétaux. Les terres à *blé* des États-Unis en fournissent une fois et demie autant que celles de la France; les *forêts* couvrent d'immenses étendues; les provinces du sud sont favorables aux cultures tropicales du *tabac*, du *coton*, de l'*indigo;* c'est le coton des États-Unis qui alimente plus de la moitié des filatures du monde. Enfin, la côte californienne est apte à la culture de la *vigne*, de l'*oranger*, et rappelle par sa végétation les plus beaux pays de notre Europe méditerranéenne. L'*élevage* des animaux y est facile dans des pâturages qui n'ont pas besoin de culture, donne aux Américains une abondante nourriture et leur permet d'exporter en quantité prodigieuse des animaux et des conserves. L'*industrie* enfin peut y lutter maintenant avec avantage contre celle de l'Europe. On comptait en 1880 plus de 250 000 manufactures. Cette industrie s'est concentrée de préférence au nord-est, dans la région des mines de houille. Là est le centre de l'industrie des *métaux* et du *coton*. Au centre, où la culture des céréales s'étend sur un espace cinq fois aussi vaste que la France, se sont groupées les industries *agricoles* telles que la *meunerie*. Au contraire les États du Sud n'ont guère d'industrie et sont occupés de préférence à la culture du *coton* et du *tabac*.

Il n'est pas étonnant que le *commerce* ait pris aux États-Unis un rapide essor. Ce pays possède plus de voies ferrées que l'Europe (250 000 kil.), sur une surface à peu près égale, elles traversent le continent et unissent toutes les villes importantes de la Confédération. Le commerce atteint annuellement une valeur de 10 milliards de francs, ce qui les place dans le monde au second rang, immédiatement après la Grande-Bretagne.

La marine de la Confédération est de plus de 4 millions de tonneaux, c'est-à-dire la seule rivale de celle de la Grande-Bretagne. Le mouvement de ses ports atteint 100 millions de tonneaux; ils sont donc cinq fois plus actifs que ceux de France. Ils sont en relations suivies avec les ports européens auxquels les rattachent plusieurs câbles télégraphiques.

L'*Angleterre* occupe le premier rang dans ces échanges. Des lignes régulières de paquebots relient *New-York* et *Boston* à *Londres*, *Liverpool*, etc. Les Anglais font aussi communiquer les *ports du Pacifique* avec la *Chine* et le *Japon*.

La *France*, au second rang, envoie ses paquebots du *Havre* à *New-York*, puis de *Saint-Nazaire* à la *Nouvelle-*

Orléans avec escales aux *Antilles. Bordeaux* a, depuis quelques années, établi une ligne de paquebots se dirigeant sur *New-York*, comme celle du Havre.

Les Allemands, qui nous serrent de près, ont deux services réguliers de vapeurs entre leurs ports de *Brême*, de *Hambourg* et New-York.

Les *États-Unis* d'Amérique font, par le Grand Océan, un commerce de plus en plus considérable avec le Japon et la Chine. San Francisco est le centre de ce commerce. Les Anglais seuls leur font concurrence sur cet océan.

Les États-Unis, dont l'origine remonte à la colonisation anglaise de la fin du xvie siècle et française du xviie, qui s'affranchirent de l'autorité de l'Angleterre au xviiie siècle, aidés par la France, renferment aujourd'hui 62 millions d'habitants : ils en renfermaient en 1784 à peine 3 millions. Cette énorme augmentation est due surtout à l'immigration. Chaque année leur amène d'Europe plus de 300000 immigrants, composés en majeure partie d'Allemands et d'Irlandais. Ce vaste pays est divisé en trente-neuf *États* et huit *Territoires*. Chaque État est indépendant des autres et a son organisation propre, tout en faisant partie de la Fédération.

La capitale, *Washington* (160000 hab.), est située dans le District fédéral : là réside le président de la République des États-Unis. Il gouverne avec l'aide du Congrès, composé des députés de tous les États.

Les plus grandes villes des États-Unis sont situées sur le littoral de l'océan Atlantique, où s'établirent les premières colonies et où le commerce est le plus actif. *New-York* (1 515000 hab.) et *Brooklyn* (806 000), réunies l'une à l'autre par un pont suspendu, de 2 kilomètres de long, jeté hardiment à 80 mètres au-dessus de la rivière de l'Est, forment une des agglomérations humaines les plus actives qu'il y ait au monde. *Philadelphie* (1 047000 hab.) est un

des plus grands ports de l'embarquement du pétrole.
Boston (450000 hab.) a les plus grands établissements
scientifiques des États-Unis. *Chicago* (1100000 hab.), sur
le lac Michigan, est le plus important marché agricole
de toute la Confédération. Ses parcs à bestiaux couvrent
une superficie de 2 kilomètres et demi. *Saint-Louis*
(450000 hab.) et la *Nouvelle-Orléans* (242000 hab.) sont,
l'une le centre du commerce des cotons au débouché de
la vallée du Mississipi, l'autre un marché agricole comme
Chicago. Ce sont, comme leurs noms l'indiquent, des
villes d'origine française. *San Francisco* (300000 hab.)
est le grand port du Pacifique, le siège d'un commerce
considérable avec l'Asie orientale. C'était en 1840, avant
la découverte des mines d'or de la Californie, une misérable bourgade de 500 habitants.

§ III. — Le Mexique.

Le Mexique. — Le Mexique, comme les États-Unis, est
une république fertile. Son territoire (1945000 kilom.q.)
se compose, au centre, d'un plateau et, sur le golfe du
Mexique, d'une lisière littorale assez large. Ce plateau,
d'une élévation moyenne de plus de 2000 mètres, s'appuie
aux montagnes élevées de la *Sierra-Madre*. Mais les points
culminants du plateau du Mexique sont les sommets de
ses volcans, parmi lesquels le *Popocatepelt* mesure
5420 mètres. Le *climat* du Mexique est essentiellement
tropical avec une saison chaude et pluvieuse. Mais la
grande altitude de son plateau compense sa latitude, de
sorte que, sauf sur le littoral, le climat est tempéré.

Aussi les colons de race espagnole ont-ils pu s'y acclimater et prospérer sans cesse, depuis la découverte du
nouveau monde. On donne aux différentes régions de la
contrée des noms qui font bien saisir les variétés des cli-

mats. On appelle *Terres chaudes* le littoral, *Terres froides* le plateau, *Terres tempérées* les terrasses intermédiaires.

Le Mexique ne possède point de fleuves très développés, puisque son plateau massif occupe la plus grande partie de la largeur entre l'océan Atlantique et le golfe du Mexique. Au nord, le *Rio Grande del Norte*, long de 2 400 kilomètres, lui sert de frontière du côté des États-Unis.

Les côtes mexicaines ne sont point très découpées. La plus importante saillie est formée par la *presqu'île de Basse-Californie* qui enferme le golfe du même nom.

Sa population de 11 885 000 habitants se compose de 1 million et demi d'Européens, de 5 millions de métis, et de 5 millions d'indigènes. La capitale, *Mexico*, construite au milieu de lagunes (330 000 hab.), est la ville la plus considérable ; mais le commerce le plus actif se fait par les ports de *Tampico* et de *Vera-Cruz* sur le *golfe du Mexique*, d'*Acalpulco* sur le Pacifique. Ce commerce est surtout alimenté par les métaux précieux, *or* et *argent*, par des *matières textiles*, des *bois d'ébénisterie* et *de teinture*, du *café* et du *tabac*. Les ports du golfe du Mexique sont desservis par la *Compagnie générale transatlantique* dont les paquebots partent de Saint-Nazaire.

Colonies françaises. — La France est avec l'Angleterre la seule puissance européenne qui ait des colonies dans l'Amérique du Nord. Mais du vaste domaine qu'elle s'était créé au xviie siècle, le Canada et la Louisiane, il ne lui reste que deux faibles débris, les îlots de Saint-Pierre et Miquelon, auprès de Terre-Neuve

Observations générales. — On voit par ce rapide exposé quelle étonnante transformation l'Amérique du Nord a subie depuis qu'au début du xviie siècle quelques colons français au Canada, quelques colons anglais sur les rives de l'Atlantique, eurent péniblement commencé la conquête de ces vastes régions alors inconnues. Mais c'est seulement de nos jours que l'Amérique du Nord et surtout les États-Unis se sont particulièrement développés, grâce à l'esprit d'initiative, à l'audacieuse témérité et aussi au génie pratique de leurs habitants. Quelques chiffres montreront quelle place l'Amérique du Nord tient aujourd'hui dans le monde. Les États-Unis fournissent les cinq sixièmes du maïs récolté dans le monde, le quart de l'avoine, une fois et demie autant de blé que la France, les trois quarts du tabac; pour les produits miniers, un tiers de la production de l'or, la moitié de celle de l'argent, le quart de celle de la houille, le cinquième de celle du fer, les deux cinquièmes de celle du cuivre, les trois cinquièmes de celle du mercure. Ils se placent au second rang pour la fabrication du coton. On comprend qu'en présence de pareils résultats, les peuples européens se demandent avec quelque inquiétude quel sera le sort réservé à leur industrie et à leur commerce le jour où cette jeune nation aura mis en valeur toutes les ressources que lui fournit un sol d'une richesse si prodigieuse, et presque égal en étendue à l'Europe même.

Sujets de devoirs. — **1.** Quelles raisons avons-nous de nous intéresser au Canada? — **2.** Les grandes villes des États-Unis. — **3.** Indiquer quelques-unes des causes de la prospérité des États-Unis. — **4.** Comparer le Mexique et les États-Unis. — **5.** Une famille paysanne d'émigrants italiens vient s'installer aux États-Unis. Dans quelle région fera-t-elle sagement de s'établir pour s'acclimater aisément et trouver un travail qui lui soit familier? — **6.** Comparer l'Amérique du Sud et l'Amérique du Nord.

CHAPITRE X

§ I. — L'Amérique centrale et les Antilles.

Aperçu général. — L'Amérique centrale forme une transition et un lien entre les deux grands continents qui composent le nouveau monde. De même, les Antilles appartiennent à la fois par leur structure montagneuse et leur orientation aux deux mondes voisins. L'Amérique centrale et les Antilles couvrent une superficie d'environ 800 000 kilomètres carrés. Des républiques peuplées par les colons de race espagnole se sont établies dans les régions continentales ; les puissances maritimes de l'Europe ont joint les Antilles à leurs domaines coloniaux.

Géographie physique. — L'Amérique centrale est limitée au nord par l'*isthme de Tehuantépec*, au sud par l'*isthme de Darien*, ou par celui de Panama. Les systèmes montagneux qui s'y élèvent se composent de plateaux dans le Guatémala et le Honduras, de chaînes articulées dans les États de Costa-Rica et de Colombie. Ces chaînes se rattachent par leur orientation au système de l'Amérique du Sud : cependant la vallée de l'Atrato qui débouche dans le golfe de Darien ménage une véritable coupure entre l'Amérique centrale et l'Amérique du Sud ; vers le cours supérieur de ce fleuve, la petite crête qui sépare le

Pacifique de la mer des Antilles n'a guère qu'une centaine de mètres d'altitude.

Le *climat* de l'Amérique centrale et celui des Antilles sont très différents. Sur le continent, les plateaux et les montagnes produisent, comme au Mexique, un adoucissement de la température tropicale; mais les plaines littorales et les dépressions des isthmes sont parmi les régions les plus brûlantes du monde. Les Antilles ont un climat plus tempéré à cause de l'influence maritime. Ainsi la colonie française de la Guadeloupe a trois saisons bien marquées, l'une fraîche de décembre à mars, la seconde chaude et sèche d'avril à juillet et la troisième chaude et pluvieuse de juillet en novembre. Elle échappe donc à l'uniformité du climat tropical. Au contraire, la péninsule basse du *Yucatan* a le climat chaud et sec des savanes; le mois de juin y a une moyenne de près de 30 degrés.

Les *productions* sont celles de la zone tropicale. Les républiques de l'Amérique centrale et les colonies des Antilles cultivent surtout le *café* et la *canne à sucre*. Les cafés de la Martinique et de Costa-Rica sont très estimés. Cuba est célèbre pour ses cultures de canne à sucre et de *tabac*.

Républiques de l'Amérique centrale. — Cinq républiques, celles de *Costa-Rica*, de *Guatémala*, de *Honduras*, de *Nicaragua* et de *San-Salvador*, se partagent les régions continentales. Elles s'étendent sur une superficie de 615 000 kilomètres carrés et comptent 3 155 000 habitants. La plus peuplée est le Guatémala (1 452 000 hab.). La capitale de cet État (70 000 hab.) est aussi la plus grande ville; elle porte le même nom. Les républiques de l'Amérique centrale, indépendantes de l'Espagne depuis 1821, s'étaient d'abord unies en confédération; mais, en 1840, on a prononcé la rupture du pacte fédéral. Chaque État a maintenant son gouvernement.

Les Antilles espagnoles. — Après le soulèvement des États de l'Amérique centrale et de l'Amérique du Sud, l'Espagne a conservé dans les Antilles les deux belles colonies de *Cuba* et de *Porto-Rico*. C'est un domaine de 119000 kilomètres carrés avec 2430000 habitants. La capitale de Cuba, la *Havane*, la plus grande et la plus belle ville de toutes les Antilles, compte 200000 âmes ; le commerce des sucres et des tabacs lui donne une grande activité. Ce commerce atteint une valeur annuelle d'environ 900 millions, c'est-à-dire autant que les 3/4 du commerce de la métropole. Cuba a exporté pendant ces dernières années, surtout aux États-Unis, du sucre pour une somme de 2 à 300 millions.

Les Antilles anglaises. — L'Angleterre a un domaine moins étendu de moitié (53000 kil. car.) avec une population de 1857000 habitants. Il comprend d'abord dans l'Amérique centrale une partie du *Honduras*, puis la grande île de la *Jamaïque*, la *Trinité*, *Sainte-Lucie*, *Saint-Vincent*, la *Barbade*, *Tabago*, *Grenade* et les *Grenadilles*, archipel longtemps français. Puis, dans les *Petites Antilles*, la *Dominique*, *Montserrat*, *Antigoa*, la *Barbude*, *Saint-Christophe*, les *îles Vierges*, etc., etc.... Ces îles forment deux groupes désignés sous le nom d'*Iles sous le Vent* et d'*Iles contre le Vent*, noms qui indiquent leur orientation différente. Il faut y ajouter les îles *Lucayes* ou *Bahama*.

Le commerce des Antilles britanniques est très florissant : elles exportent du *sucre*, du *café*, des *bois de teinture*. La principale ville est *Kingston* (40000 hab.), capitale de la Jamaïque.

Les Antilles françaises. — La France fut dominante au dix-septième et au dix-huitième siècle dans les Antilles où l'Espagne seule pouvait rivaliser avec elle. A la suite des guerres malheureuses du dix-huitième siècle, nous avons cédé la plus grande partie de nos anciennes colonies à l'Angleterre. Il ne nous reste que la *Martinique*, la *Gua-deloupe* et ses dépendances.

Les Antilles danoises et hollandaises. — Les Danois et les Hollandais possèdent aussi quelques établissements aux Antilles. Les Hollandais occupent *Saint-Eustache*, *Saba*, partagent *Saint-Martin* avec la France. Mais leurs plus importants comptoirs sont ceux des îles *Sous le Vent*, *Curaçao*, *Oruba*. La population y est d'environ 40 000 habitants.

Les Antilles danoises, *Saint-Jean*, *Saint-Thomas* et *Sainte-Croix*, sont peuplées de 35 000 âmes. Saint-Thomas, situé sur le passage de toutes les lignes de paquebots, a une grande importance comme entrepôt commercial.

États indépendants. — La grande île de *Haïti*, aussi étendue que le bassin de la Seine en France, est partagée entre deux républiques : celle de *Haïti*, à l'ouest, celle de *Saint-Domingue*, à l'est. La république de Haïti, ancienne colonie française, où notre langue est restée la langue nationale, est la plus petite et la plus peuplée ; elle compte 960 000 habitants, et sa capitale *Port-au-Prince* en a 60 000. La république Dominicaine, où l'on parle espagnol, n'a que 417 000 habitants pour un territoire de plus de 50 000 kilomètres carrés. Sa capitale est *Saint-Domingue* (20 000 hab.). Ces deux États qui, grâce à un sol fertile, pourraient être extrêmement prospères, sont constamment troublés par des guerres civiles.

§ II. — L'Amérique du Sud ; description générale.

Situation. Dimensions. — L'Amérique du Sud est située en très grande partie dans l'hémisphère austral. Par la simplicité de ses formes et la monotonie de ses contours, elle contraste avec les terres de l'hémisphère boréal, mais offre des analogies de contours avec l'Afrique et l'Australie situées comme elle au sud de l'équateur. Comme l'Afrique surtout, elle va s'amincissant à mesure qu'elle se rapproche du pôle antarctique. Sa superficie (18 millions de kilomq.) n'est pas tout à fait double de celle de l'Europe. Bien que l'Amérique du Sud s'étende sur une grande longueur du nord au sud, la plus grande partie de son territoire est située dans la zone tropicale ; en effet, elle n'appartient à la zone tempérée du sud que par ses régions les plus étroites et les plus amincies. L'océan Atlantique la baigne à l'est, et l'océan Pacifique à l'ouest ; la côte septentrionale donne sur la mer des Antilles, dépendance de l'Atlantique. Enfin l'isthme de Panama est la limite des deux continents.

Relief. Montagnes. Plateaux. Plaines. — Le relief de l'Amérique du Sud présente une grande analogie avec celui de l'Amérique du Nord. Dans sa partie occidentale court du nord au sud une *cordillère* longue de près de 8 000 kilomètres ; au centre, s'étendant également sur toute la longueur, se développe une vaste plaine ; enfin, sur la côte orientale, s'élève un nouveau massif moins important.

La Cordillère montagneuse de l'ouest, qui n'est pas la continuation du grand système montagneux de l'Amérique du Nord, est composée dans sa partie septentrionale de plusieurs bourrelets parallèles. Vers son centre, elle **forme** le plateau de *Bolivie*, mesurant 4 000 mètres d'alti-

Pacifique
Sacremento
Sra Nevada
Colorado
Mgnes Rocheuses
Missouri
Mississipi
Alleghanys
Atlantique
4000 m
3000
2000
1000
0
1000
2000
3000
4000
5000
6000
Amérique du Nord — Profil sur le 40° de Lat. N.
6000 m
5000
4000
3000
2000
1000
0
1000
2000
3000
4000
5000
6000
Pacifique
Cordillères
Madeira
Tapajds
Tocantins
Plateau du Brésil
Atlantique
Amérique du Sud — Profil sur le 10° de Lat S.
E. Morieu sc

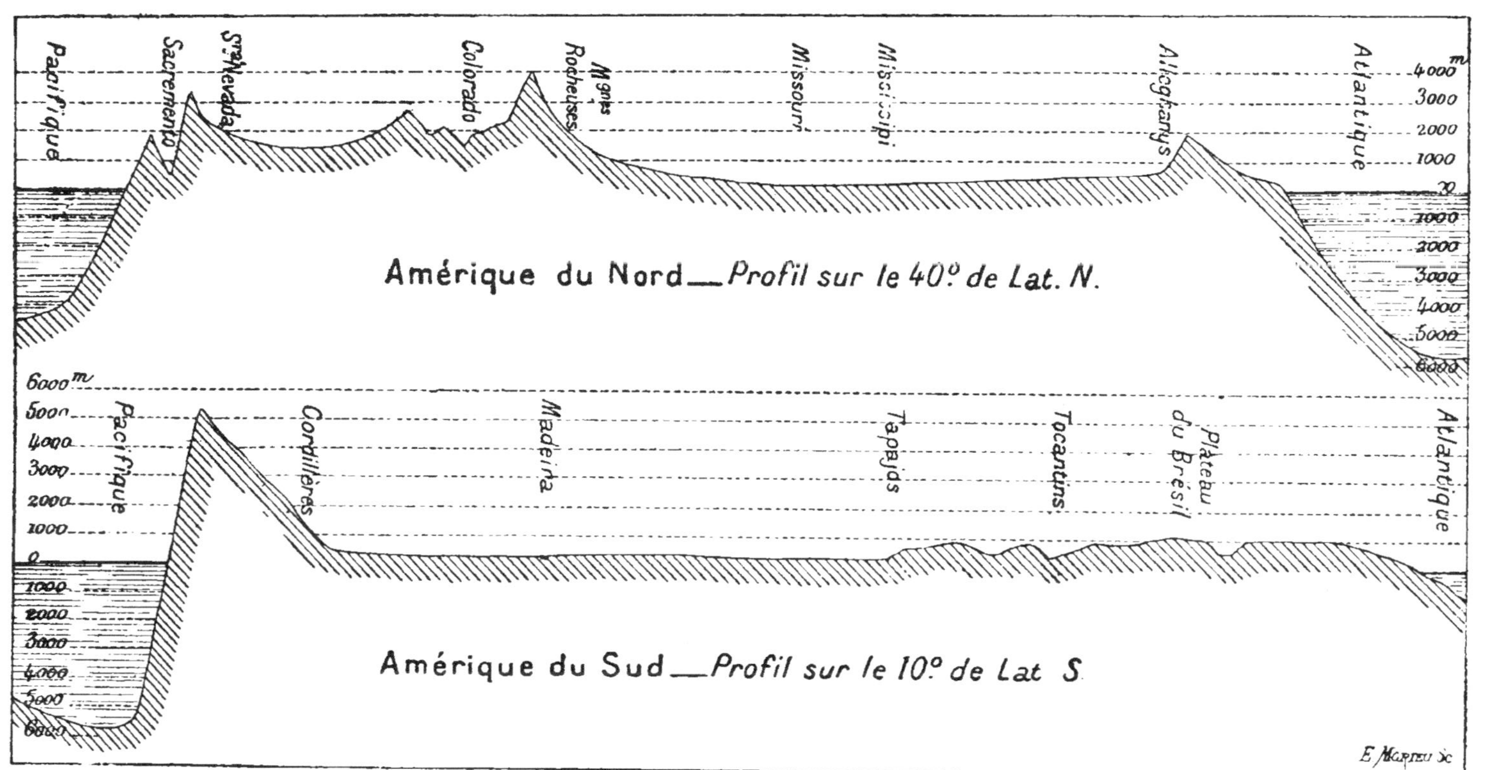

Fig. 52.

tude moyenne comme celui de Pamir en Asie. Au sud du plateau de Bolivie, la chaîne se simplifie et n'a plus qu'une seule arête. La Cordillère est désignée dans son ensemble sous le nom de *Cordillère des Andes*. Sa plus grande élévation moyenne comme ses plus hauts sommets se rencontrent dans la région centrale ; là, se dresse le pic *Nevado de Sorata* (7 760 m.), et plusieurs autres supérieurs à 7 000 mètres ; par leur masse imposante, les Andes y sont comparables à l'Himalaya. Au nord et au sud du massif de Bolivie, les chaînes sont beaucoup plus basses.

A l'est, la région montagneuse que l'on désigne sous le nom général de *plateau du Brésil* est un mélange confus de chaînes et de plateaux ; les chaînons, qui sont plus nombreux dans la région immédiatement voisine de la côte, sont en général dirigés du nord-est au sud-ouest. Le plateau du Brésil s'étend depuis le cap San-Roque jusque vers l'embouchure du Rio de la Plata. Les montagnes de cette partie de l'Amérique du Sud sont peu élevées ; le plus haut sommet, le pic d'*Itataïa*, mesure 2 700 mètres.

Au nord-est, un massif moins considérable a reçu le nom de *Sierra-Parimé*, ou de *plateau de la Guyane*. Les plus hauts sommets n'y dépassent point de beaucoup 3 000 mètres.

Nous avons vu que la plaine s'étend sans interruption de la mer des Antilles aux steppes de la Patagonie. Elle comprend trois parties différentes et désignées par des termes spéciaux :

1° Les *Llanos* ou plaines de l'Orénoque, entre le plateau de Guyane et les contreforts orientaux des Andes septentrionales. Ce sont des prairies basses où croissent de hautes herbes, mais peu ou point d'arbres ; pendant la saison des pluies il s'y forme des lacs et des marais.

2° Les *Selvas*, entre le plateau de Guyane, les Andes et le plateau du Brésil. Le mot *selvas* (forêt) indique bien la nature de cette région : ce sont d'immenses étendues couvertes de forêts vierges.

3° Au sud du plateau du Brésil, les *Pampas* sont des plaines moins dépourvues de relief que les précédentes, ondulées légèrement au lieu d'être plates. Leur végétation, qui consiste en trèfle et en hautes herbes, est précieuse pour l'élevage des animaux domestiques ; et l'industrie agricole fait la richesse des États qui avoisinent cette région.

Volcans. — A l'Amérique du Sud appartiennent plusieurs groupes considérables de volcans qui forment la bordure orientale du cercle de feu du Grand Océan. Leurs cratères reposent sur une base montagneuse déjà très haute, de sorte que plusieurs d'entre eux sont couronnés de neiges. La Colombie, la république de l'Équateur, le Pérou, la Bolivie et le Chili comptent des volcans disposés en une série le long de la chaîne des Andes ; les plus considérables sont le *Chimborazo* (6530 m.), et le *Cotopaxi* (5550 m.), dont l'altitude réelle ne dépasse pas 3000 mètres, puisque leur piédestal montagneux est déjà très élevé.

Le littoral. — De même qu'en Afrique, la monotonie du relief explique cette absence de découpures importantes qui est le trait caractéristique des côtes de l'Amérique du Sud.

Entre les deux Amériques s'étend l'*isthme de Panama*. A l'ouest de l'isthme de Panama, la côte s'arrondit vers le nord-ouest en formant le golfe de *Panama*, puis le golfe de *Guayaquil* ; celui-ci est la plus profonde découpure de la côte ; au large, sont des îles de *Galapagos* ;

après la pointe *Parina*, la côte se replie vers le sud-est, formant ainsi une concavité qui rappelle en plus petit le golfe de Guinée. Dès lors la côte file droit vers le sud, bordée de régions souvent arides (déserts d'*Atacama*). Après le 40ᵉ degré de latitude, l'aspect de la côte se modifie profondément; elle garde sa direction nord-sud; mais elle se découpe en nombreux golfes profonds, étroits, qui ressemblent aux fiords de Norvège. Parallèlement à la côte s'allongent de nombreux archipels (îles *Chiloé*).

Ces découpures deviennent plus nombreuses encore à la pointe terminale du continent. Là le détroit de *Magellan* sépare de la terre ferme la *Terre de Feu* extrêmement montagneuse que termine le cap *Horn*, la pointe la plus avancée des terres vers les mers australes.

Sur l'Atlantique la côte reste fort découpée jusqu'au large estuaire du *Rio de la Plata* (baie de *Saint-Georges*, baie de *Saint-Mathias*). Puis un instant marécageuse au nord du Rio de la Plata, la côte redevient rocheuse et monotone jusqu'à l'embouchure de l'*Amazone*. La baie la plus remarquable est celle de *Rio de Janeiro*, le cap le plus avancé vers l'est le cap *San-Roque*.

De l'Amazone à l'*Orénoque*, la côte, terminaison de la plaine qui s'étend en avant du plateau des Guyanes, est basse et peu salubre. Après l'Orénoque, elle redevient rocheuse; elle présente alors le golfe de *Vénézuéla*, qui communique par un canal avec le lac *Maracaïbo*.

Versants, Fleuves, Lacs. — Tous les cours d'eau importants ont leur origine et leur domaine dans la même plaine qui s'étend du nord au sud du continent, depuis l'océan Glacial jusqu'au golfe du Mexique; il n'y a point de lignes de partage, point de limites marquées entre les bassins fluviaux, mais au contraire des communications faciles, des différences de niveau insignifiantes. Cette disposition est encore plus manifeste dans l'Amérique du Sud, où la Cordillère montagneuse serre de plus près la côte occidentale. Il n'y a qu'un seul bassin, l'immense plaine de llanos, de selvas, de pampas qui se prolonge sans interruption à travers le continent du nord au sud, et qu'un seul versant, celui de l'Atlantique,

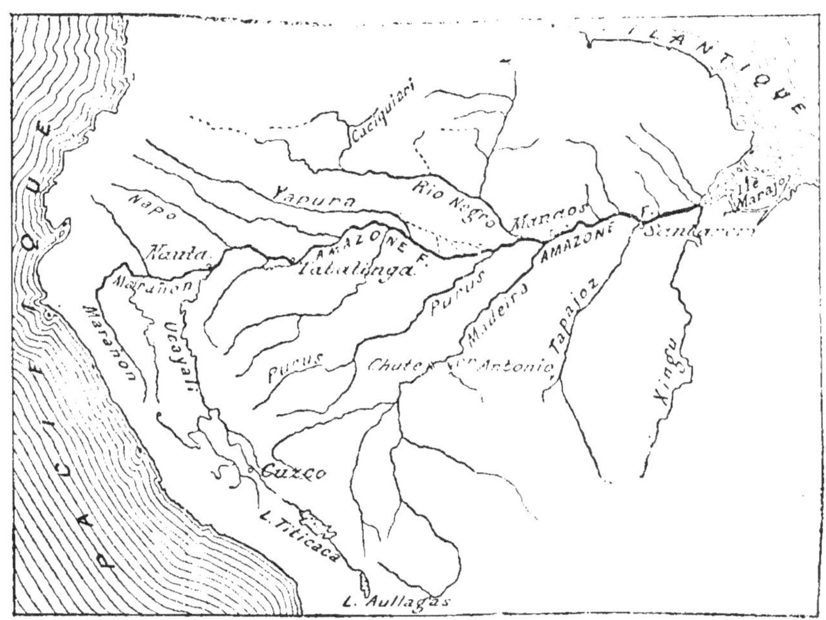

Fig. 53. — L'Amazone et ses affluents

dont la mer des Antilles est un golfe; à lui seul parviennent toutes les eaux qui drainent cette vaste surface.

Au nord-est, l'*Orénoque* a une partie de son cours sur le flanc du plateau de la Guyane et franchit plusieurs cataractes avant d'atteindre la plaine : sa longueur est de 2 300 kilomètres.

L'*Amazone* (6 200 kil.), le plus long fleuve du monde, après le Mississipi et le Nil, est le plus puissant de tous par le volume d'eau qu'il roule. Son débit est 40 fois plus considérable que celui du Rhin, 160 fois celui de la Seine. Recevant des affluents de la zone équatoriale et des deux zones tropicales, il est, pour cette raison, toujours alimenté par des pluies ; quand l'une des zones tropicales est privée d'humidité, les affluents de l'autre hémisphère apportent leur contingent : la permanence des pluies équatoriales lui assure aussi un cours abondant. L'Amazone est par excellence un fleuve de plaines ; sur 5 200 kilomètres, il en parcourt 3 500 dans les selvas, avec une pente insensible. Un de ses affluents de gauche, le *Rio-Negro*, communique avec le *Caciquiari*, affluent de l'Orénoque.

Fig. 54. — Vue dans le bassin amazonien. Les selvas.

« Tout est colossal dans cette artère centrale de l'Amérique qui rend à l'Océan l'immense quantité de pluie et de neige reçue par un bassin de 7 millions de kil. q.. Il est si profond que les sondes de 50, de 80 et même de

100 mètres, ne peuvent pas toujours en mesurer le fond, et que les frégates peuvent le remonter sur plus de 1000 lieues de distance; il est si large qu'en certains endroits on n'en distingue pas les deux bords » (Él. Reclus).

Au sud-est, le *Rio de la Plata*, formé du *Paraguay*, du *Parana* et de l'*Uruguay*, débouche dans l'Atlantique par

Paraguay ———————	1880
Orénoque ———————————	2250
Amazone —————————————————	5200

Fig. 55. — Longueur en kilomètres des fleuves de l'Amérique du Sud.

un large estuaire : à l'époque des pluies le Paraguay communique avec un affluent du fleuve des Amazones.

Le lac le plus remarquable de l'Amérique du Sud est le lac *Titicaca*, sur le haut plateau de Bolivie. Ce nom lui vient d'une petite ile, « l'ile sacrée par excellence du Pérou ». De là, suivant la tradition conservée par les indigènes du pays, seraient partis les enfants du Soleil, les Incas, Manco-Capac et Marna-Della, sa femme, pour convertir et civiliser les tribus riveraines du lac.

Vents, Pluies, Climat. — L'Amérique du Sud, bordée sur sa côte occidentale d'une longue et haute chaîne montagneuse, s'ouvre largement à l'est à l'influence des vents. Dans la zone tropicale, dominent les alizés qui soufflent de l'est et s'engouffrent librement dans la grande plaine de l'Amazone; c'est même ce vent qui donne une grande facilité aux navires à voiles pour remonter le fleuve. Vers les bouches de l'Orénoque ils viennent du nord-est, et au sud de la région équatoriale, du sud-est. Ces vents contribuent beaucoup à rafraîchir la température des contrées tropicales. L'extrémité du continent de l'Amérique du Sud est sous l'influence de vents glacés.

Une grande partie de l'Amérique du Sud est soumise au régime des pluies équatoriales et tropicales comme le fait comprendre sa position. Ce sont les alizés venus de l'est qui apportent sur tout le versant oriental des Andes l'humidité de l'Atlantique. L'autre versant en est privé par l'interposition de la barrière montagneuse. Au contraire, dans la région tempérée du sud de l'Amérique, les pluies viennent du Grand Océan, apportées par le vent d'ouest, et arrosent le versant occidental.

Le climat est aussi variable. Dans la région située entre les deux tropiques, l'excès de la chaleur est tempéré sur les côtes orientales par l'influence des alizés. Le Pérou et la Bolivie doivent le même adoucissement à leur grande altitude, ainsi qu'à l'action du *courant froid de Humboldt* venu du pôle antarctique, qui longe leurs côtes.

Flore. — La végétation de l'Amérique du Sud n'est pas moins riche que celle de l'Amérique du Nord. Rien n'égale en richesse les forêts de la Guyane et du Brésil, forêts de *palétuviers* sur le littoral, forêts humides des rives des grandes fleuves, où poussent les *palmiers*, les *bananiers*, le *cèdre*, les *hêtres*, le *thuya*, l'*ébène*, les *fougères* arborescentes, les *lianes*, etc. On retrouve comme toujours sur les pentes des montagnes toutes les zones de végétation. La flore des Pampas n'est guère composée que de *graminées*; la végétation s'affaiblit à mesure qu'on s'approche de la pointe terminale du continent. Les îles Malouines ne présentent plus aucune végétation arborescente.

Les plantes utilisées par l'homme sont en très grand nombre, le *manioc*, le *café*, le *cacao*, la *vanille*, le *sucre de canne* sont fournis par les républiques du Nord et le Brésil. Dans les hautes vallées des régions tropicales et du Chili on cultive avec succès les *céréales* des zones tempérées, le *blé* et le *maïs*. La *pomme de terre* est là dans son pays d'origine. Enfin le Chili a naturalisé sur ses coteaux la culture de la *vigne*. Les forêts fournissent le *bananier* qui sert à la nourriture indigène, le *cèdre*, le *hêtre*, le *thuya*, l'*ébène*, le *caoutchouc*, les *plantes médicinales* (*quinquina, ipécacuanha, salsepareille*, etc.).

Faune. — La faune purement américaine commence au Mexique. C'est à partir de ce pays que l'on trouve les animaux propres au nouveau continent, espèces particulières de *singes*, de *chauves-souris*, la *sarigue*, le *lama*, le *tapir*, le *jaguar*, le *puma*, le *condor*, l'*oiseau-mouche*, d'immenses *reptiles*, l'*iguane*, différentes espèces de *crocodiles*, de *tortues*, la *grenouille-taureau*, des *poissons* aux formes étranges (tels que le *gymnote*) les *coléoptères* gigantesques, les *papillons* aux couleurs éclatantes, etc.

Mais de tous ces animaux les plus utiles à l'homme sont ceux qui ont été importés d'Europe, le *cheval*, le *bœuf*, le *mouton*, auxquels il faut ajouter le *vigogne* et le *lama* élevés à côté des moutons et dont la laine est très fine. Les pampas de l'Amérique du Sud nourrissent des troupeaux innombrables de tous ces animaux.

Richesses minérales. — L'Amérique du Sud possède de grandes richesses minérales encore mal exploitées. L'*or* et l'*argent* se rencontrent en Colombie, au Pérou et en Bolivie; on en extrait annuellement pour une valeur de 60 millions. Le Pérou, la Bolivie et surtout le Chili, pays plus avancés en civilisation, envoient à l'Europe une grande quantité de *cuivre*. Malheureusement le *fer* et la *houille* semblent jusqu'ici peu abondants. Le *guano*, engrais si recherché, est tiré des petites îles qui avoisinent la côte du Pérou.

Races. — Sur une population totale de 28 millions

d'habitants, il ne reste plus guère aujourd'hui que 2 millions des indigènes que la conquête européenne a dépossédés. Ce sont les *Indiens Quichuas* du Pérou, les *Guaranis* du Paraguay et les *Patagons* fixés au sud du continent. Les colons européens qui peuplent l'Amérique du Sud sont d'origine espagnole ou portugaise ; cependant depuis le commencement du siècle, des Allemands, des Français et des Italiens ont émigré en grand nombre dans les ré-

Fig. 56. — Llanos de l'Orénoque

publiques du Sud. Des nègres, autrefois importés d'Afrique, à l'époque de la traite, sont restés dans le pays après leur libération.

Si l'on compare l'Amérique du Sud aux autres parties du monde, on voit aisément que par sa forme générale, sa terminaison en une pointe effilée, la direction longitudinale de sa chaîne de montagnes, l'insuffisance de découpures de ses côtes, c'est avec l'Afrique qu'elle a les plus grands rapports de forme. Cependant elle a son originalité, par la disposition intérieure de son grand réseau fluvial, l'Amazone et ses affluents. Ses productions en font également une région à part, et venue tardivement à la fièvreuse civilisation européenne, elle ne s'est pas encore dépouillée de sa chevelure de forêts ; elle reste encore le plus grand pays forestier du monde.

§ III. — Les États de l'Amérique du Sud.

États indépendants. — Du démembrement des anciennes colonies espagnoles se sont formés dans l'Amérique du Sud plusieurs groupes d'États.

Au nord, les *États-Unis de Vénézuela* occupent une grande partie du domaine de l'Orénoque, c'est-à-dire un pays trois fois plus étendu que la France. C'est une confédération d'États comme ceux de l'Amérique du Nord. La population est de 2324000 habitants, parmi lesquels 25000 étrangers dont 2000 Français. La capitale fédérale est *Caracas* (70000 hab.) : mais le commerce est concentré en grande partie dans le port de la *Guayra*, On a déjà construit sur le territoire de Vénézuéla plus de 400 kilomètres de chemins de fer.

Les *États-Unis de Colombie*, auxquels appartient l'isthme de Panama, ont une grande étendue de côtes sur le versant de la mer des Antilles et aussi sur celui du Pacifique. La population des États de Colombie est de 320000 habitants, parmi lesquels 5000 Indiens non civilisés. La capitale, *Santa-Fé de Bogota* (95000 hab.), est le centre de la fédération ; mais chaque État a sa capitale particulière. Le commerce des deux ports d'*Aspinwall* et de *Panama* est surtout entre les mains des armateurs des États-Unis d'Amérique du Nord. L'Allemagne vient ensuite, puis l'Angleterre et la France.

La *République de l'Équateur*, peuplée de plus d'un million d'habitants, a pour capitale *Quito* (50000 hab.),

« accrochée aux flancs d'une montagne » à 3 000 mètres au-dessus du niveau de la mer, dans une région fréquemment exposée aux tremblements de terre. Sa ville la plus commerçante est le port de *Guayaquil* sur le Pacifique (45 000 hab.).

Le centre de l'Amérique du Sud est occupé par un grand État, le *Brésil*, et par deux plus petits, le *Pérou* et la *Bolivie*.

Les États-Unis du *Brésil* couvrent une superficie de 8337000 kilomètres. Ce vaste État fut à l'origine une colonie portugaise ; en 1822 il se sépara de la métropole en se mettant sous l'autorité d'un prince de la maison de Bragance. En 1889, il s'est organisé en une république fédérative sur le modèle des États-Unis.

Les richesses naturelles du Brésil sont très considérables. A l'exploitation des mines d'*or* et de *diamants*, succède déjà celle des *minéraux* qui préparent pour le Brésil une grande industrie, de la *houille*, du *fer* et du *cuivre*. La végétation n'est pas moins riche. C'est à peine si l'on a commencé à tirer parti des *forêts vierges* dont l'Amazone et ses grands affluents sont bordés ; la culture du *sucre* prospère dans les provinces tropicales : et le Brésil fournit déjà au monde la plus grande partie du *café* consommé. Enfin les districts tempérés du Sud, avec leurs immenses prairies, offrent d'admirables ressources pour l'*élevage des animaux*.

Que dire de la rapidité avec laquelle se développent les voies de communication ? Au nord, l'Amazone, le Rio-Negro, la Madeira, forment une série d'artères navigables que l'on peut comparer à celle du Mississipi. Des routes ont été ouvertes de toutes parts ; et le Brésil aura bientôt 10000 kilomètres de chemins de fer. Les lignes télégraphiques y ont un développement double. Aussi le commerce a-t-il pris un accroissement extraordinaire ; il dépasse une valeur de 1 milliard. Le jeune État envoie déjà sous pavillon national une partie de ses denrées à l'Europe; et la flotte de guerre destinée à protéger ses échanges compte parmi les plus fortes de l'univers.

Mais la population (14000000 hab.) est encore peu nombreuse pour une si vaste étendue; il est vrai que les immigrants de l'Europe commencent à se rendre au Brésil en grand nombre. Le port de *Rio-de-Janeiro* en reçoit chaque année plus de 25000. Les Indiens (600000) sont nombreux dans les provinces éloignées de la côte. Les Européens ou descendants d'Européens ne forment qu'un tiers de la population. Le Brésil comptait il y a quelques années encore 1 million et demi d'esclaves; un des derniers actes de l'empereur don Pedro a été de les affranchir.

Les villes les plus importantes du Brésil sont : *Rio-de-Janeiro* (800000 hab.), capitale de la république, sur une rade admirable; *Bahia* (200000 hab.), port également actif qui renferme les principales manufactures de tabac; *Pernambouc* (190000 hab.), au point le plus rapproché de l'Afrique, et *Para* au nord qui centralise le trafic de la région de l'Amazone.

Le *Pérou* (1050000 kilom. q.) occupe à la fois de hauts plateaux des Andes, une longue lisière littorale sur le Pacifique, et le cours supérieur de l'Amazone et de quelques-uns de ses affluents. A la suite d'une guerre malheureuse contre le Chili, il a dû céder ses territoires méridionaux; il est peuplé aujourd'hui d'environ 3 millions d'habitants. La capitale est *Lima* (100000 âmes), pittoresque cité, vieille pour l'Amérique du Sud, où elle fut fondée au xvie siècle par les conquérants espagnols. *Callao* (35000 hab.), qui lui sert de port, est un des plus actifs du Pacifique. Le Pérou exporte surtout du *guano* [1]. La Grande-

1. On désigne sous ce nom un engrais formé des excréments aujourd'hui pétrifiés des oiseaux marins.

Bretagne, le Chili et la France font la plus grande part du trafic avec le Pérou. Mais la prospérité commerciale de cet État a été cruellement éprouvée par la guerre faite contre le Chili de 1879 à 1883.

La *République* de *Bolivie* compte 1 220 000 kilomètres carrés et 1 435 000 habitants. Les progrès du Chili l'ont privée des territoires qu'elle possédait jadis sur la côte du Pacifique. La capitale, *Sucre* (19 000 hab.), n'est que la troisième ville en importance ; elle est dépassée par *La Paz* (40 000 hab.) et *Cochabamba*. La Bolivie exporte surtout des métaux précieux et principalement de l'*argent*, puis du *quinquina* et du *caoutchouc*.

Fig. 57. — Une route dans les Andes.

La partie méridionale de l'Amérique est divisée entre quatre républiques d'importance très inégale :

Le *Paraguay*, capitale *Assomption* (24 000 hab.), n'a point accès sur la mer. Il n'est peuplé que de 330 000 habitants, sans compter 130 000 Indiens, les uns à demi civilisés, les autres, en majorité, absolument sauvages. Le Paraguay expédie par la voie du grand fleuve qui lui a donné son nom des *bois*, du *tabac*, des *peaux* et des *oranges*.

L'*Uruguay*, peuplé de 706000 habitants, dont 150000 étrangers, est beaucoup plus important à cause de sa situation sur l'Uruguay inférieur et aux bouches du Rio de la Plata. Là s'élève la grande ville de *Montévidéo*

Fig. 58. — Les pampas.

(234000 hab.), avec ses rues régulièrement coupées à angle proit, capitale de la République. Le commerce y est très développé, à cause de la richesse du pays en *bestiaux* : la France, après l'Angleterre, y fait le trafic le plus notable ; environ 15000 Français sont établis dans l'Uruguay.

La *République Argentine*, État fédéral, doit également sa prospérité à l'*élevage* et à l'*agriculture*. C'est un pays cinq fois supérieur en étendue à la France, en y comprenant les territoires de *Patagonie*. La capitale fédérale, *Buenos-Ayres*, s'est accrue avec une rapidité prodigieuse :

projetant dans la plaine, loin de la place centrale qu'entourent de nombreux monuments, des rues régulièrement tracées, elle compte aujourd'hui tout près de 400000 habitants. La population totale de la République Argentine est évaluée à 4 millions d'âmes. La France y fait presque autant de commerce que l'Angleterre : du reste chaque année ce pays reçoit près de 5000 émigrants français, et la colonie de nos compatriotes, la plus considérable après celle des Italiens, y atteint le chiffre de 160000 personnes. Les communications manquent encore pour une étendue aussi vaste, quoique l'on ait déjà construit 11425 kilomètres de chemins de fer.

A l'occident, sur le Pacifique, domine la *République du Chili*, très prospère, grâce au commerce des *métaux*, des *céréales* et du *guano*. Sur un territoire plus grand d'un tiers que celui de la France (750000 kilom. q.) elle est peuplée de 2817000 habitants. *Santiago*, la capitale, ornée de beaux monuments (190000 hab.), est reliée par un chemin de fer au port de *Valparaiso*, l'un des plus actifs de l'Amérique méridionale (105000 h.). Le Chili se distingue entre toutes les républiques espagnoles de ces parages par l'énergie et l'esprit d'initiative de ses habitants. La dernière guerre contre le Pérou a révélé les remarquables aptitudes militaires et maritimes des Chiliens. La France ne vient qu'en troisième ligne sur la liste des peuples qui entretiennent des relations commerciales avec le Chili, après l'Angleterre et l'Allemagne, presque sur le même rang que la seconde de ces nations ; 2300 kilomètres de chemins de fer relient déjà les principales villes chiliennes.

Colonies européennes. — Les Européens possèdent peu de colonies dans l'Amérique du Sud.

La *Guyane anglaise* (220000 kil. carr.) est le plus

développé des États de cette région. Elle est peuplée de 285 000 âmes et entretient avec la métropole ou avec les Antilles un commerce de plus de 100 millions. Sa capitale est *Georgetown*.

La *Guyane hollandaise*, capitale *Paramaribo*, n'a guère que la moitié de cette étendue avec une population de 70 000 âmes.

Les îles *Malouines*, à peine peuplées, appartiennent à l'Angleterre. La France possède la *Guyane française*, qui n'a été jusqu'à présent qu'une colonie pénitentiaire et qui mériterait beaucoup mieux.

Commerce, lignes de navigation. — Le commerce n'est pas encore considérable à l'intérieur de l'Amérique du Sud, où les voies de communication naturelles sont encore presque seules utilisées. Toute l'activité commerciale se concentre dans les grands ports de la mer des Antilles, de l'Atlantique et du Pacifique. Les marines européennes, en échange des productions naturelles du pays, expédient des objets manufacturés dont l'état imparfait de l'industrie locale rend l'importation nécessaire.

L'Angleterre là encore tient le premier rang ; viennent ensuite les États-Unis, la France, l'Allemagne et l'Espagne.

Les Anglais, outre une ligne directe de *Liverpool* à *Para* (au nord du Brésil) et de là à *Porto-Rico*, ont établi des services réguliers entre tous les ports du Pacifique et de l'Atlantique. Le port d'attache de leurs paquebots est *Panama*.

Les paquebots français qui de Saint-Nazaire se rendent aux Antilles, touchent d'une part *Cayenne*, de l'autre *Colon-Aspinwall* sur l'isthme de Panama. Mais notre plus grand commerce avec l'Amérique du Sud se fait par les ports de Marseille, de Bordeaux et du Havre.

Les États de l'Amérique du Sud, en particulier le Brésil, le Chili et le Pérou, n'ont jusqu'à ce jour fait que le commerce du cabotage d'une côte à l'autre.

Sujets de devoirs. — 1. Peut-on considérer la mer des Antilles comme une Méditerranée? — 2. Un voyageur traverse l'Amérique du Sud de Valparaiso à Pernambouc. Récit de son voyage. — 3. Que veut-on dire quand on appelle l'Amérique du Sud un pays de civilisation agricole? — 4. Pourquoi y a-t-il plus de grandes villes dans 'Amérique du Nord que dans l'Amérique du Sud?

Sujets généraux. — (Compositions. — Devoirs de vacances.) — 1. Quels sont les pays producteurs de blé dans le monde? — 2. Quels sont les pays producteurs de coton dans le monde? — 3. Quels sont les pays producteurs de soie dans le monde? — 4. Quels sont les pays producteurs de vin dans le monde? — 5. Quels sont les grands pays industriels dans le monde? — 6. Un voyage autour du monde.

Lectures. — Élisée Reclus, Géographie universelle. — Onésime Reclus, La terre à vol d'oiseau. — Vidal Lablache, États et nations autour de la France. — Lanier, Lectures géographiques. — Richard Cortambert, Voyage pittoresque à travers le monde, Mœurs et caractères des peuples. — Tour du monde, Voyages. — Collection de voyages, abrégés dans la Bibliothèque rose et dans la Bibliothèque des Écoles et des Familles.

CHAPITRE XI

Les Phéniciens, les Grecs et les Romains. — Les peuples de l'antiquité ne connurent qu'une faible partie du globe terrestre exploré aujourd'hui par tant de voyageurs. La plupart d'entre eux ne pratiquèrent que la navigation côtière, que nous appelons le cabotage, et s'aventurèrent rarement en dehors de la Méditerranée. Il y eut cependant quelques exceptions.

Les *Phéniciens*, qui devancèrent les Grecs dans le commerce et la navigation et furent peut-être leurs initiateurs, avaient franchi le détroit de Gibraltar et fréquenté la côte de Cornouailles (Angleterre) d'où ils tiraient l'étain. Leur colonie de Carthage imita la mère patrie. Les navires carthaginois s'avancèrent très loin sur la côte occidentale d'Afrique.

Les grandes découvertes des *Grecs*, peuple de navigateurs et de commerçants, datent surtout de l'expédition du conquérant Alexandre dans l'Inde. *Néarque*, qui commandait la flotte du roi de Macédoine, explora la côte d'Asie jusqu'aux bouches de l'Indus dans la région du golfe Persique. En même temps, *Pythéas* de Marseille pénétrait au nord de l'Europe, jusque dans la mer du Nord.

C'est un géographe grec, *Eratosthène*, qui essaya le

premier par des procédés vraiment scientifiques, de déterminer les dimensions de la terre.

La conquête du monde par les Romains fait connaître la Gaule (France) soumise par Jules César, puis l'Europe centrale et les îles Britanniques sous les empereurs. Des relations commerciales s'établirent même entre l'Europe et l'Asie ; et l'on vit pénétrer à la cour impériale les vêtements de soie importés de Sérique (Chine).

Ce furent des Grecs, *Strabon* et *Ptolémée*, qui décrivirent dans des livres de géographie le monde tel qu'il était connu au second siècle de notre ère, grâce à la conquête romaine.

Le moyen âge. — Au moyen âge, la civilisation arabe valut à la géographie de rapides progrès. La science des nouveaux conquérants fut très remarquable. Le musulman africain *Ibn Batuta* parcourut la plus grande partie des pays soumis à la domination arabe. En Europe, il pénétra jusqu'à l'extrémité orientale de la plaine de Russie, en Asie jusqu'au Turkestan et à la Chine, enfin jusqu'au cœur de l'Afrique, jusqu'au Soudan. Ses livres ont été conservés et contiennent sur toutes ces régions de précieux renseignements.

Les chrétiens aussi, engagés dans des croisades contre les musulmans, apprirent à connaître les pays lointains où s'aventuraient leurs armées. Le roi de France *saint Louis* envoya à la cour du khan des Mongols *Guillaume de Rubrouck* qui visita les steppes de la Russie méridionale et de l'Asie, et une partie de la plaine de Sibérie.

Mais la relation la plus intéressante qui nous reste des voyageurs du moyen âge est celle du Vénitien *Marco Polo*. Marco Polo, qui résida vingt ans à la cour du khan des Mongols, maître alors de la Chine, connut l'Asie méridionale et orientale beaucoup mieux que les voyageurs précédents. Le plateau de Pamir, le désert de Gobi, la Chine, le Japon et l'Inde, telles sont les contrées qu'il visita, ou dont la description lui avait été faite par les Asiatiques. Sa relation fut publiée sous le nom de *Livre des Merveilles*. Il a donc connu en Asie des territoires immenses dont l'exploration ne devait être reprise après lui qu'au dix-neuvième siècle, grâce aux conquêtes des Anglais et des Russes; les voyageurs de ces deux nations ont tous rendu justice à la fidélité du récit de Marco Polo.

PRINCIPALES DÉCOUVERTES DES TEMPS MODERNES.

Quinzième et seizième siècle. — **Les Portugais.** — Ce sont les Portugais qui entreprirent les premiers, dès le commencement du quinzième siècle, l'exploration de la côte occidentale d'Afrique. Le prince *Henri le Navigateur*, qui voulait trouver le chemin de l'Abyssinie, royaume chrétien, fut l'inspirateur de toutes ces tentatives maritimes. Les Portugais, en moins d'un demi-siècle (1412-1460), reconnurent toute la côte d'Afrique jusqu'à Sierra-Leone, au sud du Sénégal; ils découvrirent aussi Madère et les Açores.

Sous Jean II, roi de Portugal, *Barthélemy Diaz* doubla en 1487 le cap de Bonne-Espérance, au delà duquel une tempête l'avait poussé malgré lui. Dix ans après (1497), *Vasco de Gama* parvint par la même route à la côte de Mozambique, puis à Calicut sur la côte des Indes.

La route que l'on cherchait depuis si longtemps vers ce riche pays était enfin trouvée. Autrefois, les navires européens allaient charger les produits de l'Asie orientale à Alexandrie où ils étaient apportés par des caravanes, et dont le commerce appartenait aux Arabes dans la mer Rouge et dans la mer des Indes. Désormais, l'Europe pouvait les recevoir directement par des navires qui faisaient le tour de l'Afrique. Il était prouvé, contrairement aux idées de l'antiquité et du moyen âge, que l'Afrique ne se rattachait point à un grand continent austral, mais n'était qu'une péninsule de l'Asie, et se terminait par une pointe dans l'hémisphère austral.

Les Espagnols. Découverte de l'Amérique ; voyage de Magellan autour du monde. — Ce n'est que vers la fin du quinzième siècle que les Espagnols suivirent l'exemple des Portugais. Le Génois *Christophe Colomb* se mit au service de Ferdinand d'Aragon, roi d'Espagne, après avoir fait à Jean II de Portugal des offres qui furent refusées. Colomb voulait trouver une route vers la Chine et le Japon et non point découvrir un monde nouveau. C'est dans ce dessein qu'il partait de Palos en Andalousie. Au bout de deux mois de navigation, il toucha Guanahani, l'une des îles Lucayes, puis Cuba et Haïti, se croyant parvenu dans l'Asie orientale (1492). Ce fut seulement après trois autres voyages qu'il toucha le continent américain, une première fois l'Amérique du Sud, près de l'embouchure de l'Orénoque, puis l'Amérique centrale à la hauteur de Honduras. Mais il ne crut jamais avoir abordé un nouveau continent ; son dessein avait été de gagner la Chine et le Japon, visités par les voyageurs du moyen âge, en naviguant toujours vers l'ouest ; les Antilles n'étaient pour lui que les Indes occidentales, c'est-à-dire l'extrémité orientale du continent asiatique.

C'est le Florentin *Améric Vespuce* qui donna son nom au nouveau monde dont il avait publié la description (1500).

Le voyage autour du monde accompli par *Magellan*, Portugais au service de l'Espagne (1521), fut exactement

celui que Colomb avait voulu et cru accomplir. Magellan
traversa l'Atlantique, doubla, au sud de l'Amérique méridionale, le détroit qui porte aujourd'hui son nom, franchit toute l'étendue du Pacifique et aborda aux Philippines
et aux Mariannes. Il périt dans une île de ce dernier
archipel, mais ses compagnons regagnèrent l'Espagne
par l'océan Indien et l'océan Atlantique. On connaissait
mieux déjà les formes par lesquelles se terminaient, dans
l'hémisphère austral, l'Amérique méridionale et l'Afrique.
Le grand bassin de l'océan Pacifique avait été reconnu
pour la première fois.

**Conquêtes des Portugais et des Espagnols au sei-
zième siècle.** — Ces découvertes des deux nations de
l'Europe occidentale furent complétées par des conquêtes.

Les Portugais s'établirent dans l'Inde et dans les archipels du sud de l'Indo-Chine dont le chemin était ouvert
depuis que Vasco de Gama avait doublé le cap de Bonne-
Espérance. *D'Albuquerque* conquit successivement Goa,
qui devint la capitale des possessions portugaises de
l'Inde, Malacca dont l'occupation le rendit maître du
détroit qui mène aux grands archipels du S.-E. de l'Asie.
Ses lieutenants s'emparèrent des Moluques ou îles des
Épices. A la fin du seizième siècle (1577), le Portugal fon-
dait un comptoir à Macao sur la côte de Chine.

Les Espagnols établirent leur domination dans l'Amérique centrale, et au nord de l'Amérique méridionale.
En 1521, *Fernand Cortez* conquit l'empire du Mexique
avec 600 hommes. *Pizarre*, avec une armée plus petite
encore, renversa au Pérou l'antique empire des Incas
(1533), et fit de Lima la capitale de son gouvernement.
D'autres conquérants espagnols, *Almagro* et ses fils,
pénétrèrent jusqu'au Chili.

Les Français dans l'Amérique du Nord, Canada et Louisiane. — C'est surtout au seizième siècle et au dix-septième siècle, que nos compatriotes prirent part à ces grandes découvertes. L'attention des navigateurs français fut particulièrement attirée vers l'Amérique du Nord, dont la colonisation doit tant à la France.

Après quelques tentatives faites sous le règne de François Ier, *Jacques Cartier*, né à Saint-Malo, accomplit dans la région de Terre-Neuve et du Saint-Laurent deux grands voyages, et noua avec les indigènes du Canada des relations commerciales. Le commerce des fourrures fut l'appât pour lequel un grand nombre de Français s'embarquèrent à destination de ce pays. Le nombre des colons fut tel, qu'à la fin du seizième siècle le Canada était désigné sous le nom de Nouvelle-France. Ce bel héritage devait passer à l'Angleterre, qui compte aujourd'hui parmi ses sujets canadiens près d'un million et demi de Français. Le vrai fondateur de la colonie du *Canada* fut *Samuel Champlain*, né en Saintonge, et qui fut gouverneur des établissements français de ce pays au commencement du dix-septième siècle (1610-1635).

Sous le règne de Louis XIV (1682), les Français du Canada poussèrent leurs découvertes tout le long du cours du Mississipi. Le plus célèbre d'entre eux, *Robert Cavelier de la Salle*, fonda aux embouchures de ce grand fleuve la colonie de *Louisiane*, ainsi nommée en l'honneur du roi de France. Malheureusement il fut assassiné par ses compagnons révoltés ; mais l'établissement qu'il avait fondé subsista.

Les Hollandais. — Découverte de l'Australie. — C'est aux navigateurs hollandais qu'on doit, avec l'exploration de plusieurs parties des mers australes, la découverte définitive du grand continent qui s'y trouve isolé, l'Australie.

Magellan n'avait point doublé la pointe extrême de l'Amérique du Sud, mais seulement franchi un détroit situé entre les îles qui terminent ce continent et le continent lui-même. Ses découvertes furent complétées par celles des Hollandais *Schouten* et *Lemaire* qui passèrent au sud de la pointe extrême d'Amérique et lui donnèrent le nom de cap Horn. Il était donc prouvé que l'Amérique pas plus que l'Afrique ne se rejoignait au sud à un continent austral, mais se terminait au cœur des mers australes par une pointe.

L'*Australie* avait déjà été aperçue plusieurs fois par des navigateurs espagnols au seizième siècle et au dix-septième siècle, entre autres par *Torrès*, qui a donné son nom au détroit situé entre la Nouvelle-Guinée et le continent. Au commencement du seizième siècle même, il paraît certain que des corsaires français avaient visité sa côte septentrionale. Mais c'est aux Hollandais que revient l'honneur d'avoir démontré que l'Australie est une île. *Abel Tasman* en fit le tour à plusieurs reprises (1642-1644) et découvrit en même temps la grande île de la Nouvelle-Zélande. Ce que Vasco de Gama avait prouvé pour l'Amérique méridionale, Magellan, Schouten et Lemaire pour l'Amérique méridionale, devenait une vérité acquise pour le nouveau monde océanique appelé *Nouvelle-Hollande*. L'Australie ne tenait pas non plus à un continent austral.

Français et Anglais au dix-huitième siècle; Cook, Bougainville et Lapérouse. — Le plus grand voyageur du dix-huitième siècle est sans contredit le capitaine anglais *Cook*. Il fit en onze ans (1768-1779) trois voyages qui mirent en évidence la *nature océanique de l'hémi-*

sphère austral. A deux reprises, il parcourut dans divers sens les mers de cet hémisphère, et pénétra jusqu'aux barrières de glaces du pôle austral qui l'arrêtèrent à 71° de latitude sud. On savait dès lors que les Océans couvrent sur notre globe une superficie beaucoup plus grande que celle des continents ; on pouvait affirmer que la plus grande masse des terres est concentrée dans l'hémisphère boréal. La géographie générale était fondée dans ses grands traits, puisqu'on pouvait faire de justes comparaisons entre les terres et les mers.

Dans le cours de ses voyages, le capitaine Cook reconnut en détail la côte orientale de l'Australie, la Nouvelle-Zélande ; enfin il vit pour la première fois plusieurs archipels et îles de l'Océanie, entre autres, la Nouvelle-Calédonie et les îles Sandwich.

Le Français *Bougainville*, vers la même époque (1768), signala aussi plusieurs groupes d'îles de l'Océanie, Taïti, les îles Samoa ou des Navigateurs, et les Nouvelles-Hébrides.

Enfin c'est un de nos compatriotes, *Lapérouse*, qui le premier reconnut avec exactitude et détail les côtes orientales et septentrionales de l'Asie, le Japon, l'île Sakhalin. On sait qu'il périt dans l'archipel des Nouvelles-Hébrides en Océanie.

Les régions boréales. — Les navigateurs de toutes nations ont essayé à plusieurs reprises de reconnaître les régions qui avoisinent le pôle boréal, et de chercher des routes maritimes nouvelles au nord des continents, comme Vasco de Gama et Magellan avaient su en trouver au sud.

Au seizième siècle, le roi d'Angleterre Henri VIII chargea le Vénitien *Cabot* de chercher par le nord de l'Amérique un chemin vers l'Asie orientale. Mais ses compagnons le forcèrent de revenir avant qu'il eût franchi le détroit qui sépare le Labrador du Groenland (1517). A la fin du même siècle (1585), *Davis*, au commencement du dix-septième, *Hudson* et *Baffin* s'avancèrent dans la même direction, jusqu'au golfe et au détroit qui portent leurs noms.

A la même époque, le Hollandais *Barents*, toujours dans le dessein de gagner la Chine et les Indes par les mer du Nord, essaya de se frayer une voie par le nord de l'Europe et de l'Asie ; s'il ne dépassa pas l'embouchure de l'Iéniséi, au moins il reconnut les îles du *Spitzberg* et de la *Nouvelle-Zemble* (1596).

Les conquêtes des Russes au seizième siècle amenèrent quelques découvertes importantes dans les régions orientales de la Sibérie. C'est un Danois, *Bering*, au service des empereurs de Russie, qui parvint jusqu'au détroit auquel son nom est resté, entre l'Asie et l'Amérique (1741).

Le dix-neuvième siècle. — Notre siècle a contribué peut-être plus que tous les autres aux progrès de la géographie. Le globe était connu et bien connu dans ses traits saillants après les voyages de Vasco de Gama, de Magellan, de Tasman et de Cook. Les voyageurs contemporains ont éclairci et détaillé les découvertes de ces grands explorateurs.

En Asie, *Alexandre de Humboldt* a fait connaître les plateaux du centre du continent. Les conquêtes des Russes en Sibérie et en Asie centrale, celles des Anglais au nordouest de l'Inde, des Français en Indo-Chine, ont valu d'immenses progrès à la science. Le Russe *Prjewalski* en Asie centrale, les Français *Garnier* et *Dupuis* en Cochinchine et au Tonkin, l'Allemand *Richthofen* en Chine ; le Suédois *Nordenskiöld* en Sibérie et dans les mers polaires sont les plus illustres voyageurs qui nous ont révélé la géographie de l'Asie. D'importantes informations nouvelles ont été dues au Français *Bonvalot* par les belles explorations du Pamir et des grands plateaux du centre de l'Asie.

L'Afrique a été attaquée sur tous les points : l'ouest a été de mieux en mieux connu, grâce aux efforts de *René Caillé*, qui atteignit Tombouctou en 1828, de *Barth* et de *Nachtigal*, du Français *Flatters*, qui ont étudié le Sahara, et des derniers explorateurs, tels que *Binger*, qui ont commencé l'exploration méthodique et minutieuse de la région du Niger. De nombreuses explorations ont fait connaître le cours du Nil, depuis que *Burton* et *Speke* ont découvert la région des grands lacs où ce fleuve prend sa source. *Schweinfurth*, *Émin Pacha* ont complété ces découvertes. L'Afrique australe a été révélée aux Européens par les savantes explorations de *Livingstone* (1813-1873) à qui l'on doit la découverte du Ngami, du cours supérieur du Zambèze, du lac Nyassa et une exploration attentive des rives du Tanganyika. La région du Congo a été explorée à deux reprises par l'Américain *Stanley*, que s'y est ouvert un chemin par le fer et le feu ; tout autres sont les procédés de l'explorateur français M. *Savorgnan de Brazza* qui a fait aimer le nom français dans tout le bassin inférieur du Congo. Quelques voyageurs ont entrepris de traverser l'Afrique méridionale dans sa largeur ; *Stanley*, *Cameron*, *Trivier*, le lieutenant *Giraud*, *Serpa Pinto* ont accompli cet exploit.

L'intérieur de l'Australie n'a commencé à être sérieusement connu qu'en ce siècle ; sir *John Eyre* découvrit en 1840 le grand désert occidental qui fut pour la première fois traversé par *Burke* en 1860 et par *Stuart* en 1862.

Dès le début de notre siècle, l'Amérique était connue dans ses grands traits ; les explorations du dix-neuvième siècle ont eu pour but d'éclaircir et de compléter dans les détails les découvertes des grands voyageurs. Les voyages d'*Alexandre de Humboldt* aux contrées tropicales, de 1799 à 1804, furent comme une seconde découverte de l'Amérique. Dans l'Amérique du Nord, de grandes missions officielles ont entamé l'étude scientifique de ce continent. Les voyages d'exploration proprement dite ont été plus nombreux dans l'Amérique du Sud, où un plus grand nombre de régions étaient encore tout à fait inconnues. L'un des plus hardis explorateurs des forêts de l'Amérique du Sud a été le Français *Crevaux* qui y trouva la mort en 1882.

Les régions du pôle Nord ont attiré dans notre siècle nombre d'expéditions scientifiques. L'Anglais *Mac Clure* a découvert en 1851 le passage du nord-ouest par le nord de l'Amérique, entre le détroit de Bering et la baie de Baffin. La recherche de ce passage avait déjà coûté la vie à bien des navigateurs, notamment à l'amiral anglais *Franklin* (1847). En 1876, *Markham*, un des officiers de l'expédition du capitaine anglais, a poussé le plus près du pôle jusqu'au 83ᵉ degré de latitude nord. Quelques années après, le Suédois *Nordenskiöld* a accompli dans l'océan Arctique la plus longue navigation qui y ait encore été faite. Parti de l'Atlantique, il parvint dans le Grand Océan par le détroit de Bering en suivant les côtes de Laponie, de Russie et de Sibérie.

Dans les mers du sud, un Français, *Dumont d'Urville*, et un Anglais, *James Ross*, ont revu après Cook les terres inabordables et glacées du pôle Antarctique (1832-1841). Ross pénétra dans ces mers jusqu'au 78ᵉ degré de latitude.

CONCLUSION GÉNÉRALE

Cette rapide promenade à travers les différentes contrées
de la terre nous montre que l'homme connaît aujourd'hui
son domaine à peu près tout entier. Il reste maintenant
peu de pays tout à fait inconnus. Sur nos cartes, les
espaces blancs deviennent chaque jour moins nombreux.
Néanmoins l'œuvre d'exploration du globe n'est pas tout
à fait achevée. La curiosité scientifique des Européens
n'a pu vaincre encore le mystère des deux pôles ; l'Afrique
et l'Asie présentent toujours quelques terres ignorées ; les
régions qui s'étendent au centre de l'Afrique entre le
Congo et le Soudan, l'intérieur du pays des Somalis, les
plateaux tibétains en grande partie, n'ont pas encore été
explorés. En outre, il y a bien des régions qui actuellement
ne sont qu'imparfaitement connues ; en Europe même,
l'intérieur de la péninsule des Balkans n'a pas été minu-
tieusement étudié ; pour beaucoup de contrées, notamment dans l'Amérique du Sud, les cartes générales que
l'on a tentées de ces régions, ne peuvent être dressées
qu'à l'aide des itinéraires nécessairement incomplets des
voyageurs. Il y a donc encore à travailler pour les explorateurs et les savants. Mais surtout nous ne connaissons
pas bien non plus les richesses que renferme le sol de
notre planète ; à tout moment, les journaux, les revues

scientifiques, les comptes rendus des sociétés savantes nous apprennent qu'ici, en Chine, par exemple, on a découvert des gisements de houille qui suffiraient à alimenter pendant des siècles les usines du monde entier; ou qu'en pays tropical, au milieu de l'Afrique torride, un voyageur a reconnu des gisements de pétrole. Ce sont là des questions qui n'ont été étudiées jusqu'à présent qu'imparfaitement. Aujourd'hui le genre humain est trop souvent encore comme un homme qui, nouvellement possesseur d'une immense bibliothèque, aurait à peine entr'ouvert les caisses ou les armoires où sont contenus les livres qui renferment les trésors d'une science accumulée par les siècles.

FIN

TABLE DES MATIÈRES

QUATRIÈME PARTIE

Notions de géographie générale.

Les fleuves et les côtes.

CINQUIÈME PARTIE

L'homme et la nature.

SIXIÈME PARTIE

Les Continents.

8734-94. — Corbeil. Imprimerie Crété.

ENSEIGNEMENT SECONDAIRE MODERNE

Enseignement des Jeunes Filles

Classiques

Grecs & Latins

CHOIX ET EXTRAITS

Traduits et publiés par une réunion de professeurs, sous la direction de M. H. LANTOINE, secrétaire de la Faculté des lettres de Paris.

Cette collection a été créée en vue des élèves de l'Enseignement moderne et de celui des Jeunes filles qui, sans étudier les langues mortes, doivent être cependant à même de lire et d'analyser les chefs-d'œuvre de l'antiquité.

Confiées à des professeurs distingués, qui ont apporté au choix de ces extraits le soin le plus minutieux, qui ont soigneusement revu, quand ils ne les ont pas faites eux-mêmes, les traductions des auteurs publiés, ces éditions sont en outre accompagnées de notices historiques et littéraires qui en rendent la lecture facile et fructueuse.

Chaque volume est précédé d'une *Notice biographique et bibliographique*, de *commentaires*, et suivi d'un *Index* quand il a paru nécessaire à la lecture du texte.

Voici le détail des **Auteurs publiés**, avec le nom des collaborateurs qui ont bien voulu nous prêter leur concours :

Homère. *Odyssée* (Analyse et Extraits), par M. ALLÈGRE, professeur à la Faculté des lettres de Lyon. (6e Moderne.)

Plutarque. *Vies des Grecs illustres* (Choix), par M. LEMERCIER, maître de conférences à la Faculté des lettres de Caen. (6e Moderne.)

Hérodote. (Extraits), par M. CORRÉARD, professeur au lycée Charlemagne. (6e Moderne.)

Homère. *Iliade* (Analyse et Extraits), par M. ALLÈGRE. (5e Moderne).

Plutarque. *Vies des Romains illustres* (Choix), par M. LEMERCIER. (5e moderne).

Tite-Live. (Extraits), par M. H. LANTOINE, secrétaire de la Faculté des lettres de Paris. (5e moderne.)

Virgile. (Analyse et Extraits), par M. H. LANTOINE. (5e Moderne.)

Xénophon. (Analyse et extraits), par M. VICTOR GLACHANT, professeur au lycée Buffon. (4e Moderne.)

Salluste, par M. H. LANTOINE. (4e Moderne.)

Eschyle, Sophocle, Euripide (Choix), par M. PUECH, maître de conférences à la Faculté des lettres de Paris. (3e Moderne.)

Plaute, Térence. (Extraits choisis), par M. AUDOLLENT, maître de conférences à la Faculté des lettres de Clermont. (3e Moderne.)

César, par M. H. LANTOINE. (3e Moderne.)

Eschyle, Sophocle, Euripide. (Pièces choisies), par M. PUECH, maître de conférences à la Faculté des lettres de Paris. (2e Moderne.)

Aristophane, pièces choisies par M. FERTÉ, professeur au lycée Charlemagne. (2e Moderne.)

Sénèque. Extraits par M. LEGRAND, professeur au lycée Buffon. (2e Moderne.)

Cicéron. Traités. Discours. Lettres, par M. H. LANTOINE. (2e Moderne.)

Tacite. Extraits, par M. H. LANTOINE. (2e Moderne.)

*Chaque volume est vendu cartonné toile anglaise. **2 fr.***

Leçons de Littérature Grecque

Par M. CROISET, professeur à la Faculté des lettres de Paris. 4e édition.

1 volume in-16, cart. toile. . . 2 fr.

Leçons de Littérature Latine

Par MM. LALLIER maître de conférences, et LANTOINE, secrétaire de la Faculté des lettres de Paris.

3e édition. 1 vol. in-18, cart. . . 2 fr.

Premières Leçons
d'Histoire littéraire

Littérature grecque.
Littérature latine.
Littérature française.

Par MM. ALFRED CROISET, professeur à la Faculté des lettres de Paris, R. LALLIER, maître de conférences à la Faculté des lettres de Paris, et PETIT DE JULLEVILLE, professeur à la Faculté des lettres de Paris, 4ᵉ édition. 1 vol. in-16, cart. percaline . . . . 2 fr. »

BRUNOT, maître de conférences à la Faculté des lettres de Paris.

Précis de Grammaire historique de la langue française, avec une introduction sur les origines et le développement de cette langue. *Ouvrage couronné par l'Académie française.* 3ᵉ édition, augmentée d'une notice bibliographique. 1 vol. in-18, cart. toile verte 6 fr.

Cette troisième édition a été corrigée et augmentée d'une notice bibliographique qui, sans vouloir être complète, fournira néanmoins à tous ceux qui veulent poursuivre des études approfondies de grammaire française, l'indication des principaux ouvrages français et allemands auxquels ils peuvent s'adresser. Un choix rigoureux a été fait parmi les ouvrages de façon à ne pas renvoyer à des travaux vieillis et désormais remplacés.

MORILLOT (Paul), professeur à la Faculté de Grenoble.

Le Roman en France, depuis 1610 jusqu'à nos jours. *Lectures et Esquisses.* 1 vol. in-16. . 5 fr. »
Reliure 1/2 veau, amateur. . . . . 1 fr. 50

CAUSSADE (De), conservateur à la Bibliothèque Mazarine, membre des commissions d'examens de l'Hôtel de Ville.

Notions de Rhétorique et étude des genres littéraires, 6ᵉ édit. 1 vol. in-18, toile anglaise. 2 fr. 50

Littérature grecque, 6ᵉ édition. 1 vol. in-18, toile anglaise. . . . . 3 fr. »

Littérature latine, 6ᵉ édition. 1 volume in-18, toile anglaise . . . . , . 6 fr.

NOUVEAU COURS

DE

Grammaire Latine

ET DE

Grammaire Grecque

PAR

M. H. BRELET

ANCIEN ÉLÈVE DE L'ÉCOLE NORMALE SUPÉRIEURE, AGRÉGÉ DE GRAMMAIRE
PROFESSEUR DE QUATRIÈME AU LYCÉE JANSON-DE-SAILLY

Éléments de Grammaire latine, à l'usage des classes de sixième et de cinquième. Nouvelle édition. 1 vol. in-16, cartonné toile anglaise. . . . . 2 fr.

Éléments de Grammaire grecque, à l'usage de la classe de cinquième. 1 vol. in-16, cartonné toile anglaise. 1 fr. 50

Grammaire latine, à l'usage des classes de quatrième et des classes supérieures. Nouvelle édition. 1 vol. in-16, cartonné toile anglaise. . . . . 2 fr. 50

Grammaire grecque, à l'usage de la classe de quatrième et des classes supérieures. 1 volume in-16, cartonné toile anglaise. . . . . 3 fr.

EXERCICES CORRESPONDANTS

Exercices latins (*Versions et thèmes*), à l'usage de la classe de **sixième**, par M. V. CHARPY, agrégé de grammaire, professeur de cinquième au lycée Janson-de-Sailly. 1 vol. in-16. 2 fr.

Exercices latins (*Versions et thèmes*), à l'usage de la classe de **cinquième**, par MM. BRELET et V. CHARPY. 1 vol. in-16. . . . . 2 fr. 50

Exercices grecs (*Versions et thèmes*), à l'usage de la classe de **cinquième**, par MM. H. BRELET et V. CHARPY, agrégé de grammaire, professeur de cinquième au lycée Janson-de-Sailly. 1 volume in-16. . . . . 1 fr. 50

Exercices latins (*Versions et thèmes*), à l'usage de la classe de **quatrième**, par MM. H. BRELET et P. FAURE. 1 volume in-16. . . . . 2 fr. 50

Exercices grecs (*Versions et thèmes*), à l'usage de la classe de **quatrième**, par MM. H. BRELET et V. CHARPY. 1 volume in-16. . . . . 1 fr. 50

Exercices latins (*Versions et thèmes*), à l'usage des classes de **troisième** et de **seconde**, par MM. H. BRELET et P. FAURE. (*En préparation.*)

Exercices grecs (*Versions et thèmes*), à l'usage de la classe de **troisième** et de la classe de **seconde**.

Ces deux derniers volumes sont en préparation.

*

OUVRAGES DE M. CH. VACQUANT

Ancien élève de l'École normale, ancien professeur de Mathématiques spéciales au lycée St-Louis, Inspecteur de l'Instruction publique.

Cours de Géométrie à l'usage des mathématiques élémentaires, avec les compléments, à l'usage des mathématiques spéciales. 4ᵉ édition. 1 vol. in-8 . . . . **8 fr. »**

Géométrie élémentaire à l'usage des classes de lettres. 1 vol. in-18, avec 391 fig., cart. toile grise. Nouvelle édition . . . . **3 fr. »**

Première partie (Quatrième, Troisième). Géométrie plane. **1 fr. 75**

Deuxième partie (Seconde et Rhétorique). Géométrie dans l'espace . . . . **1 fr. 50**

Éléments de Géométrie à l'usage des élèves de l'enseignement secondaire moderne. Conformes aux programmes du 15 juin 1891. 6ᵉ édition.

Première partie. Cours de quatrième et de troisième modernes. 1 vol. in-18, cart. toile . . . . **2 fr. 50**

Deuxième partie. Cours de deuxième et de première modernes. 1 vol. in-18, cart. toile . . . . **2 fr. 50**

Cette deuxième partie contient un complément où sont traitées toutes les questions du programme de la classe de mathématiques élémentaires qui ne figurent pas dans les programmes de l'enseignement secondaire moderne.

Les deux parties réunies en un volume in-18, cartonné toile. . . . . **4 fr. 50**

Éléments de Trigonométrie à l'usage des élèves de l'Enseignement secondaire moderne, rédigé conformément au programme du 15 juin 1891, en collaboration avec M. MACÉ DE LÉPINAY, professeur de mathématiques spéciales au lycée Henri IV. *Classe de seconde moderne et de première sciences.* 1 vol. in-16, cartonné . . . . **2 fr. 50**

Précis de Trigonométrie conforme au nouveau programme. 8ᵉ édition, 1 vol. in-18, cartonné . . . . **1 fr. 80**

Cours de Trigonométrie en collaboration avec M. MACÉ DE LÉPINAY, professeur de mathématiques spéciales au lycée Henri IV. 4ᵉ édition. 1 vol. in-8, avec figures. . . **5 fr. »**

Première partie, à l'usage des élèves de mathématiques élémentaires et des candidats aux écoles du gouvernement, 1 vol. in-8. **3 fr. »**

Deuxième partie, à l'usage des élèves de mathématiques spéciales, comprenant les questions de trigonométrie qui ne font pas partie du cours de mathématiques élémentaires, et qui sont demandées aux examens d'admission à l'École normale et à l'École polytechnique. 1 vol. in-8. . . . . **2 fr. 50**

OUVRAGES

DE

M. E. FERNET

Inspecteur général de l'Instruction publique.

Traité de physique élémentaire, de Ch. Drion et E. Fernet. 12ᵉ édition, en collaboration avec A. Chervet, professeur de physique au lycée Louis-le-Grand, ancien élève de l'Ecole normale supérieure. 1 vol. avec 706 figures dans le texte. . . . . **8 fr. »**

Cette édition a été profondément modifiée. L'électricité principalement y a été complètement remaniée ; toutes les autres parties ont été également revisées et refondues. Elle forme donc, en conservant toutes les qualités d'exposition qui ont fait le succès de cet ouvrage, un livre en quelque sorte nouveau.

Précis de physique. 23ᵉ édition, complètement remaniée en collaboration avec A. Chervet. 1 vol. in-18, avec 313 fig., cart. toile. . . . . **3 fr. 40**

Cours de physique, à l'usage des classes de lettres, rédigé conformément aux nouveaux programmes. Nouvelle édition. 1 volume in-16, avec 485 figures, cartonné toile. . **5 fr. »**

Notions de physique et de chimie. 3ᵉ édition. 1 volume in-18, avec 192 figures dans le texte, cartonné. **2 fr. 50**

Cours de physique pour la classe de mathématiques spéciales. 3ᵉ édition entièrement revue. 1 vol. grand in-8, avec 489 figures. . . . . **15 fr. »**

OUVRAGES

DE

M. JOUBERT

Inspecteur général de l'Instruction publique

Cours élémentaire d'électricité à l'usage des classes de l'enseignement secondaire. 1 vol. in-16, avec 144 figures. . . . . **2 fr. »**

Malgré les développements, chaque jour plus considérables, donnés dans les Traités de physique écrits pour l'enseignement secondaire, à l'étude de l'électricité, il a semblé que la place prise par l'électricité dans la science moderne méritait qu'on lui consacrât un livre spécial, écrit pour les élèves de nos lycées, collèges, établissements libres et de nos écoles supérieures. C'est ce que vient de faire M. Joubert : ce nouvel ouvrage, par son prix, son format et la simplicité de sa forme, est destiné devenir promptement classique.

Traité élémentaire d'électricité, 2ᵉ édition. 1 vol. petit in-18, avec 371 figures. . . . . **8 fr. »**

Ouvrages
de M. TROOST

MEMBRE DE L'INSTITUT, PROFESSEUR A LA FACULTÉ DES SCIENCES DE PARIS

Précis de Chimie 26° *édition, entièrement refondue* (**notation atomique**). 1 volume in-18, avec 222 figures, broché. . . . . 3 fr. »

Traité élémentaire de Chimie (2 *éditions sont simultanément en vente*).

10° édition, **notation en équivalents**. 1 volume in-8, avec 473 figures. . . . . 8 fr.	11° édition, **notation atomique** 1 vol. in-8, avec nombreuses figures. . . . . 8 fr.

Mémento de Chimie à l'usage des candidats au baccalauréat ès sciences et au baccalauréat ès lettres, par M. DYBOWSKI, professeur au lycée Charlemagne. *Deux éditions sont simultanément en vente.*

4° édition en *équivalents*. 1 vol. in-12, avec figures.   2 fr.
5° édition en *notation atomique*. 1 vol. in-12, avec fig.   2 fr.

Guide pour les manipulations chimiques à l'usage des élèves de mathématiques élémentaires et des candidats aux baccalauréats ès lettres et ès sciences, par M. KNOLL, préparateur au lycée Louis-le-Grand. 1 vol. in-12, avec figures dans le texte. . . . . 1 fr.

Leçons élémentaires de Chimie moderne par M. WURTZ, membre de l'Institut, professeur à la Faculté des sciences de Paris. 1 vol. in-18, avec 133 figures . 9 fr.

BERT (Paul), membre de l'Institut, et **BLANCHARD** (Raphaël), professeur agrégé à la Faculté de médecine de Paris.

Éléments de zoologie. 1 volume petit in-8, avec 613 figures. 7 fr.

BURAT, professeur au lycée Louis-le-Grand.

Précis de mécanique. 8ᵉ édition. 1 vol. in-18, avec 259 figures, cartonné toile bleue. 3 40

CAZO, docteur ès sciences.

Questions de physique, à l'usage des candidats au baccalauréat et à l'École spéciale militaire de Saint-Cyr. Énoncés et solutions. 2ᵉ édition. 1 vol. in-18. . . 2 fr.

DUCATEL, professeur agrégé de Mathématiques au lycée Condorcet.

Leçons d'Arithmétique à l'usage des classes élémentaires des lycées et collèges de garçons et de jeunes filles et de l'Enseignement primaire. 1 vol. in-18, avec des questionnaires, de nombreux exercices et les réponses aux exercices, cartonné toile. . . . . 2 fr. 50

LAPPARENT (A. de), professeur à l'Institut catholique.

Abrégé de géologie. 2ᵉ édition, entièrement refondue. 1 volume in-18, avec 134 gravures et 1 carte géologique de la France chromolithographiée. 3 25

LEYMERIE, professeur à la Faculté des sciences de Toulouse.

Éléments de Géologie, comprenant un lexique où se trouvent indiqués les caractères zoologiques des fossiles. 4ᵉ *édition*, illustrée de 400 vignettes. 1 vol. in-18. 7 fr.

Éléments de Minéralogie et de Lithologie, complément du précédent. 4ᵉ *édition* corrigée et augmentée, illustrée de plus de 100 vignettes. 1 vol. in-18. 3 fr.

MARAGE, professeur à l'École Sainte-Geneviève.

Mémento d'histoire naturelle, 1 volume in-12 avec 102 figures. 2 fr.

MAUDUIT, ancien professeur au lycée Saint-Louis.

Précis d'algèbre. 9ᵉ édition. 1 vol. in-18, cartonné toile. 1 60

Précis d'arithmétique. 7ᵉ édition. 1 vol. in-18, cartonné toile 1 40

MEUNIER (Stanislas), docteur ès sciences, professeur d'histoire naturelle à l'École normale supérieure d'institutrices de Fontenay-aux-Roses.

Cours d'histoire naturelle, professé à l'École de Fontenay-aux-Roses.

1ʳᵉ partie. ANATOMIE ET PHYSIOLOGIE. — ZOOLOGIE. 2ᵉ édition. 1 vol in-18 avec 395 figures. Cartonné toile . . . 4 fr.

2ᵉ partie. BOTANIQUE. — GÉOLOGIE. 1 vol. in-18, avec 579 figures. Cartonné toile. . . . . 4 fr.

MILNE-EDWARDS (Alph.), membre de l'Institut.

Précis d'histoire naturelle (zoologie, botanique, géologie). 21ᵉ édition. 1 vol. in-18, avec 411 figures, cart. toile bleue 3 40

Histoire naturelle des animaux :

ZOOLOGIE MÉTHODIQUE ET DESCRIPTIVE. 3ᵉ édition. 1 vol. in-18 avec 487 figures dans le texte, cart. toile. 3 fr.

ANATOMIE ET PHYSIOLOGIE ANIMALES. 3ᵉ édition. 1 vol. in-18 avec 241 figures dans le texte, cartonné toile. . . 3 fr.

PROUST, professeur à la Faculté de médecine de Paris.

Douze conférences d'hygiène, rédigées conformément au plan d'études du 12 août 1890. Nouvelle édition. 1 vol. in-18, cartonné toile. 2 50

VAN TIEGHEM (Ph.), membre de l'Institut, professeur de botanique au Muséum.

Traité de botanique. 2ᵉ édition. 2 volumes in-18 jésus, avec 550 gravures dans le texte. . . . . 10 fr.

VÉLAIN (Ch.).

Cours élémentaire de géologie stratigraphique. 4ᵉ édition, entièrement refondue. 1 volume in-18, avec 435 gravures dans le texte et 1 carte géologique de la France, imprimée en couleurs 4 50

ENSEIGNEMENT SECONDAIRE
(CLASSIQUE ET MODERNE)

COURS COMPLET ·
DE GÉOGRAPHIE

PUBLIÉ SOUS LA DIRECTION DE

M. MARCEL DUBOIS

**Professeur de Géographie coloniale à la Faculté des lettres de Paris et maître
de conférences à l'École normale de jeunes filles de Sèvres.**

DIVISION DU COURS

Géographie élémentaire des cinq parties du monde, avec
90 figures, cartes et croquis, avec la collaboration de M. Thalamas,
professeur au lycée de Saint-Quentin. (*Huitième classique*). . 2 fr.

Géographie élémentaire de la France et de ses Colonies. —
Cours élémentaire, avec 59 figures, cartes et croquis dans le texte,
avec la collaboration de M. Thalamas, professeur au lycée de Saint-
Quentin. (*Septième classique*) . . . . 2 fr.

**Géographie générale du monde. — Géographie du bassin de
la Méditerranée,** avec 71 figures, cartes et croquis dans le texte,
avec la collaboration de M. A. Parmentier, professeur au collège
Chaptal. (*Sixième classique*) . . . . 2 fr.

Géographie de la France et de ses Colonies. — *Cours moyen,*
avec 112 figures, cartes et croquis dans le texte. (*Cinquième classique
et Sixième moderne*). . . . . 3 fr.

Géographie générale — Étude du continent américain, avec
59 cartes et croquis dans le texte, avec la collaboration de M. Aug. Bernard, professeur agrégé d'histoire et de géographie. (*Quatrième
classique et Cinquième moderne*). . . . . 3 fr.

Afrique — Asie — Océanie, avec 20 cartes et croquis dans le texte,
avec la collaboration de M. C. Martin, professeur agrégé d'histoire et
de géographie, et M. H. Schirmer, chargé de cours à la Faculté des
lettres de Lyon. (*Troisième classique et Quatrième moderne*) 2ᵉ édition
revue et corrigée. . . . . 3 fr. 50

Europe. avec la collaboration de MM. Durandin et Malet, professeurs
agrégés d'histoire et de géographie (*Seconde classique et Troisième
moderne*) 2ᵉ édition revue et corrigée. . . . . 5 fr.

Géographie de la France et de ses Colonies. — *Cours supérieur* avec la collaboration de M. F. Benoît, agrégé d'histoire et de
géographie, 209 figures, cartes et croquis dans le texte, 2ᵉ édition.
(*Rhétorique et Seconde moderne*). . . . . 6 fr.

Enseignement secondaire des jeunes filles
Enseignement primaire supérieur

VOLUMES IN-16, CARTONNÉS TOILE VERTE

Géographie

OUVRAGES DE M. MARCEL DUBOIS

Notions élémentaires de géographie générale. Nouvelle édition, publiée en collaboration avec M. PARMENTIER, professeur au collège Chaptal, et M. BERNARD, agrégé d'histoire et de géographie. . . . . 2 fr. 25

Géographie de l'Europe. Nouvelle édition, publiée avec la collaboration de M. Paul DURANDIN, agrégé d'histoire et de géographie, avec cartes et croquis dans le texte. . . . . 2 fr. 25

Géographie de la France. Nouvelle édition, publiée avec la collaboration de M. BENOIT, agrégé d'histoire et de géographie, avec cartes et croquis dans le texte. . . . . 2 fr. 25

Précis de géographie économique des cinq parties du monde . . . . 6 fr.

Histoire

OUVRAGES DE M. CORRÉARD

Histoire nationale et notions sommaires d'histoire générale, *des origines gauloises au milieu du quinzième siècle.*

Histoire nationale et Notions sommaires d'histoire générale, *du milieu du quinzième siècle à la mort de Louis XIV.*

Histoire nationale et Notions sommaires d'histoire générale *de la mort de Louis XIV à 1875.*

Chaque volume. . . . . 2 fr. 50

OUVRAGES DE M. CH. SEIGNOBOS

Histoire de la Civilisation. — *Moyen âge depuis Charlemagne.* — *Renaissance et temps modernes.* — *Période contemporaine.* 3ᵉ édition. avec 72 figures. . . . . 5 fr.

Histoire de la civilisation. — *Histoire ancienne de l'Orient.* — *Histoire des Grecs.* — *Histoire des Romains.* — *Le Moyen âge jusqu'à Charlemagne.* 3ᵉ édition, avec 105 figures. . . . 3 fr. 50

Cartes d'Étude

pour servir

à l'Enseignement de la Géographie

Par MM.

MARCEL DUBOIS

Professeur de Géographie coloniale à la Faculté des Lettres de Paris
Maître de conférences
à l'École normale supérieure de jeunes filles de Sèvres.

et E. SIEURIN

Professeur au collège de Melun.

PRÉFACE DES AUTEURS

En composant ce recueil de cartes sommaires, nous ne prétendons remplacer ni les bons atlas classiques dont notre enseignement géographique de France commence à être pourvu, ni les textes-atlas qui rendent dans nos classes de si excellents services. Nous avons seulement voulu mettre entre les mains des élèves des croquis très simples, d'une lecture aisée, d'une reproduction facile. L'écolier qui apprend sa leçon sur un atlas scientifique ou élémentaire, grand ou petit, y trouve surtout les éléments d'une *localisation* exacte des montagnes, des fleuves, des villes : *il y observe des positions.* Il a quelque peine, malgré l'aide de cartons de détails, à saisir les rapports entre les divers phénomènes naturels que décrit le professeur dans son cours ; or, c'est là le but même de l'enseignement géographique.

Nos *cartes d'études*, dans lesquelles la nomenclature a été réduite au strict nécessaire, donneront à l'élève l'occasion de *bien relier les leçons du maître*, de les suivre pas à pas, de *s'élever* ainsi *du simple au complexe*. Il y passera graduellement en revue tous les aspects du pays qu'il doit connaître. Il y étudiera *en ordre* et dans l'ordre qui convient, au lieu de se laisser aller à cette fantaisie errante que suscite la lecture d'une carte trop compliquée.

Nous espérons, par ce procédé analytique, *rendre* aussi *plus rationnelle et plus accessible l'excellente coutume du dessin des cartes soit au tableau noir, soit sur les cahiers.* Des éléments bien classés se présentent aisément à la mémoire ; et des séries de dessins soigneusement gradués se retrouvent sans peine sous les doigts de l'écolier exercé.

Nous ne remplaçons ni l'atlas, ni le livre, ni surtout la perpétuelle intervention du maître : mais nous comptons, par l'application méthodique du dessin de cartes à l'enseignement de la géographie, rendre plus facile la tâche du maître et celle de l'élève, plus aisé et plus bienfaisant l'accès de l'atlas et du livre. C'est toute notre ambition.

Première Partie :

LA FRANCE

38 cartes et 188 cartons reliés en un volume in-4°, 1 fr. 80

TABLE DES CARTES

1. Situation de la France dans le monde.
2. France géologique.
3. France orographique.
4. Les Alpes.
5. Principaux passages des Alpes.
6. Le Jura, les Vosges et le Morvan.
7. Massif central.
8. Les Pyrénées.
9. Régions climatériques, pluies, lignes isothermes.
10. France hydrographique.
11. Tributaires de la mer du Nord, la Seine et ses affluents.
12. La Loire et ses affluents. Les fleuves bretons.
13. La Garonne et ses affluents. L'Adour.
14. Le Rhône et ses affluents. Les fleuves côtiers méditerranéens.
15. La côte française (de la frontière belge au Mont Saint-Michel).
16. La côte bretonne (de la baie Saint-Michel à la Loire).
17. La côte de l'Atlantique (de la Loire à l'Espagne).
18. La côte française de la Méditerranée.
19. France économique.
20. Les produits de la France.
21. Chemins de fer.
22. Canaux et voies navigables.
23. France historique. Carte d'ensemble.
24. France politique. Départements et anciennes provinces.
25. France politique. Ire région.
26. —   —   IIe région.
27. —   —   IIIe, IVe régions.
28. —   —   V^e, VIe régions.
29. —   —   VIIe région.
30. —   - -   VIIIe région.
31. France administrative.
32. France universitaire. Académies, Lycées et Collèges de garçons et de filles.
33. Défense du territoire. Frontière belge et frontière allemande.
34. Défense du territoire. Frontière des Alpes et frontière des Pyrénées.
35. Algérie-Tunisie (carte physique et carte politique).
36. Zone saharienne réservée à l'influence française. Soudan français (carte physique). Sénégal, Rivières du Sud, Côtes de Guinée, Pays du Niger. Sénégal et Soudan français (carte physique). Gabon et Congo français.
37. Madagascar. Possessions françaises de l'Indo-Chine, Tonkin, Cochinchine.
38. La Guyane française. Terre-Neuve, Saint-Pierre et Miquelon, Martinique, Guadeloupe. Nouvelle-Calédonie. Autres Colonies de l'Océanie.

Une *seconde* partie consacrée à l'**Europe** (28 cartes, 100 cartons) paraîtra à la fin de l'année 1894, et une *troisième*, consacrée à la **Géographie générale**, à l'**Amérique**, à l'**Afrique**, à l'**Asie** et à l'**Océanie** (48 cartes), pour la rentrée de Pâques 1895.